财务报表分析

FINANCIAL STATEMENT ANALYSIS

框架与应用

◎ 杨小舟 著

中国财富出版社

图书在版编目（CIP）数据

财务报表分析：框架与应用／杨小舟著．—北京：中国财富出版社，2018.12（2019.9重印）

ISBN 978-7-5047-6826-1

Ⅰ.①财…　Ⅱ.①杨…　Ⅲ.①会计报表-会计分析　Ⅳ.①F231.5

中国版本图书馆CIP数据核字（2018）第283838号

策划编辑　郭　莹　　　**责任编辑**　张冬梅　郭　莹

责任印制　梁　凡　郭紫楠　　**责任校对**　孙会香　卓闪闪　　**责任发行**　董　倩

出版发行	中国财富出版社		
社　　址	北京市丰台区南四环西路188号5区20楼	**邮政编码**	100070
电　　话	010-52227588转2098（发行部） 010-52227588转100（读者服务部）		010-52227588转321（总编室） 010-52227588转305（质检部）
网　　址	http://www.cfpress.com.cn		
经　　销	新华书店		
印　　刷	北京九州迅驰传媒文化有限公司		
书　　号	ISBN 978-7-5047-6826-1/F·2978		
开　　本	710mm×1000mm　1/16	**版　　次**	2019年1月第1版
印　　张	16.75	**印　　次**	2019年9月第2次印刷
字　　数	283千字	**定　　价**	59.00元

前　言

“企业财务报表分析”这门课程，虽然为广大企业的财会人员、审计人员以及工商管理硕士（MBA）、在职或全日制会计专硕（MPAcc）在读学员们所熟知，但对于这门课程的研究对象、分析目的、主要内容、框架结构等，仍然有许多值得探讨的地方。

第一，仅从名称上看，“财务报表分析”，顾名思义，就是分析财务报表的。实际上，不同的报告使用者具有不同的分析目的和分析侧重：有的是运用财务报表来分析企业的经营，有的是运用财务报表来分析偿债能力，有的是通过分析来预测企业未来的收益和价值变动等。对财务报表本身的分析，或者说对企业提供的财务报告的质量进行评估（在多大程度上公允反映了企业的经营实质），只是财务报表分析过程中的一个环节。

第二，对于工商管理和会计专业的学生来说，大家都知道财务报表与财务报告不是同一个概念，财务报告的外延要宽泛得多。但是，“财务报表分析”课程中所说的财务报表，实际上指的是企业的财务报告。并且，不同的分析主体在实务分析中，不仅需要利用财务报告提供的信息，还需要通过其他途径（渠道）收集数据和信息。

第三，既然报告的使用者有不尽相同的分析目的和分析侧重，那么，有没有适用于各种分析目的一般性框架？如果有，这个框架应该是什么样的？本书认可的分析框架包括四大部分的内容，即战略分析、会计分析、财务分析和前景分析。

第四，这样的一个分析框架是否适用于不同的分析者？如何将这个一般性的分析框架灵活应用于实务？

……

基于以上考虑，本书命名为《财务报表分析——框架与应用》，既讨论分析框架的具体内容和分析技巧，又通过具体的案例来进一步说明各种分析工具的特点、适用条件和应用技巧。

本书具有以下特色。

（1）分析框架的逻辑性。本书采用的分析框架包括战略分析、会计分析、财务分析、前景分析等。各部分之间的关系是：战略分析是前提，会计分析是基础，财务分析是重点，前景分析是目的。各部分虽然独立成章，但相互之间具有层次和前后顺序的逻辑性。

（2）基本概念的一致性。国内现有的《企业财务报表分析》教材中，往往对基本概念缺乏约定，如资金、货币资金、现金、现金流量，经济增加值、市场增加值、基础价值（内在价值、真实价值），会计分析、财务分析等，因而在具体讨论中容易出现混乱。例如，现金比率计算、偿债能力评估以及流动性与收益性之间发生冲突时如何分析等。本书在深入讨论之前，对这些概念进行了明确的约定。

（3）现代的分析理念与分析方法。本书在对案例企业进行分析时，分析理念与方法是与时俱进的。例如，对“现金为王”理念的商榷，对流动性与收益性冲突的讨论，对风险与价值关系的论述，对前景预测及估值方法的探讨等。

（4）现实生活中的案例。本书所选案例基本上都是 A 股上市公司，有据可查；并且其分析结论的可靠性大都经过实践检验。

目　录

第一章
概　述

缺乏分析框架的财务报表分析，很可能是“盲人摸象”。

一、分析活动三要素

财务报告分析，不是分析者利用各种框架、工具（技术或方法等）来分析企业的财务报表，而是通过财务报表提供的信息来分析企业的运营，分析企业运营中是否存在问题和风险，从而为分析者自己或其他财务报告使用者（如投资者、贷款人以及信用提供者等）进行决策提供参考。

分析活动是一种有价值的管理活动，企业财务报告的分析也不例外，也是一种有价值的管理活动，是一种生产力。

按照马克思主义政治经济学的观点，生产力有三要素：劳动者、劳动工具、劳动对象。其中，劳动者是最活跃的因素，劳动工具变化的主要原因就是科学发展和技术进步。分析活动也包括上述三个基本要素：分析主体（分析者）、分析对象、分析框架，如图 1－1 所示。

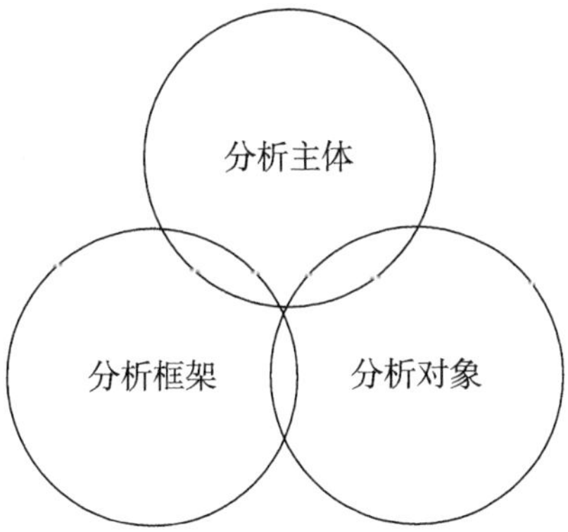

图 1－1 分析活动的三要素

（一）分析主体

不同的分析主体（财务报告使用者），有着不同的分析目的。

（1）投资者在决策其是否买进或卖出某上市公司的股票时，要对该公司的财务报表进行分析，以预测企业的经营业绩和未来发展，判断该公司目前的股价被高估还是低估，以做出相应的买卖或持有决策。

（2）商业银行或其他信贷者在决定是否贷款、贷款期限、贷款额度、贷款方式（是否需要质押、担保，或在合同中增加一些限制性条款）时，需要对相关公司的财务报表进行分析，以判断该公司的财务杠杆是否过高，短期或长期偿债能力如何。

（3）政府经济管理部门通过财务报表分析来制定相关的经济与社会政策，如税务部门通过分析与评估企业的财务报表，可以初步判断企业收入是否完整地进行确认，是否及时足额地缴纳了税款，有多少应交税金尚未缴纳。商务部门通过审阅企业财务报告来评估企业是否违反“反垄断法”方面的相关规定等。

（4）供应商在决定是否向企业提供信用时也需要分析财务报表，以决定提供多大金额的信用额、多长时间的信用期等。

（5）对企业的管理者来说，对财务报表进行分析，其目的在于审视并评估过去的经营业绩，发现经营中存在的问题，预测未来的经营业绩是否能够满足股东预期，以利于公司经营战略与财务战略的制定与实施。

……

分析主体的分析目的不同，分析侧重和关注的财务指标也就不同。

美国有一家机构，对100家大型银行信贷部门（有效回复率为44%）进行了59个财务比率的问卷调查，其结果显示，银行信贷部门最关注的是负债与权益的比率，其次是流动比率、现金比率等。

该机构也对《财富》世界500强公司的总监们（controllers）进行了问卷调查（有效回复率为19.42%），结果显示，公司总监们最关注的指标是每股收益、净资产收益率等。

从问卷调查的结果可以看出，银行信贷部门分析财务报告的目的是保证贷款的安全，因此最为关注的财务指标是流动性和债务比率；而企业的管理者是受投资者委托来经营企业的，经营的目标是“股东价值最大化”，所以，管理者们最为关注的财务指标是每股收益、净资产收益率等。

上述各种各样的分析者，从总体上可分为两大类，外部分析者（the outside analyst）和内部分析者（the inside analyst）。

外部分析者包括投资者，股票分析师（具体又分为卖方分析师和买方分析师）、信用分析师，企业的供应商、客户，税务当局、政府相关机构等。作为外部分析者，如果要通过对企业财务报告的分析来进一步了解企业的经营，实现其分析目的，就要了解企业所处的行业现状和发展趋势，了解企业的整体发展战略、业务战略和财务战略，了解企业财务报告的特点，并掌握相应的分析技术。

内部分析者与外部分析者相比具有一定的信息优势。外部分析者只能通过公开的渠道获取财务报告或其他相关的信息，但内部分析者会拥有大量的内幕信息。特别是有关企业的业务计划、财务计划以及预算执行情况方面的信息。

本书是从外部分析角度来讨论如何分析、评估财务报告的质量，如何运用财务报告提供的信息来分析和评估企业的经营绩效。

（二）分析对象

如前所述，企业财务报告分析的主要对象不是财务报告，而是企业。更准确地说，企业的财务报告分析，就是分析者利用企业财务报告提供的信息，对企业的财务现状、经营绩效进行分析和评价，对企业的前景进行预测和估值，以利于企业财务报告使用者进行正确的经济决策。

而要对企业的经营绩效进行正确的分析和评价，对企业的前景进行正确的预测与估值，前提就是要深刻理解企业经营的目标，正确把握企业发展的战略。

企业经营的主要目标是为了实现股东价值的最大化（或者说企业价值的最大化），价值最大化的含义就是要在收益增长与风险之间取得最佳的平衡。

企业成功或失败主要取决于企业经营战略（包括业务战略和财务战略）的制定与执行。所以，作为企业的内部分析者，必须运用财务报告（包括预测的财务报告）所提供的信息，对企业不同层次、不同类型的经营战略进行深入的分析。

在财务报告的分析与运用方面，企业的首席财务官（CFO）一般就是主要的组织者和协调者。例如，从财务角度评估企业及其分部的经营绩效，企业重组与收购过程中的财务分析，对具体的投融资项目所进行的可行性分析等。

1998 年 6 月 18 日，刘强东先生在中关村创业，成立京东公司。2001 年，京东成为光磁产品领域最具影响力的代理商，销售量及影响力在行业内名列前茅。

2004 年，京东进军电子商务，成为中国最大的自营式电商企业之一，在线销售计算机、手机及其他数码产品、家电、汽车配件、服装与鞋类、奢侈品、家居与家庭用品、化妆品与其他个人护理用品、食品与营养品、书籍与其他媒体产品、母婴用品与玩具、体育与健身器材以及虚拟商品等。

京东 2011 年以来的收入、利润情况如下：2011 年，收入 211 亿元，利润 -13 亿元；2012 年，收入 413 亿元，利润 -17 亿元；2013 年，收入 693 亿元，利润 -0.5 亿元。

2014 年 5 月 22 日，五度更新招股书后，京东终于在纳斯达克挂牌交易。发行价为 19 美元，高于此前 16 ~ 18 美元的价格区间。但 2014 年，京东的收入为 1150 亿元，利润为 -50 亿元。

2015 年，京东的收入继续快速增长，亏损也相应加大，收入为 1813 亿元，利润为 -94 亿元。

2016 年，京东的收入为 2582.90 亿元，利润为 -38.07 亿元，亏损幅度开始收窄。

2017 年，京东的收入为 3623.32 亿元，利润为 -1.52 亿元，亏损额继续缩小。

京东虽然连年亏损，但股价在震荡中持续上行。

总之，京东虽然收入快速增长、市场份额不断提高，但经营上一直是亏损的。京东财务报表的使用者，特别是现有的和潜在的资本提供者，一定会关心以下问题。

（1）京东何时能够盈利？

（2）京东的绩效到底好不好？

（3）京东的股价目前高不高？

（4）作为供应商，要不要给京东提供信用？提供多大金额、多长时间的信用？以什么方式提供信用？

（5）作为债权人，要不要给京东提供贷款？要不要购买京东发行的各种形式的债券？

（6）作为股权投资者，是继续持有、增持，还是卖出京东股票？

以上问题，都是企业财务报告分析课程要探讨的重要内容。

（三）分析框架①

财务分析的重要性不言而喻。但不少财会主管受陈旧的财务观念束缚，未掌握现代的分析框架或工具，导致其分析缺乏深度，结论缺乏依据，对策性建议也无的放矢。这样的分析自然得不到上司和老板的认可。

在中国企业家联合会举办的一次《内部控制与风险防范》培训课上，主办方安排了一位咨询师介绍他们公司开发的内部控制软件。

咨询师举了两个例子。第一个例子是一家提供餐饮的企业，因为负债过多，利息支出吞噬微薄利润，企业濒临崩溃。通过咨询，该企业抓住了主要矛盾，削减债务，控制利息，转危为安。第二个例子是一家软件企业，其产品很受市场欢迎，业务发展得很不错。但由于管理层思想保守，不举债经营，失去了很多扩张的机会。而竞争对手有的引进了战略投资者，有的通过 IPO 上了市，融资后通过并购方式“攻城略地”，凶猛地抢夺市场份额。该企业业务不断萎缩，存在“被挤出”该业务领域的风险。

上面两个例子，一个讲举债过多，利息侵蚀利润；另一个讲不举债经营或举债过低导致市场份额丢失，业务萎缩。

初看这两个例子似乎有矛盾，但现实中确实存在这两种现象。这说明，“举债经营”也好，“现金为王”也好，都要因地、因时制宜，不能一概而论。

先说“举债经营”。只有当企业的资产经营的收益大于借入资本的利息时，举债经营才会增加企业利润。但传统的总资产收益率与借入资本的成本不可比。

举个例子，假定一家企业的 ROA（Return on Assets，即资产收益率）是

① 本部分内容根据 2016 年 6 月 15 日发表在公众号“小舟观察”中的文章修改而成。

5%，银行借款利率是8%（假定该企业的所得税为0），该企业是不是不能借款（借款越多，利润越少）？不一定！

ROA中的R（Return）是净利润，而A（Assets）是总资产，ROA的计算与银行借款利率的计算口径不一致，两个指标不可比。修正后的杜邦分析系统考虑了这一点，用的是经营性ROA，这里的R是NOPAT（Net Operating Profit After Tax，即税后净营业利润，净利润+税后利息费用），ROA表示全部投入资本（总的经营性资产）的总的收益，当经营性ROA大于借款利率时，借款可以增加企业利润，提高ROE（Rate of Return on Common Stockholders' Equity，即净资产收益率）。

但是，企业如果借款过多，实际资本结构大大偏离目标资本结构，则投资者感觉到的风险增大，WACC（Weighted Average Cost of Capital，即加权平均资本成本）提高，当高到一定程度后企业价值反而降低（与企业破产相关的成本大于税盾效应），这就是资本结构中的权衡理论。所以，即使是经营性ROA大于借款利率时，借款也不是越多越好。

当然，在某些情况下，即使经营性ROA小于借款利率时，出于战略上的考虑，有时也可以举债经营。具体问题要具体分析，关键是分析要有框架，要有正确的思路，要发挥理论对实务的指导作用。

再说“现金为王”。财务主管们都知道持有现金有机会成本，现金不足则可能产生短缺成本，所谓现金管理就是在持有成本和短缺成本之间进行权衡，使企业的现金总成本最低（权衡模型），这也是实务中企业进行现金管理的主要方法。即使在宏观经济存在相当大的不确定性的情况下，片面强调“现金为王”，也是不适当的。因为不确定性中既有风险，也有机遇，对有些企业来说（如业绩较好的大型企业，特别是国有大型企业），能够低成本地及时融到资金，金融危机和经济动荡恰恰是其并购重组的好机会，可以利用手中的现金优势，抓住各种投资和并购的机会。而对于另一些企业来说，如房地产企业，应该保留更多的现金，增加财务弹性，以应对不远的将来可能发生的更严峻的挑战。万科在2011年年末降价卖房，大量回笼现金，总裁郁量说，没有其他目的，就是为了“保命”。

总之，“举债经营”也好，“现金为王”也好，正确与否，不能一概而论。分析还是要有框架，有逻辑。否则，就可能会“盲人摸象”，各举各的例，“公说公有理，婆说婆有理”。

二、分析框架：我们的选择①

持有 MBA、MPAcc 以及其他会计资格证书者，不论在本科生、研究生学习阶段，还是接受企业的在职培训时，大都学过“财务报表分析”课程，各种《财务报表分析》教材中所运用的框架，大致有以下三种，如图 1 –2 所示。

图中框架 1 是传统的财务报表分析框架，仅包括“会计分析”和“财务分析”。会计分析主要是结合报表附注和其他相关信息，对资产负债表、损益表和现金流量表进行分析，发现报表中存在的扭曲或噪音，并根据性质和扭曲程度做相应的调整。财务分析主要是比率分析，包括偿债比率、资产负债比率、资产运营效率的比率、获利能力比率、市场比率等的分析，具体又包括纵向、横向分析等。

图中框架 2 在框架 1 的基础上增加了“预测”的内容，如财务困境的预测等。这是目前大多数《财务报表分析》教材所采用的框架。

图中框架 3 在框架 2 的基础上再增加“战略分析”（包括行业分析、公司战略和业务战略分析、公司治理结构分析等）的内容。

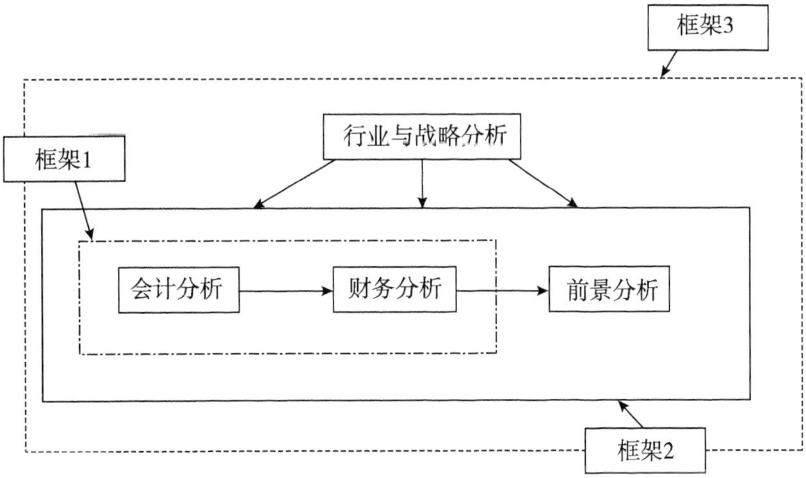

图 1 –2 财务报表的分析框架

① 本节根据 2016 年 12 月 5 日发表于公众号“小舟观察”中的文章修改而成。

无论是框架1、框架2，还是框架3，“财务报表分析”的含义都不仅仅是分析企业的财务报告，评估企业财务报告的质量，而是运用财务报告及其他相关信息分析企业的经营，评估企业的财务状况、经营绩效，以实现正确地对企业估值、绩效评价、信用评级、运营诊断等目的。

主流的观点认为，“战略分析”属于企业分析（business analysis）的内容，不应包含在财务分析框架中。

笔者不同意这一观点。笔者认为，没有好的战略分析，就不会有好的会计分析、财务分析和前景分析。

三、战略分析及其重要性

本书所称的战略分析，包括行业分析、商业模式分析、公司战略与业务战略分析、公司治理结构分析等内容。

战略分析的重要性可以通过以下几个方面加以说明。

1. 没有好的战略分析，就不能正确解读财务数据

行业、商业模式与战略分析可以使分析者对企业所处的行业环境、业务特点、企业发展阶段以及经营策略与风险等有一个深入认识和深刻把握，这是企业财务报告分析的前提。

所谓行业、商业模式与战略分析，就是分析一个企业主要的利润驱动因素和商业风险，分析企业所属行业的目前状况以及未来的变化或发展趋势，分析企业如何根据内外部制定相应的经营策略来取得竞争优势。没有这种分析，分析者是不可能把握住企业的经营实质，也不可能做好后续的会计分析、财务分析和预测工作。

例如，根据万德（Wind）数据，分板块看，剔除金融类上市公司，主板公司资产负债率2016年上半年末为64.77%，2015年年底为64.31%，2015年中期末为63.81%。

中小板公司2016年上半年末资产负债率为49.85%，2015年年底为51%，2015年中期为53%，2014年年底为50.63%。与主板有所不同，中小板是2014年年底至2015年中期先上升，随后再下降。

创业板公司2016年上半年末资产负债率为35.28%，2015年年底为

36.03%，2015 年中期为 35.88%，2014 年年底为 35.14%。从 2014 年年底至 2015 年年底呈上升态势，2016 年上半年则出现一定降低。

主板上市公司的资产负债率为 64%左右，而创业板约 36%，两者差距甚大，为什么？若你不了解创业板与主板公司处于不同发展阶段的这一特点，你恐怕理解不了这是一种正常的差异。

再从行业来看，根据申银万国“一级行业”划分标准，2006 年上半年，除银行和非银行金融外，资产负债率最高的前 5 位为建筑装饰、房地产、钢铁、公用事业、国防军工，分别为 77.99%、76.91%、67.74%、64.32%、62.89%。

房地产行业上市公司平均的资产负债率为 76.91%，前 10 位中的大部分房地产企业已经超过 80%，这是由房地产企业的行业特点以及房地产市场行情等决定的。

如果不了解这一点，你也不能真正读懂房地产企业的财务报表。

但是，对机械制造行业的企业来说，高负债率、高财务费用就是一种沉重的负担。

以三一重工（600031）和华宇软件（300271）为例。从表 1－1 可以看出，三一重工 2016 年 1—9 月的累计净利润不到 1.75 亿元，财务费用约 11.5 亿元。

表 1－1　三一重工利润表摘要

财务指标/万元 ＼ 时间	2016－09－30	2015－12－31	2014－12－31	2013－12－31
营业收入	1648966.10	2336686.90	3036472.10	3732789.00
营业成本	1212028.80	1757677.00	2253867.00	2755269.40
营业费用	145844.10	193927.80	287217.10	304434.70
管理费用	151043.70	200276.60	253252.20	294545.10
财务费用	114712.30	132121.70	123034.80	32494.90
投资收益	77852.00	－2697.30	40717.10	－19762.30
营业利润	26754.60	17053.60	71742.90	274761.20
营业外收支净额	－1849.30	－5064.70	26770.10	70279.50
利润总额	24905.30	11988.90	98513.00	345040.70
净利润	17458.40	13858.60	70920.60	290359.50

资料来源：根据三一重工年报和中期报告数据整理。

从表 1 - 2 可以看出，华宇软件 2016 年 1—9 月的累计净利润约为 1.79 亿元，财务费用为 - 286 万元。

表 1 - 2　　华宇软件利润表摘要

财务指标/万元 \ 时间	2016 - 09 - 30	2015 - 12 - 31	2014 - 12 - 31	2013 - 12 - 31
营业收入	102136.45	135166.99	90260.28	66984.73
营业成本	55433.29	76390.54	49398.42	36436.01
营业费用	7475.98	9299.72	6996.18	5472.38
管理费用	22978.74	29538.68	19712.83	15759.49
财务费用	- 286.15	- 495.07	- 414.01	- 750.32
投资收益	- 2.04	208.87	2.55	—
营业利润	15424.81	18504.93	12697.44	8348.88
营业外收支净额	4256.58	5602.87	4233.83	3195.59
利润总额	19681.39	24107.80	16931.27	11544.47
净利润	17870.45	20845.71	14738.05	12021.02

资料来源：根据华宇软件年报和中期报告数据整理。

为什么三一重工、华宇软件的财务费用会有如此大的差异？如果不进行行业分析、竞争对手分析、公司竞争战略分析，可能不会特别关注这一项目，也难以对相关数据做出正确解读，后续的会计分析、财务分析和前景分析也不可能是高质量的分析。

2. 没有好的战略分析，就没有好的会计分析

会计分析的目的就是评估企业财务报告质量的高低，分析出企业财务报告中存在的“扭曲”或“噪音”，并纠正扭曲、消除噪音。如果企业提供的财务报告“水分”太大，甚至是虚假的财务报告，则后续分析有何意义？

不少分析师拿到企业的一份财报，不知从何处入手来分析和评估财务报告的质量，原因就在于未理解行业分析、商业模式和战略分析的重要性，未做好行业分析、商业模式和战略分析。

我们首先看行业分析对会计分析的重要性。

不同行业的企业，其成功的驱动因素和相应的风险是不同的，我们可以根据行业的特点来确认企业主要的会计政策。

例如，对于银行类企业来讲，贷款的质量直接影响到企业的盈利高低，以及盈利的稳健性，我们应特别关注坏账计提的政策和估计。而对于零售企业来说，存货管理是其成功或失败的关键因素，与此相应，存货跌价准备的计提就是主要的会计政策之一。

当然，同一行业中的不同企业，由于其经营战略的不同，其主要的会计政策也会有差异。有的企业采用优质高价的策略，有的企业采用成本领先的策略；前者可能需要较多的研究与开发投入，后者则可能需要更多的售后服务费用。所以，对于前者，我们应更多地关注研究与开发方面的会计政策；对于后者，我们应更多地关注售后保证费用是否计提，计提是否适当。

拨备覆盖率是银行的坏账拨备相对于某一个拨备基准（出现坏账迹象的不良贷款）的比例，反映出银行对高风险贷款计提的损失准备有多大。根据2007年年报，拨备覆盖率最高的是浦发银行（191.08%）和招商银行（180.39%），最低的是深圳发展银行（后更名为平安银行，000001，以下简称深发展）的拨备覆盖率仅为48.28%，远低于行业平均水平。

不同银行拨备覆盖率之所以会出现较大不同，原因在于对贷款质量上的评估差异。但是，通过行业分析，我们可以质疑深发展坏账准备的计提，质疑公司是否存在有意做低费用、突出业绩大幅度增长的可能（2007年深发展净利润增长达88%，对于某些高管来说，高业绩增长对其个人收入有好处，但也可能会侵蚀投资者的利益），然后，再结合年报信息和其他相关的财务和非财务信息做进一步的分析。

深发展2008年净利润6.14亿元，同比下降76.8%，主要就是大额拨备计提和坏账核销所致。由于第四季度新增拨备56亿元，核销了94亿元全部损失类、可疑类不良贷款和很大一部分次级类不良贷款，绝大部分为2005年以前发放的历史贷款。深发展表示，根据监管机构第四季度在国内外金融和经济形势下对中小银行的要求，该行在2008年年底进行特别的大额拨备，当年第四季度新增拨备约为56亿元。由此导致深发展的拨备覆盖率由2007年年末的48.28%，大幅提升至2008年年末的105.14%。这也在一定程度上证实了2007年深发展的坏账计提偏低，高业绩中存在一定的“水分”。

2008年之前，我国非金融企业的杠杆率一直稳定在100%以内，国际金融危机后，企业部门加杠杆趋势非常明显，非金融企业杠杆率从2011年的124%上升到2015年的160%以上。

根据中国银行保险监督管理委员会（银保监会）公布的数据，2016年一季度末，商业银行不良贷款余额13921亿元，较上季末增加1177亿元；不良贷款率达1.75%，较上季末上升0.07个百分点，这已是商业银行不良贷款率连续数季度上升。

在对商业银行的财务报表进行分析时，我们需要继续关注其坏账准备的计提是否充分。

> 2008年1月30日，《厦证监发〔2008〕45号整改通知书》中指出夏新电子（后更名为厦门象屿，600057）会计处理中的四个问题：销售收入确认漏洞、年末销售异常、销售回购以及大额商业承兑汇票归类不当。《通知》指出，公司施行全程保价销售方式，实际承担了商品贬值的风险，未满足确认收入所要求的“商品风险和报酬的转移”条件。计提的调价补差准备金额难以准确计量。对全程保价销售方式，公司更没有在年报附注中予以披露。
>
> 夏新电子的解释是：①电子消费产品的特点决定此种销售政策为国内电子企业普遍采用。而公司在对外销售时对客户承诺在产品调价时按约定方式进行补差，是否进行调价及调价时如何进行补差的权利“完全由公司决定”。②公司在各个会计期间的会计处理中也均对已发生的调价补差金额进行及时、全额计提，如实反映在当期的会计报表中。

全程保价销售（即厂家调整价格时，对经销商的全部库存产品、零售店的全部库存产品给予调价保护）是当时国内电子企业普遍采用的一种销售策略。如果我们不了解这种策略，仅阅读公司财务报表附注中的收入确认政策，就理解不了《通知》中所说的夏新电子收入确认中的漏洞，也不能发现公司利润表中营业收入额中的“水分”，据此做出的关于企业运营绩效的评价和未来盈利增长的预测也必定是不正确的。

3. 没有好的战略分析，就没有好的财务分析

财务分析的目的，就是运用财务报告中提供的信息，通过各种财务指标的计算，从不同角度来评估企业的财务状况及经营绩效，以及这种经营绩效的可持续性。需要注意的是，一个企业的财务状况，特别是经营绩效的好坏，必须依据特定的行业状况及公司战略实现程度来加以评判。

> 2003 年前后，我国 PC 行业处境比较艰难。笔者当时在一家国内 A 股上市公司担任 CFO。年底业绩考核时，PC 分部既没有完成预算，与上年相比，业绩也有大幅下滑。当时，PC 公司总经理说过一句话："我们今年虽然没完成预算，业绩比上年也有所下滑，但我们没有亏损，还有盈利，还继续活着。PC 行业的许多企业（包括我们的一些竞争对手）已经死掉，我们的绩效不能说不好。"

所以，如果在我们的财务分析中，缺少了对行业的分析，也就不能够对企业的经营业绩做出正确的评价。

> 2005 年左右，笔者担任一家中药制造和销售企业的财务顾问，主要提供预算管理方面的咨询。该企业 2004 年的销售总额和利润总额都远高于上年，且完成了预算。但是，年底考核时，公司董事长（也是公司第一大股东和实际控制人）忧心忡忡，对经营班子提出了严肃的批评。因为，该公司上年的新产品的销售不到总销售额的 1%，2005 年未能实现提高新产品销售额的目标。董事长说，核心产品（成熟产品）总会走向衰退，5 年以后、10 年以后我们卖什么？此外，公司原来的区域销售计划也未能完成。公司的产品原来在华北销售得较好，希望拓展华南或其他地区市场。南方的药厂已经渗透到北方，我们如果不进军其他区域，偏居一隅，销售及利润必定会受到其他厂商越来越严酷的竞争性掠夺。

公司的收入和利润在总量上完成了计划，但收入结构和利润结构未能实现，未能实现既定的业务战略。从这个角度看，该公司 2005 年的经营绩效是不好的。

以上例子说明，没有好的行业分析，好的公司商业模式的发展战略分析，就无法对公司的经营绩效进行正确的评估。

4. **没有好的战略分析，就没有好的前景分析**

对企业未来盈利、财务状况、现金流量等的预测，都必须建立在一系列的假设之上，行业、商业模式与战略分析，有利于分析者构建合理的假设。

2016 年 9 月 25 日，国家金融与发展实验室资本市场与公司金融研究中心发布的《2016 年上半年 A 股上市公司盈利分析报告》中指出，上半年样本上市公司营业收入同比增加 3046.46 亿元。如果考虑房地产行业景气对于上下游行产业的拉动，房地产行业对于上市公司营业收入增长的贡献至少在 50% 以上。

以万科 A（000002，以下简称万科）为例，根据万科 2016 年半年度报告，上半年万科实现销售收入 1900.9 亿元，同比增长 69.9%；实现营业收入 748 亿元，增长 48.8%。

如果我们仅仅根据财务报表中提供的数据，而不对房地产行业的现状和变化趋势进行分析（如政府对房地产行业的调控政策，包括限购、首付比例提高、贷款利率提高等），不对企业的经营战略及其调整进行深入分析，就无法对企业的盈利及增长做出预测。

根据初步分析，万科 2016 年下半年、2017 年的收入和盈利依然会有很大幅度的增长。

（1）房地产市场的刚性需求不会因楼市调控而减少，只是暂时受到压制。

（2）万科 2016 年上半年利润表中的营业收入为 748.0 亿元，归属于上市公司股东的净利润为 53.5 亿元。但公司上半年销售额是 1900.8 亿元。并且，截至报告期末，已售未结的合同金额是 2977.1 亿元，也就是说，2016 年下半年及 2017 年的收入增长有一定的保障。

（3）房地产调控政策越严厉，对这些大型的、优秀的房企越有利，因为这正好是并购时机。

（4）万科控股权之争及深圳地铁成为万科第一大股东后，对公司运营带来的有利和不利影响等。

当然，投资者如果要进行持有、买入或卖出万科股票的投资决策，还需要运用分析框架，对万科进行更全面、更深入的分析，例如限购政策、货币政策、城镇进程、居民收入增长、控股权之争给管理团队造成的影响、公司发展战略修正等。

四、分析环节之间的关系

笔者在课程教学及个人股票投资的实务中采用的是分析框架3，框架中各环节之间的关系如下。

（1）通过行业、商业模式和战略分析，分析师可以确定企业成功的主要利润驱动因素和风险所在，为后续的分析打下坚实基础。

（2）会计分析就是看企业的财务报告在怎样的程度上反映了企业的经营实质。企业的会计信息如果不可靠、不相关，就不能用来评估企业的经营，更无法运用财务报告对企业的未来进行预测。

（3）财务分析一方面可以对企业的过去和目前的经营业绩和财务状况做出一个大致的评价；另一方面还可以在一定程度上评估企业这种盈利状况的可持续性，有利于对企业的未来盈利和增长进行预测。

（4）前景分析包括预测与估值。不管是买卖股票、发放长期贷款，还是重组并购，都需要对相关企业的未来盈利及增长、财务状况等做出大致正确的预测；并且，如果不对企业进行正确的估值，也就不能对企业的绩效进行正确评价，无法做出正确的投资和融资决策。

上述四个环节的关系可以概括为：行业、商业模式与战略分析是前提，会计分析是基础，财务分析是重点，前景分析（预测和估值）是目的（目标）。

五、数据的正确解读与使用①

有人说，会计、审计工作就是要“让数据说话”“用数据说话”。其实，不仅是会计、审计工作，其他管理工作也需要“让数据说话”“用数据说话”。计划经济时代，不少投资项目完工之时，便是停工之日，其中一个主要

① 本节根据2016年11月25日发表在公众号“小舟观察”中的文章修改而成。

的原因就是，企业领导“情况不明决心大，胸中无数拍板快”。在日常生活中，我们相信什么，不相信什么，也是依靠数据和事实（证据）来判断。“信仰来源于证据和论证”，高质量的数据就是有力的证据。

让数据说话没错，关键是如何正确理解数据说的话。

鲁迅先生曾经说过，“《红楼梦》是中国许多人所知道，至少，是知道这名目的书。谁是作者和续者姑且勿论，单是命意，就因读者的眼光而有种种：经学家看见《易》，道学家看见淫，才子看见缠绵，革命家看见排满，流言家看见宫闱秘事……”

面对同样的数据，同一时点上不同的人因分析视角不同，运用的分析工具（框架）不同，因而分析深度不同，从数据中看到的也是不同的内容。

有人做过统计，沃尔玛（Walmart）在20世纪70年代的流动比率曾高达2.4，而到2006年只有0.9左右，2010年、2011年的流动比率又略微下降，分别为0.86和0.88。表面上看，数据好像在说，沃尔玛的短期偿债能力在下降，财务风险加大，如果分析者还学到过所谓流动比率2∶1为好，速动比率1∶1为好的经验法则，就会更加担忧它的短期偿债能力。

事实呢？在当时的情况下，消费者刷卡购买商品2～3天后，信用卡公司就必须支付现金给沃尔玛，但沃尔玛对于供货商则继续维持商业交易最快30天付款的传统。由于现金来源充裕，所以沃尔玛不必保留太多的现金；同时，公司在快速增长中，有效地控制了应收款和存货的增长速度。流动资产增长慢而流动负债增长快，流动比率自然下降。

另一家全球著名的公司凯马特（Kmart），2000年的流动比率高达12.63，也就是说，1美元的流动负债，有12.63美元的流动资产作偿付保障，表面看来，这是多强的短期偿债能力！但就在2002年1月，这家有着103年历史的公司依照美国破产法第11章申请破产保护。因为，2000年遭遇危机后，供应商要求以现金取货，或大力收缩对凯马特的信用额度或期限。公司应付账款快速减少，其他不变的情况下，流动比率自然增高。

在2011年以前，苏宁云商（后更名为苏宁易购，以下简称苏宁）一直是盈利的，而京东自2003年从事电子商务以来，就一直亏损。有的人仿佛听到上述数据在说："京东财务风险太大，京东在毁损价值……"

结果呢？

2011 年，苏宁（线上 + 线下）的销售收入（939 亿元）是京东（211 亿元）的 4 倍多，而到 2015 年（仅 4 年的时间），京东的收入（1813 亿元）已远高于苏宁（1355 亿元）。若单论线上的销售收入或 GMV（Gross Merchandise Volume，即成交总额），苏宁与京东更不在一个档次，京东的市场份额约 27%，苏宁不到 3%。

两家公司的市值也差别很大。苏宁为 1044.59 亿元（2016 - 11 - 24），京东为 2435.42 亿元（2016 - 11 - 23）。一个京东的市值大于两个苏宁。

所以，我们不能就财务论财务，就某一方面的数据就轻率判断，还必须结合企业的业务情况来分析思考，才能正确理解数据说的话，才能正确地"用数据说话"，从而得出正确的结论。

比如，一家企业的流动比率和速动比率在行业中名列前茅，好还是不好？这需要看从哪个角度来评价。如果从供应商（信用提供者）、银行（贷款提供者）角度看，这家企业的流动比率和速动比率越高越好，因为供应商的应收款或银行的贷款本息按期收回就有坚固的保障。但如果从股东角度看，这未必是好现象，高的流动比率和速动比率，意味着企业有较多的资金占用在无效益或低效益的资产上，如库存现金、银行存款、应收账款等上面，而资产与收益关系的基本原理是：资产的流动性、安全性与收益成反比关系。所以，从股东角度看，高的速动比率和流动比率并非好事，股东们更关注的是企业的每股收益、ROE 及其盈利增长的可持续性。

所以，同样数据说的话，从不同角度理解，含义就大不相同。如果分析者是公司 CFO，理解数据的角度站错了，问题就会很严重。

再如，国资委一直都很重视用 Economic Value Added，即 EVA（经济增加值）指标来考评央企，相对于会计利润，EVA 考评有所改进。在 EVA 考评方式下，企业的管理者不仅要考虑债务资本的成本，还要考虑权益资本的成本。但 EVA 指标本身也有很重大的缺陷，表 1 - 3 显示了 2011 年央企的 EVA 排名情况。

表1-3　　2011年央企上市公司价值创造前30排行榜

排名	股票代码	公司名称	行业代码	EVA/百万元	2011 ROIC	投资资本/百万元	EVA率	EVA率排名	投资资本排名
1	601857. SH	中国石油	采掘	86240	12. 4	1249895	6. 9%	379	1
2	600028. SH	中国石化	化工	43675	11. 8	695717	6. 3%	417	2
3	601088. SH	中国神华	采掘	35030	17. 4	293602	11. 9%	178	3
4	601668. SH	中国建筑	建筑建材	7856	8. 3	278262	2. 8%	757	4
5	000002. SZ	万科A	房地产	5828	10. 2	124047	4. 7%	538	18
6	601898. SH	中煤能源	采掘	4644	9. 8	106908	4. 3%	577	21
7	600900. SH	长江电力	公用事业	2482	7. 0	160506	1. 5%	938	15
8	600875. SH	东方电气	机械设备	2478	19. 4	17803	13. 9%	109	140
9	000039. SZ	中集集团	机械设备	2192	10. 5	43541	5. 0%	510	51
10	601766. SH	中国南车	交运设备	1980	9. 4	50761	3. 9%	623	42
11	600489. SH	中金黄金	有色金属	1790	19. 1	13150	13. 6%	123	192
12	600048. SH	保利地产	房地产	1709	7. 0	112262	1. 5%	942	20
13	601299. SH	中国北车	交运设备	1563	9. 7	36850	4. 2%	588	58
14	000069. SZ	华侨城A	房地产	1292	8. 5	43024	3. 0%	742	52
15	601808. SH	中海油服	采掘	1280	8. 1	48990	2. 6%	783	44
16	600970. SH	中材国际	建筑建材	1222	28. 6	5289	23. 1%	28	421
17	002128. SZ	露天煤业	采掘	1191	22. 8	6887	17. 3%	59	325
18	601918. SH	国投新集	采掘	1181	20. 1	8111	14. 6%	97	281
19	601669. SH	中国水电	建筑建材	1175	6. 8	92147	1. 3%	984	23
20	600150. SH	中国船舶	交运设备	1146	8. 7	35296	3. 2%	707	63
21	601117. SH	中国化学	建筑建材	1122	12. 1	16978	6. 6%	392	145
22	600582. SH	天地科技	机械设备	1050	18. 9	7841	13. 4%	130	292
23	000550. SZ	江铃汽车	交运设备	1048	21. 3	6642	15. 8%	73	339
24	600508. SH	上海能源	采掘	1007	18. 9	7493	13. 4%	126	304
25	000666. SZ	经纬纺机	机械设备	914	17. 8	7460	12. 3%	170	305

续 表

排名	股票代码	公司名称	行业代码	EVA/百万元	2011 ROIC	投资资本/百万元	EVA 率	EVA 率排名	投资资本排名
26	601111. SH	中国国航	交通运输	890	6. 1	146544	0. 6%	1105	17
27	000877. SZ	天山股份	建筑建材	796	13. 7	9654	8. 2%	314	246
28	000778. SZ	新兴铸管	黑色金属	778	9. 3	20376	3. 8%	635	120
29	000878. SZ	云南铜业	有色金属	739	8. 7	23232	3. 2%	713	103
30	600271. SH	航天信息	信息服务	716	18. 4	5561	12. 9%	148	395

注：EVA 率、投资资本排名均指在所有 A 股上市公司中的排名。

资料来源：财经网。

对于这份数据所说的话，不同的人听出了不同的含义。《投资者报》认为，EVA 排名越靠前，公司管理就越佳。

而笔者则更看重企业的 ROIC（Return on Invested Capital，即投入资本的收益率，ROIC = 税后净经营利润 NOPAT/投入资本）。衡量一个企业管理水平的高低，不能单看某一个、某一类指标，必须联系行业分析、战略分析、趋势分析等来进行。即使要用一个综合性的指标来考评，内在价值或市值指标也比 EVA 指标好得多。

第二章 战略分析

没有好的战略分析，就不会有好的会计分析、财务分析和前景分析。

一、行业分析：以空调行业为例[①]

要运用财务报告对企业进行分析，首先要了解该公司的业务，公司所在行业的现状、近期变化，以及未来的发展趋势等。否则，即使是财会界的大腕，也难以真正读懂上市公司。

（一）格力与长虹

2016 年 10 月，一位长江商学院教授写的《如何从财务报表看产品的竞争力》一文在财会界流传甚广。文章中是这样比较格力和长虹的："毛利率是一个非常重要的指标。毛利率有助于我们选择投资方向、衡量企业的成长性，有助于我们发现企业是否操纵盈利，评价经理人的经营业绩，分析企业的核心竞争力，发现公司的潜在问题等。我们具体看一下 2014 年格力的毛利率，可以看到 2014 年本年的营业收入是 1378 亿元，营业成本是 880 亿元，所以毛利率就是拿 1378 减去 880，再除以 1378，毛利率高达 36%。对于这样一个传统的家电制造业来说，36% 的毛利率是非常高的。"

"我们再看一下另外一家公司长虹，2014 年的营业收入是 595 亿元，营业成本是 509 亿元。我们把 595 减去 509 再除以 595，毛利率等于 14%。这个差异太大了，格力的销售收入在 1378 亿元的情况下其毛利率仍然可以保持 36%，而长虹的销售收入只有 595 亿元，其毛利率只有 14%。所以从毛利率和销售收入很明显就能看出来，这两家公司的竞争力是相差巨大的，根本不是一个级别的企业。"

而笔者认为，离开了行业分析、商业模式和战略分析，谈毛利率高低没有太大意义。

---

① 本节根据 2017 年 1 月 4 日发表于公众号"小舟观察"中的文章修改而成。

第一，同一行业中的不同企业，有的采取高毛利、低周转战略，有的采取薄利多销战略，毛利率低，但周转速度快，最后的 ROE 都差不多，后者甚至更高。同一企业的不同产品线，如低端、中端、高端产品，采用的定价策略不同，相应的毛利率也就不同。

第二，即使同一行业中两个企业的毛利率、销售利润率、净资产收益差异巨大，也不能说明高的就好，低的就不好。例如，前面提到的苏宁和京东的例子，京东虽然连年亏损，但其目标或战略的实现程度更好。2015 年京东的销售收入、市值都远超苏宁。

第三，将格力电器（000651，以下简称格力）与四川长虹（600839，以下简称长虹）进行简单的毛利率对比也不合适。

表面上看，这两家企业都属于家电行业，但从细分行业角度看，这两家企业却很不相同。格力主营的是白色家电，主打产品是空调，空调占格力业务总收入的 85% 以上（格力还有冰箱、小家电，但市场份额很小），如表 2 – 1 所示。

表 2 – 1　　格力主营业务构成

财务指标 细分行业	营业收入/万元	营业利润/万元	毛利率/%	占主营业务收入比例/%
家电制造（行业）	4429330. 31	1714773. 90	38. 71	90. 06
其他业务（补充）（行业）	488951. 69	40749. 58	8. 33	9. 94
合计（行业）	4918282. 01	1755523. 48	35. 69	100. 00
空调（产品）	4198196. 29	1693814. 59	40. 35	85. 36
生活电器（产品）	76841. 05	15368. 21	20. 00	1. 56
其他业务（补充）（产品）	643244. 67	46340. 68	7. 20	13. 08
合计（产品）	4918282. 01	1755523. 48	35. 70	100. 00

资料来源：格力 2016 年半年报。

长虹在细分行业中属于黑色家电或视听器材，主打产品是彩电、机顶盒等，虽然长虹也生产空调、冰箱，但空调和冰箱收入之和占总销售收入的比例也不到 19%，如表 2 – 2 所示。

表 2-2　　长虹主营业务构成

细分行业＼财务指标	营业收入/万元	营业利润/万元	毛利率/%	占主营业务收入比例/%
家电（行业）	2155384.80	341200.30	15.83	65.76
中间产品（行业）	804666.42	76653.56	9.53	24.55
运输、加工（行业）	30404.44	2852.23	9.38	0.93
房地产（行业）	43276.22	12552.90	29.01	1.32
其他（行业）	160579.94	18836.21	11.73	4.90
其他业务（补充）（行业）	83171.78	37071.09	44.57	2.54
合计（行业）	3277483.61	489166.30	14.93	100.00
电视（产品）	624103.22	117264.50	18.79	19.04
空调、冰箱（产品）	642291.22	152674.10	24.93	18.68
IT 产品（产品）	754902.28	29505.65	3.91	23.03
中间产品（产品）	804666.42	76653.56	9.53	24.55
通信产品（产品）	13765.15	2433.57	17.68	0.42
机顶盒（产品）	94870.37	23284.53	24.54	2.89
电池（产品）	43419.62	13595.66	31.31	1.32
系统工程（产品）	5187.07	1192.74	22.99	0.16
运输、加工（产品）	30404.44	2852.23	9.38	0.93
厨卫产品（产品）	6845.88	1249.52	18.25	0.21
房地产（产品）	43276.22	12552.90	29.01	1.32
其他（产品）	160579.94	18836.21	11.73	4.90
其他业务（补充）（产品）	83171.78	37071.09	44.57	2.54
合计（产品）	3277483.61	489166.30	14.93	100.00

资料来源：长虹 2016 年半年报。

（二）格力与美的

其实，格力的主要竞争对手是美的，这两家企业的主打产品都是空调。虽然美的集团（000333，以下简称美的）的空调收入占总收入的比例不如格力高，但也占到 45% 左右，如表 2-3 所示。

表 2-3　　美的主营业务构成

细分行业＼项目指标	营业收入/万元	营业利润/万元	毛利率/%	占主营业务收入比例/%
制造业（行业）	7066793.20	2177647.80	30.82	91.15
物流服务（行业）	90509.40	6881.80	7.60	1.17
合计（行业）	7752228.70	2265612.70	29.23	100.00
大家电（产品）	4828209.70	1519160.90	31.46	62.28
空调及零部件（产品）	3419999.70	1130572.40	33.06	44.12
冰箱及零部件（产品）	670136.70	174595.30	26.05	8.64
洗衣机及零部件（产品）	738073.30	213993.20	28.99	9.52
小家电（产品）	2036848.40	618556.00	30.37	26.27
电机（产品）	361090.10	51972.30	14.39	4.66
物流服务（产品）	218244.70	19597.50	8.98	2.82
合计（产品）	7752228.70	2265612.70	48.09	100.00

资料来源：美的 2016 年半年报。

我们比较下格力和美的这两家公司的毛利率和加权的净资产收益率（ROE）。美的毛利率略低于格力，因为两家公司的空调收入占总收入的比例不同（当然还有其他因素的影响），格力占 85% 以上，美的只占 45% 左右；但从加权净资产收益率看，美的与格力不相上下，2015 年和 2016 年上半年美的 ROE 甚至略高于格力，如表 2-4、表 2-5 所示。

表 2-4　　格力盈利指标

财务指标/%＼时间	2016-09-30	2015-12-31	2014-12-31	2013-12-31
营业利润率	15.6606	13.8280	11.6800	10.3369
营业净利率	13.7125	12.9149	10.3469	9.2180
营业毛利率	34.1203	32.4597	36.1003	32.2369
成本费用利润率	19.3600	17.4597	13.7146	11.8482
总资产报酬率	7.4612	9.6240	11.1772	10.0085
加权净资产收益率	21.1300	27.3100	35.2300	35.7700

资料来源：格力发布的定期财务报表。

表 2－5 美的盈利指标

财务指标/% \ 时间	2016－09－30	2015－12－31	2014－12－31	2013－12－31
营业利润率	13.1256	10.7749	9.4944	7.7.71
营业净利率	11.8166	9.8415	8.2208	6.8589
营业毛利率	27.9694	25.8438	25.4104	23.2750
成本费用利润率	15.7532	12.7438	10.8486	8.8476
总资产报酬率	10.0252	12.8940	11.9669	10.5374
加权净资产收益率	23.7600	29.0600	29.4900	24.8700

资料来源：美的发布的定期财务报表。

所以，要读懂一家公司，不能简单地将其归属于某一大的行业，还要看它的具体业务或细分行业。

对于中国的上市公司来说，大都是跨多个行业经营的，这增加了行业分析的难度。

雅戈尔（600177）不仅经营服装业务，还涉猎金融和地产。其销售收入主要来自服装和地产，而有些年份的利润则是金融投资占据大头。我们在运用财务报告及其他信息进行分析时，需要仔细看其中的分部报告。

同方股份（600100）的主打产品中，PC（Personal Computer，个人计算机）只是其中的一部分。收入占到50%左右，但利润方面，PC不亏损就不错了。因此，我们不能将同方股份与联想集团等公司进行简单的比较，否则，就读不懂同方股份，甚至读不懂同方股份的财报。同方股份PC业务的资产周转率比较快，而智慧城市、公共安全、节能环保等一般合同金额较大，收入、成本的会计处理适用建造合同准则。由于是长期合同，资产周转速度相对会慢很多。而上市公司合并报表的数据是综合的，数据综合程度越高，信息含量往往越小，资产周转速度是快是慢就看不清了。

从上面的例子可以看出，我们要读懂上市公司，首先就要了解该公司的业务及所处的行业特点，预测行业发展的趋势，即进行较为深入的行业分析。而行业分析则是券商或基金公司的行业分析师（研究员）相对擅长的。

（三）行业与行业分析

英文“industry”一词，根据不同的语境，常译作“产业”或“行业”。例如，产业经济学、产业或行业分析等。我们这里所说的行业，就是生产或提供相类似商品或服务的多个企业的集合。

2012 年 11 月，中国证监会为规范上市公司行业分类工作，根据《中华人民共和国统计法》《证券期货市场统计管理办法》《国民经济行业分类》等法律法规和相关规定，对 2001 年公布的《上市公司行业分类指引》进行了修订，将 A 股上市公司分为 19 个门类、90 个大类，具体的分类原则和方法如下。

（1）以上市公司营业收入等财务数据为主要分类标准和依据，所采用的财务数据为经过会计师事务所审计并已公开披露的合并报表数据。

（2）当上市公司某类业务的营业收入比重大于或等于 50%，则将其划入该业务相对应的行业。

（3）当上市公司没有一类业务的营业收入比重大于或等于 50%，但某类业务的收入和利润均在所有业务中最高，而且均占到公司总收入和总利润的 30% 以上（包含本数），则该公司归属该业务对应的行业类别。

（4）不能按照上述分类方法确定行业归属的，由上市公司行业分类专家委员会根据公司实际经营状况判断公司行业归属；归属不明确的，划为综合类。例如，格力、美的、同方股份、长虹都属于“制造业”这一大的行业门类。

行业分类的流程是：上市公司行业分类按季度进行，每年 3 月 20 日、6 月 10 日、9 月 20 日和 12 月 20 日为当季行业分类工作起始日；原则上应于季度末完成当季上市公司行业分类工作。

行业分析的任务包括：①解释行业本身所处的发展阶段及其在国民经济中的地位；②分析影响行业发展的各种因素以及判断对行业的影响力度；③预测并引导行业的未来发展趋势；④判断行业投资价值；⑤揭示行业投资风险；⑥为政府部门、投资者以及其他机构提供决策依据或投资依据。

（四）行业利润率

有人对2000—2014年上市公司各行业的平均ROE做了简单的统计：排在前三位的是银行、采掘和食品饮料，分别为17.3%、14.4%和13.5%；后三位则是轻工制造、农林牧渔和电子，分别为4.9%、4.3%和4.1%。

为什么不同行业的利润率差异会这么大？分析不同行业利润率差异的成因，预测利润率走势和行业结构的变化，是行业分析的主要内容。

有各种各样的产业研究方面的理论（框架、模型或工具）试图解释这种现象。例如，产业生命周期理论，SCP（Structure - Conduct - Performance，即结构—行为—绩效）理论，“五力”竞争模型等。

在实务中用得比较多的分析工具是波特的“五力”竞争模型。

波特认为，一个行业的利润率是高是低，行业利润率之间的差异，是由以下五种竞争力量形成的。如图2-1所示。

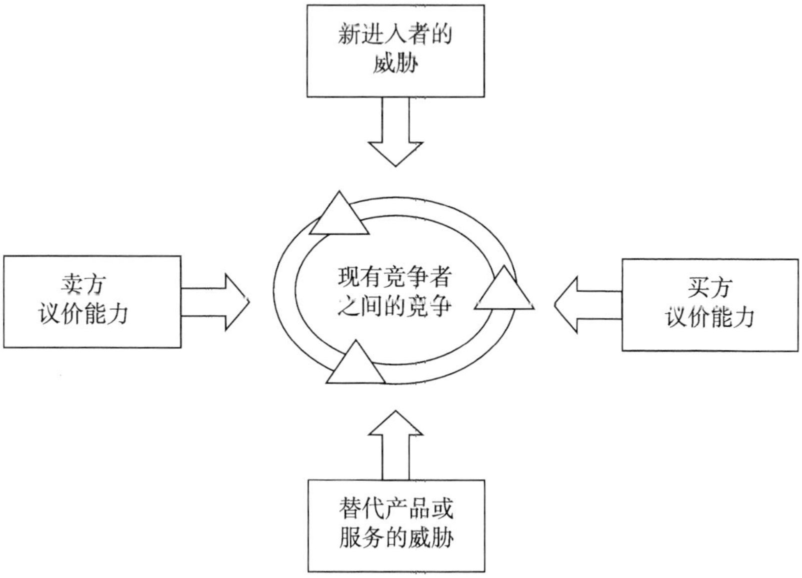

图2-1　五力竞争模型

资料来源：迈克尔·波特[①]：《竞争论》，中信出版社，2009，第4页。

① 迈克尔·波特是一个与时俱进的学者、思想家和战略家，被公认为现代竞争战略之父。

这五种力量也可以分成两个方面，一是现有和潜在的竞争，包括：现有企业之间的竞争，新进入者的威胁以及替代品的威胁。二是本行业的企业与供应商（卖方）和客户（买方）的议价能力。

1. 竞争力量 1：现有企业之间的竞争

对大多数行业来说，平均的行业利润率是由该行业内企业的竞争性质所决定的。有一些行业，如手机行业，企业之间的竞争非常激烈，迫使价格越来越接近于成本，有些甚至低于成本。而另一些行业竞争激烈程度相对弱一些，行业利润率就会高一些。具体来说，以下因素决定了现有企业之间的竞争。

（1）行业增长率。如果行业的增长率比较快，则现有企业不必从对手手中夺取市场份额也可取得快速增长。对于滞胀行业来说，现有企业要取得收入和盈利，就必须夺取竞争对手的市场份额，竞争就会异常激烈。金融危机期间，为刺激经济扩大内需，2008 年政府启动“家电下乡”“以旧换新”“节能惠民”等补贴活动，家电行业（包括空调行业）迎来 3 年的高增长期。2011 年 5 月，各种补贴政策相继退出，家电行业增速放缓。中国家电商业协会营销委员会执行会长洪仕斌认为，2014 冷年（指 2013 年 9 月—2014 年 8 月），国内空调市场规模大概为 4200 多万台；而 2015 冷年（2014 年 9 月—2015 年 8 月），国内销售总量大概是 4000 多万台。按照前两个冷年的销售情况，2016 冷年即使所有的空调厂商都不生产，库存的空调量也未必能销售完，因而清库存和打价格战成为必然。

（2）行业集中度与竞争者之间的平衡。某一行业中的企业数量和这些企业的相对规模，决定了这一行业的集中度。如果这个行业有少量的大型企业，他们就可能暗中协调以避免互相残杀，如麦当劳和肯德基，波音与空客等。如果行业中的企业规模都比较小，则价格上的竞争一般比较激烈。

格力、美的、海尔、奥克斯、格兰仕五家企业就占了家用空调市场份额的 80% 以上，特别是格力和美的，两家加起来应占家用空调的一半以上市场份额。从这一点看，随着空调市场的增长率放缓，几大空调巨头会开打价格战，但不一定会血拼。

（3）产品差异程度和转换成本。如果行业内各企业生产的产品或提供的服务非常相似，并且客户的转换成本较低，则价格战不可避免。比如家电行业中的空调产品。一个家庭要换空调，不一定要买原先品牌的空调，通常会选择性价比较高的产品。

所以，各主要空调厂商都在设法避开低端的价格战，采用差异化战略来稳固市场份额。例如，美的针对厨房、机房、大客厅推出专业的定制型空调；格力则大力发展太阳能空调。

2. 竞争力量2：新进入者的威胁

如果一个行业的利润率比较高，就会吸引新的进入者。新进入者的加入，必定会增加产品与服务供给，从而迫使现有企业降低价格，拉低这个行业的平均利润率。所以，进入某个行业的难易程度是决定某一行业平均利润率的重要力量。

如前所述，空调行业的集中度比较高，前五大企业的空调就占市场份额的80%以上。并且，格力、美的、海尔等企业在产品研发（如太阳能空调、互联网空调、除甲醛空调等）、运营模式（个性化生产和制造）、市场销售、售后服务等方面早已形成相对完整的产业链，进入壁垒较高。新进入者的威胁至少目前看来并不大。

3. 竞争力量3：替代品的威胁

空调的替代品主要有电风扇和供暖设备。

电风扇相对于空调来说，在购买时价格便宜，使用时也比较省电方便（搬回家就能用，不需要安装），并且，不少老年人也不习惯使用空调，加上有些城市和农村存在夏季电力紧张的问题，所以，无论在城市还是农村，电风扇都占有相当稳定的市场份额。此外还有空调扇、无叶风扇等，也对空调有一定的替代威胁。

供暖设备主要包括电暖器、地暖、燃气壁挂炉、集中供暖，其对空调不会产生替代威胁。因为大部分人购买空调的目的，主要是制冷降温。即使家里购置各种各样的供暖设备，总还是需要购买空调的。

4. 竞争力量4：与买方（消费者）的议价能力

由于空调市场相对饱和，产品供大于求，客户转换成本低，属于买方市场。并且，随着互联网的快速发展，消费者的信息收集能力不断提升，能够及时、全面地了解厂商产品的价格、性能等，在购买前可以很容易地对各厂商产品的价格、性能进行对比，具有较强的议价能力。

以京东、苏宁、国美为代表的零售终端掌控着渠道，一般空调厂商与大型终端零售商的议价能力相对较弱。但以格力为代表的空调厂商，也在建设自己的销售渠道，这些企业与终端零售商的议价能力相对强一些。

总体上来说，空调厂商与买方的议价能力较弱，不同企业有不同的议价能力。这也是各空调厂商努力实行差异化战略的重要原因。否则，产品同质、客户转换成本又低，除了打价格战，别无其他出路。

5. 竞争力量5：与卖方（供应商）的议价能力

过去，控制器和压缩机厂商的议价能力较强，但随着国内领先空调厂商的不断创新和努力，压缩机的控制已经被打破，格力、美的均自建压缩机厂。在控制器方面，格力、美的等国内龙头空调企业也有技术上的突破，例如，格力 180 度正弦波直流变频驱动控制技术，已经通过广东省科技厅组织的省级技术鉴定，被评为国际先进水平。直流变频技术是一个整体的技术，需要控制器、系统设计包括零部件等多方面的配合才能实现真正的节能、舒适、环保。格力通过自主研发，已完全掌握此项技术，这为格力变频空调的发展打下了坚实的基础。

（五）总体判断

综上，笔者对空调行业近期发展的初步判断如下。

（1）在中国，政府的行业调控政策，对行业收入和利润的增长影响很大，空调行业也不例外。随着国家支持政策的退出，以及房地产行业的降温，空调行业的收入增长率必将放缓。

（2）在市场饱和、增长率放缓的情况下，厂商之间的竞争将更加激烈，市场集中度将进一步提高。例如，2014 年年底，格力发起“清场行动”；苏宁易购则联合美的、海尔、海信、奥克斯、志高、长虹六家空调企业，打响了一轮名为“破格行动”的战役，与格力正面对决。

（3）随着天猫、京东、苏宁等零售巨头物流体系的完善，无论是格力，还是美的、海尔，都会加强彼此间的合作。2016 年 3 月，格力与苏宁重启合作，格力作为国内最大的空调制造商，将为苏宁提供新品首发、全品类产品进驻及爆款资源三方面的优先支持，而苏宁作为全国最大的 O2O 零售商，将为格力提供双线渠道、服务保障和大数据支持三项优先保障。

（4）根据申万宏源的研究报告①，截至2016年12月16日，国内铜价为46530元/吨，同比上涨33.13%，铝价为12970元/吨，同比上涨28.29%。因此，随着销售收入增速放缓，原材料成本上升，整个空调行业的毛利率、ROE也会进一步回落。这也许是市场对于格力、美的等国内家电巨头只给予10倍左右市盈率的主要原因。

（六）行业分析的局限

当然，要读懂上市公司，仅仅进行行业分析还远远不够。例如，申万宏源在上述研究报告中指出，虽然“回顾过去五年的原材料走势，我们看到原材料尽管有波动，但是龙头公司毛利率水平不断提升（2015年因为去库存打价格战而毛利率受损），在寡头垄断格局下，无须因为成本上涨而担心龙头盈利水平”①。

即使在同一行业中，各家企业的经营业绩、财务状况、现金流量也存在很大差异。

2015年，格力的营业总收入增长率为-28.17%，而美的只是略微下降，为-2.08%；格力利润增长率为-11.46%，而美的则为22.99%。

同一行业中的龙头企业，财务指标为什么会有这么大的差异？要弄明白这一点，我们还必须对企业的商业模式、战略管理以及公司治理等进行更深入的分析。

二、商业模式分析②

要运用企业的财务报告来分析企业，仅仅做好行业分析是不够的，还必须进行商业模式、战略管理以及公司治理结构的分析，否则，就不好理解为什么在同一时期、同一行业中的不同企业，其收入增长率、毛利率、收入利润率、净资产利润率（ROE）有巨大差异。

本书讨论的是同一行业中不同企业的商业模式。

---

① 《11月空调数据点评：前期低基数叠加涨价预期提前备货》。

② 本节根据2016年12月30日发表于公众号“小舟观察”中的文章修改而成。

我们首先看一下苏宁近几年的收入增长情况，如表2－6所示。

表2－6　　苏宁近几年的财务指标

财务指标＼时间	2016－09－30	2015－12－31	2014－12－31	2013－12－31
审计意见	未经审计	标准无保留意见	标准无保留意见	标准无保留意见
净利润/万元	－30362.70	87250.40	86691.50	37177.00
净利润增长率/%	－672.4167	0.6447	133.1858	－86.1079
营业总收入/万元	10386294.10	13554763.30	10892529.60	10529222.90
营业总收入增长率/%	11.0008	24.4409	3.4505	7.0509
加权净资产收益率/%	－0.7100	2.8700	3.0100	1.3100
资产负债比率/%	50.7899	63.7527	64.0644	65.4577

资料来源：根据苏宁年报、中期报告整理。

2013年、2014年苏宁的收入增长率只有7.05%和3.45%，2015年收入增长率达到24.44%。这可能与阿里的战略合作有关。

2015年8月10日，阿里巴巴斥资283亿元收购苏宁约20%的股份，成为苏宁第二大股东。同时，苏宁以140亿元认购不超过2780万股的阿里巴巴（BABA，以下简称阿里）新发行股份。交易达成后仅7天的时间，苏宁便迅速入驻天猫，迎接8月18日苏宁的电商节。

我们再看下苏宁的老对手——京东的收入增长情况。

财报显示京东2014年全年营收为1150亿元，比2013年同期增长66%；净亏损为49.96亿元，2013年同期净亏损4989.9万元。

2015年京东全年营收为1813亿元，同比增长达58%。全年归属于普通股股东的净亏损为94亿元，相比2014年同期进一步扩大。

京东2015全年交易总额达到4627亿元，同比增长78%，这一数字高于2015年全国网络零售交易额33.3%的同比增长率。

要了解京东和苏宁在收入增速上的差异，必须了解两者商业模式的不同。

（一）商业模式的定义

关于商业模式，有以下几种定义。

Timmers 认为，商业模式是产品、服务和信息流动的架构，包括对不同参与者的角色描述、对不同参与者潜在收益的描述，以及对收入来源的描述。[①]

Johnson、Christensen 和 Kagermann 提出，商业模式包括四个相互关系的要素，它们共同为顾客创造和交付价值。这些要素是：价值主张、盈利公式、关键资源、关键过程。[②]

Teece 认为，商业模式是一个企业有关其价值创造过程的总体架构设计，包括价值创造、交付和收获机制。其实质正是确定企业价值创造的逻辑和方式：如何向用户交付价值，吸引客户为价值付账，并将这些支付转换为利润。[③]

简单地说，商业模式就是描述了企业如何创造价值、传递价值和获取价值的基本原理。在 Alexander Osterwalder 和 Yvers Pigneur 所著的 *Business Model Generation* 一书中，提出了商业模式的 9 个构造块：客户细分、价值主张、渠道通路、客户关系、收入来源、核心资源、关键业务、重要合作、成本结构，如图 2－2 所示。

（二）苏宁与京东

苏宁与京东的商业模式从大的方面看是一样的，都是 O2O（线上＋线下），但两者的结构差异很大。苏宁的收入主要来自线下；而京东恰恰相反，收入主要来自线上。

苏宁（线上）的销售收入由于基数小，其增速高于京东。根据公司 2015 年年报，公司线上业务实现自营商品销售收入 402.93 亿元（含税），开放平

---

① Paul Timmers, "Business Models for Electronic Markets," *Journal on Electronic Markets* 8. no. 2 (1998): 3－8.

② Mark Johnson, Clayton Christensen and Henning Kagermann, "Reinventing Your Business Model," *Havard Business Review* 86. no. 12 (2008): 50－59.

③ David J. Teece, "Business Models, Business Strategy and Innovation," *Long Range Planning* 43 (2010): 172－194.

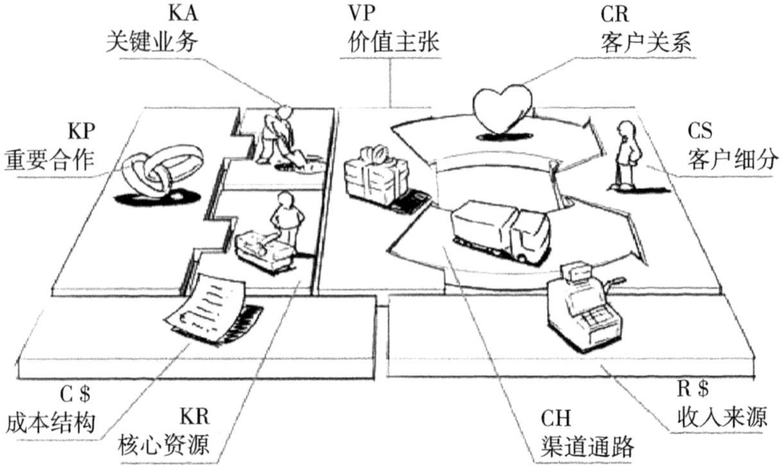

图 2－2　商业模式构造块

资料来源：亚历山大·奥斯特瓦德、伊夫·皮尼厄：《商业模式新生代》，王帅、毛心宇、严威译，机械工业出版社，2015，第 8 页。

台实现商品交易规模（指完成收款及配送服务的订单金额，并剔除退货影响）为 99.82 亿元（含税），公司线上平台实体商品交易总规模为 502.75 亿元（含税），同比增长 94.93%。

而苏宁线下实体店的收入则增长乏力。根据 2015 年年报，报告期内，公司大陆地区可比店面（指 2014 年 1 月 1 日及之前开设的店面）销售收入同比增长 4.50%，红孩子店作为公司母婴及周边产品的综合性服务平台，其在规划标准、运营模式等方面正在不断予以完善，因此同店增速低于平均。

苏宁的线下实体店也有其有利的一面，就是通过全渠道的布局以及全流程的 O2O 融合带来用户体验的提升。根据 2015 年年报，苏宁已经形成了覆盖门店 POS 端、PC 端、移动端和 TV 端的全渠道布局，能够满足消费者随时随地、想购就购的购物需求。同时公司不仅推进门店的互联网化，还在支付结算、仓储配送、咨询服务等方面打通了线上线下各平台，将店面在体验、服务方面的优势与互联网在信息获取、交易支付、互动交流等方面的优势进行无缝结合，致力于为消费者提供贯穿线上线下，包含售前、售中、售后完整的体验。

京东也看到了线下实体店的这一优势。2014 年年底，京东家电开始在县级城市开设京东帮服务店，至今已开店超过1300家，承担了在县乡级市场的大家电配送、安装、售后维修及营销推广的职能。2016年3月1日，京东家电“沸腾中国”战略发布会在北京举行，这是京东家电作为独立事业部的首次“亮剑”。会上，京东商城家电事业部总裁闫小兵发布了包括营销战略、服务战略、渠道战略、供应商战略以及只做第一的全新五大战略，其中，包括通过加盟的方式在全国各村镇开设“京东家电专卖店”等。

但是，从收入上来讲，京东的收入主要来自线上的零售。从中国B2C网络零售市场份额上来讲，苏宁和京东差距很大。中国电子商务研究中心监测数据（100EC.CN）显示，2016年上半年中国B2C网络零售市场中（包括开放平台式与自营销售式，不含品牌电商），天猫排名第一，占据53.2%份额；京东名列第二，占据24.8%份额；唯品会位于第三，占据3.8%份额；第四至第十名的电商依次为：苏宁（3.3%）、国美在线（2.2%）、亚马逊中国（1.6%）、1号店（1.5%）、当当（1.4%）、聚美优品（0.8%）、易迅网（0.3%）。

从B2C网络零售角度看，苏宁与京东已不在一个层次。

（三）京东和阿里

《读懂了阿里和京东，就读懂了中国商业未来》文章的作者水木然提出，电子商务的本质在于：最快、最好地使“产品”和“消费者”发生关系；中国电商的五大模式分别为：产业链模式、平台模式、O2O模式、特卖模式、社交模式。

作者还对阿里和京东的商业模式进行了比较。

1. 阿里是大平台，京东是大商家

京东认为，一个产品从创意、设计、研发、制造到定价五个环节应该由品牌商来做。接下来的营销、交易、仓储、配送到售后这五个环节应该由零售商来做。京东的定位就是这后五个环节：以交易做基础，延伸至仓储、配送、售后、营销等其他环节。

阿里是平台电商，上述十个环节仍然由卖家自己来做，平台仅提供展示机会和流量来源，给卖家一个站点，由卖家自己更新和维护；阿里向他们收取保证金、服务费、提成等费用。

2. 阿里是“互联网＋”，京东是“＋互联网”

阿里依靠无限扩大商品的种类，让消费者始终有更多的选择。并且抓住了中国经济增长红利——外贸转型、零售业变革、“草根”创业热潮，甚至山寨横行、信用缺失等，不断扩张。

京东更像一个传统零售企业，钱需要一分一分赚，效率就是生命。所以它需要不断引入资本，最终实现上市。然后再继续投入和扩建，竭力保障产业链完整、物流体系顺畅、产品质量和服务过硬，从而扩大消费者数量。

3. 阿里开放，京东封闭

阿里的思路是开放模式，比如，与其他公司一起合作组建菜鸟物流，仓库是共享的：物流公司、淘宝卖家、各个企业都可以来使用这个仓储服务。这就会形成一个物流交易的数据，通过分析就知道在什么时间、什么区域，需要什么商品。于是各类卖家可以将物品提前放入各地的区域中心库，而同时运输成本当然也小过一单一单地寄送给各地的买家，还可以使网购实现24小时送达，这个举措就搭建了一个物流生态，共享资源，大大推动了中国电子商务的发展。

京东建立起的庞大物流系统是“货仓为核心”，覆盖到二线城市。这也是其快速送达的根本保障。但京东的物流是独立的物流，京东模式相对较为封闭。

4. 京东在模仿阿里，阿里在模仿京东

京东虽然以自营为主，但其开放平台（POP）业务也在高速增长，从以3C产品为主到全品类计划，从全部自营到开放第三方平台。2013年下半年起，京东开始向第三方平台提供仓储服务。在仓储物流部署基本完成后，京东把60%的资源开放给合作伙伴。

阿里也开始不断入侵其他垂直行业，如文化娱乐、金融、交通、教育等，并且做纵深化，比如通过股权收购，将新浪微博、高德、华数传媒、文化中国、优酷土豆、UC（优视）招至麾下，搭建起文化娱乐板块；在移动平台、垂直O2O、云计算服务、视音频服务等领域布下互联网生态局。此外，阿里还通过投资TutorGroup平台进军教育行业，通过收购穷游网布局旅游业，通过收购海尔和银泰部分股权夯实其物流和实体店领域。

理解了京东与阿里的区别，就不难理解为什么在2016年7月20日《财富》杂志公布的2016年世界500强榜单中，有京东而无阿里了。

世界500强是由《财富》杂志发布的，排名规则是按上一年企业营业收入计算。京东2015年财报显示的营业收入为1813亿元，按当时汇率计算约为271.09亿美元。2015年阿里的收入为151.17亿美元，因为阿里平台上分散的卖家收入是不能计入阿里财报中的。

综上，在对上市公司进行分析时，我们不仅要分析行业，理解公司业务所处行业的特点，以及行业的市场特征、竞争结构等因素，还需要对不同企业的商业模式进行比较研究。同一行业中不同企业的商业模式不同，其收入来源、成本结构、营销策略、盈利状况等也就大不相同。

三、商业模式与战略管理[①]

2015年下半年开始，O2O"死亡"名单占据各大媒体的头条新闻。具体有哪些"死亡"的O2O创业企业呢？烧饭饭、社区001、泡宠网、考拉班车、呱呱洗车、爱拼车、时尚猫……

为什么同一行业中采用同样商业模式的企业有的成功，有的不成功？例如，苏宁、京东、永辉超市，都是采用O2O商业模式，为什么这些企业能成功，而大多数的O2O创业企业却失败了呢？

决定企业成败的关键因素是战略管理能力，即战略定位、战略选择（制定）与战略执行的能力。

（一）商业模式的要素

虽然不同时代的管理者和学者对商业模式有不同的定义，但一般认为，商业模式至少应包括以下组成部分（components）。

（1）客户细分：我们为谁创造价值？谁是我们最重要的客户？

（2）价值主张：我们该向客户传递什么样的价值？我们正在满足客户的哪些需求？我们正在给客户提供哪些系列的产品和服务？

① 本节根据2017年1月9日、1月13日、1月18日发表于公众号"小舟观察"中的文章修改而成。

（3）核心资源和关键业务：我们的价值主张需要什么样的核心资源和能力？我们的价值主张需要哪些关键业务？我们的核心资源和能力现状如何？存在哪些不足？

（4）盈利方式：包括收入来源和成本结构等。例如，什么样的价值能让客户愿意付费？客户是如何支付费用的？我们的每类收入占总收入的比例是多少？什么是我们商业模式中最重要的固有成本？哪些核心资源花费最多？哪些关键业务花费最多？

……

（二）战略与战略管理

什么是战略和战略管理呢？

艾尔弗雷德·D. 钱德勒说，战略可以被定义为确立企业的根本长期目标并为实现目标而采取必需的行动序列和资源配置。[①]

肯尼斯·安德鲁认为，战略是目标、意图或目的，以及为了达到这些目的而制定的方针和计划的一种模式。这种模式界定了公司当前或将来从事的经营业务，并规定了公司当前或将来所属的类型。[②]

詹姆斯·布莱恩·奎因在《应变战略：逻辑增值主义》中提出，战略就是一个组织的主要目标、政策和行动过程整合为一个整体的方式或计划。一个明确的战略有助于组织根据自己的相对优势和劣势、预期的环境变动以及竞争对手的意外举措来规划和配置资源。

笔者比较认可马浩对战略实质的阐述："就企业管理而言，战略的实质在于寻求企业自身特点与外部环境要求的动态契合，通过企业之独特定位开启持久竞争优势的源泉，造就长期卓越的经营绩效。"[③]

虽然不同的学者、管理者对战略有不同的定义，但大家都认为：战略管理包括战略分析（战略定位）、战略选择（战略制定）、战略执行与评估等几个环节。

---

① 艾尔弗雷德·D. 钱德勒：《战略与结构》，北京天则经济研究所，北京江南天慧经济研究有限公司译，云南人民出版社，2010，第15页。

② Andrews K.，*The Concept of Corporate Strategy*（Homewood，IL：Irwin，1971）.

③ 马浩：《战略管理：商业模式创新》，北京大学出版社，2015，第2页。

（三）商业模式与战略管理的关系

商业模式与战略管理有什么联系和区别呢？

马浩认为，商业模式与战略之间的联系是：价值主张相当于战略定位，盈利公式说的是竞争优势的来源，关键资源和主要过程说的是战略实施的必要条件。商业模式的创新，本身具有战略意义。例如，经常说的蓝海战略，实际上就是商业模式创新。商业模式与战略之间的区别是：商业模式比战略适用范围更广，属于更加基础性的分析层次。例如，20 世纪 60 年代风行美国的折扣店商业模式，沃尔玛取得成功，但很多企业依然失败；上文提及的 O2O 模式，苏宁、京东、永辉等企业截至目前是成功的，而不少企业创立不久即宣告“死亡”。所以，同一种战略可以应用到不同的商业模式；同一种商业模式下，也可以采用不同的战略，不同的战略也会导致不同的风险和结果。

商业模式容易模仿、容易复制，但战略背后的独特资源和能力，是独特、稀缺、有价值、不易模仿的。

所以，决定企业成败的是企业的战略管理能力，成功的企业各有各的成功之道。

四、公司战略分析

企业的战略包括公司战略（corporate strategy）、分部（业务）战略（division-level or business strategy）与职能战略（functional strategy），如图 2－3 所示。

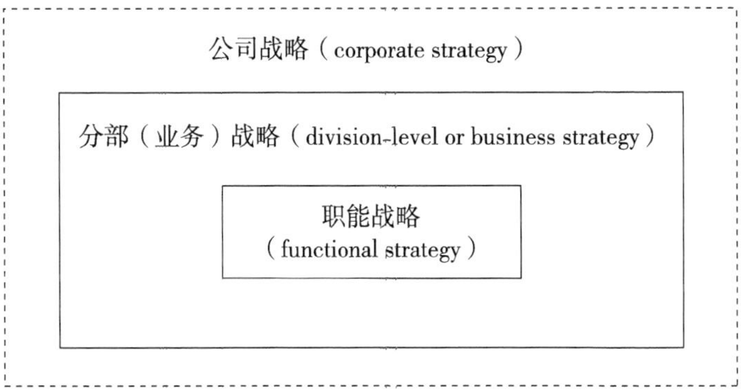

图 2－3　战略层次

（一）战略的分类及定义

公司战略（公司层面的战略）主要指通过选取和管理一系列不同的业务赢得在不同产品市场上竞争优势的行为，它为公司的发展确定方向和路径。

公司战略主要关注两大问题。

（1）公司应该参与哪些产品和业务的竞争？是坚持一元化，还是多元化经营？是增长、稳固还是收缩？

（2）公司总部应如何管理这些业务？公司总体资源如何在不同战略业务单元（SBU）之间进行分配和管理？

分部（业务）战略通常发生在事业部或产品层次上，强调公司产品或服务在特定行业或细分市场中竞争地位的提高。

职能战略是分部（业务）战略的具体化，包括人力资源战略、财务战略、研发战略、营销战略、生产战略等，它们通过最大化资源运用的效率与效果来实现企业集团或事业部的目标和战略。

由于职能战略是业务战略的具体化，是实现分部（业务）战略的具体手段。所以，在国内外的战略管理教科书中，一般将企业战略分为两个层次：公司战略和分部（业务）战略。

（二）雅戈尔的公司战略

根据2016年三季报，雅戈尔（600177）及同一行业中其他服装行业、企业平均收益率情况，如表2－7所示。

表2－7　　服装行业企业的部分财务指标

代码	简称	销售毛利率/%	排名	销售净利率/%	排名	净资产收益率/%	排名	每股收益/元	排名
600177	雅戈尔	42.38	14	31.42	1	14.13	3	1.37	1
002832	比音勒芬	62.68	5	17.36	6	18.15	2	1.32	2
002763	汇洁股份	69.31	2	10.85	12	10.37	7	0.75	3
002003	伟星股份	43.17	13	14.98	7	11.88	4	0.56	4
600398	海澜之家	39.91	17	20.00	4	27.32	1	0.54	5

续 表

代码	简称	销售毛利率/%	排名	销售净利率/%	排名	净资产收益率/%	排名	每股收益/元	排名
601566	九牧王	57.75	6	20.26	3	7.34	9	0.54	6
603518	维格娜丝	69.91	1	12.47	11	4.80	15	0.46	7
603808	歌力思	68.78	3	13.19	9	6.00	11	0.41	8
002563	森马服饰	38.40	18	14.06	8	10.71	5	0.37	9
603555	贵人鸟	42.01	15	12.91	10	7.58	8	0.29	10
	行业平均	39.82		8.39		5.33		0.27	
与行业指标对比									
雅戈尔		42.38	14	31.42	1	14.13	3	1.37	1
行业平均		39.82		8.39		5.33		0.27	

资料来源：银河证券。

粗看表2－7，雅戈尔的销售毛利率、净利率、净资产收益率、每股收益等各项指标均远高于行业平均，企业的主营业务发展得很不错。但是，如果我们结合公司战略进行深入的分析，结论就会不同。

雅戈尔的主营业务结构，如表2－8所示。

表2－8　雅戈尔主营业务构成

细分行业 \ 财务指标	营业收入/万元	营业利润/万元	毛利率/%	占主营业务收入比例/%
品牌服装	210819.12	137210.89	65.08	24.32
地产开发	615912.43	236297.87	38.37	71.06

资料来源：银河证券。

从收入上看，雅戈尔的主营业务是服装与房地产开发，房地产开发的收入占总收入之比在70%以上，而服装收入占比不到25%。

雅戈尔其实还有一块重要的业务，就是金融（股权投资）。股权投资收益的高低对公司合并报表利润的影响巨大。

东方证券对雅戈尔2016年三季报的点评摘要如下。

2016年前三季度公司营业收入同比下滑14.95%，净利润同比增长1.64%，扣非后净利润同比增长18.01%，其中第三季度单季公司营业收入和净利润分别同比减少49.33%和32.74%，业绩增速环比上半年下滑明显。

服装板块零售低迷和产业升级带来短期投入较大导致盈利明显下降。前三季度公司服装板块营业收入同比减少5.50%，净利润同比大幅下降42.45%，主要原因是收入和毛利率降低、租赁装修及折旧等经营费用增加。其中品牌服装业务收入同比下降5.01%，销售网点较年初减少113家，代工及其他业务收入同比下降13.53%。线上渠道继续保持高速增长，前三季度销售收入同比上升127.59%。前三季度主品牌外的四个子品牌合计收入增速9.25%，占比总收入提升1.36%。

毛利率上升和部分项目结算投资收益增加带动地产板块盈利提升。前三季度公司地产开发业务营业收入同比下降17.88%，净利润同比增长50.35%，主要是由于合作项目带来的投资收益以及毛利率提升。其中房地产销售收入同比下降18.86%，旅游及其他业务收入同比增长13.18%。由于项目周期性因素，公司地产预售面积和金额均有不同程度的下降。

投资业务继续贡献稳定盈利。前三季度公司投资业务实现投资收益29.19亿元，同比增长40.21%。其中变更联创电子会计核算方法和出售长丰热电股权带来投资收益12.49亿元，处置可供出售金融资产获益4.62亿元，但由于上年同期纺织城土地收储收入以及本期利息费用增加等原因，投资业务净利润同比降低12.95%。延续“金融投资向产业投资转型”思路，预计公司未来投资业务将逐步向科技新能源、养生养老、旅游等长期前景看好的产业聚焦。

从上述点评中可以看出，公司前三季度投资业务实现的收益是29.19亿元，而公司前三季度总的净利润是33.06亿元。

雅戈尔的公司战略采用“非相关型”的多元化战略，即公司来自主导业务的收入低于70%，各个业务间（服装、地产和金融投资业务之间）基本不存在关联性。

国内家电类著名的上市公司，如海尔、美的等，公司战略也是多元化战略，但采用的是“相关约束型”（来自主导业务的收入低于70%，且所有业务共享产品、技术、分销渠道等）或“相关联系型”（来自主导业务的收入低于70%，且各个业务间只存在有限的联系等）战略。

五、分部战略分析

分部战略亦称业务战略、竞争战略，包括成本领先战略、差异化战略等。

（一）基本的战略类型

传统的战略管理方面的教科书，大都根据迈克尔·波特的竞争战略理论，将企业的分部（业务）战略分为“成本领先（cost leadership）”与“差异化（differentiation）”两种基本类型，再根据竞争范围与竞争优势，将分部（业务）战略进一步分为五个大类，即成本领先、差异化、聚焦的成本领先、聚焦的差异化、综合的成本/差异战略。如图2－4所示。

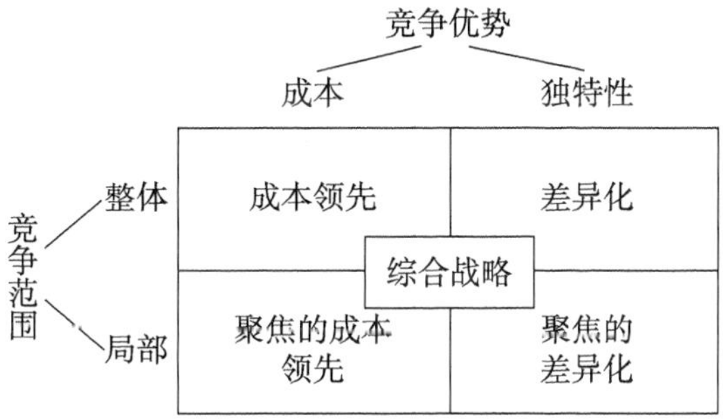

图2－4　分部（业务）战略类型

本节主要讨论成本领先战略和差异化战略。

（二）成本领先战略

成本领先战略指通过采取一整套行动，以与竞争对手相比最低的成本提供具有某种被消费者所接受的特征的产品或服务。也就是说，成本领先者的产品和服务必须具有竞争力，能够为客户创造价值。

实现成本领先战略的具体途径或手段如下。

（1）规模经济。规模经济分为两类：一是工厂规模经济。指采用先进工艺，设备大型化、专业化，实行大批量生产来降低能耗、原材料消耗和单位产品成本，减少设备投资；此外，大批量生产方式，还有利于实现产品标准化、专业化和通用化，提高产品质量。二是企业规模经济。指若干工厂通过水平和垂直的整合来降低物耗、销售费用，节省技术和管理人员，将更多资金用于产品研制与开发，增强企业的竞争力。

（2）学习经济。不断地重复工作可以减少特定工种所需的时间，降低浪费和错误，提高不同工作岗位之间的协调性，最终削减成本。

（3）产品设计和流程设计。产品设计不仅是使外观更美、功能更好，更应为生产而设计。例如，汽车设计的两个重要特点是，新车型能使自动生产线更容易操作，提高零部件的通用性。

（4）降低投入成本。例如，投入品价格的地区差异，低成本供应品的所有权，讨价还价能力，与供应商的关系，低的分销成本（low-cost distribution）等。

（5）控制研究与开发支出、品牌推广支出、广告支出等。

（6）严格成本控制系统（tight cost control system）。例如，通过价值工程分析，以更低成本的材料代替高价格的材料，精益成本管理等。

成本领先战略的收益表现为扩大市场占有率，确立行业壁垒等。其风险包括：竞争对手的模仿；领先者的生产或分销的流程可能因竞争对手的创新而过时，即对手可能通过低成本和高品质实现超越等。

（三）差异化战略

差异化战略是指集成的一系列行动，以可接受的成本向客户提供不同的产品和服务。

差异化战略的重点不在于成本，而在于不断地投资和开发客户认为是重要的产品或服务的差异化特征。

实现差异化战略的具体路径或手段如下。

（1）更优的产品质量。如华为、三星、苹果等厂商生产的手机。

（2）较多的产品类型。如全球著名的PC厂商——联想集团，通过收购IBM PC业务完善产品线，在低端、中端和高端产品上，与当时PC巨头DELL、HP在国际市场上全面竞争，最终成为PC市场的老大。

（3）更优的产品服务。如京东的“211限时达”服务，即上午11：00前下单，当日送达，晚上11：00前下单，次日送达。

（4）更有弹性的配送。如各大物流公司的配送，白天家里没人就晚上送，还可以放到智能快递柜中。

（5）品牌、研发的投入。华为轮值CEO郭平在2016年新年致辞中称，2015年全年销售收入约3900亿元，研发投入500亿元。郭平还表示，华为每年投入1100多亿元（其中，研发约投入500亿元，市场服务约投入600亿元），华为已在大数据传送等方面取得了突破，处在世界领先位置。

（6）变革与创新。成功的企业都需要及时地变革和不断地创新（包括技术和管理创新）来适应技术、经济、社会和市场变化，以满足或引导客户需求。

差异化战略会增加直接成本或/和间接成本。直接成本包括优质投入品的成本，为保证供货速度而增加存货的成本，为维持品牌吸引力而做的广告成本等。间接成本包括差异化缩小了企业产品的市场范围，从而使企业利用规模经济的能力受到限制；差异化需要产品创新和推出新款式，从而阻碍了经验曲线效应在公司的利用等。

差异化战略的收益包括削弱了客户的议价能力；通过差异化战略吸引的客户，不易被替代品抢走等。其风险表现为成本可能较高，与成本领先者的价格差距过分悬殊；随着行业成熟，差异产品的优点可能被竞争对手模仿，产品被伪造等。

（四）格力的竞争战略

广发证券的研究报告《格力电器：竞争力突出而竞争策略有效》指出，格力的竞争力主要体现在渠道、技术和品质上。其摘要如下。

> （1）渠道上，格力内销占整体销售的约80%。其中，不足10%的销售经由国美、苏宁，而且格力经销商主要采取买断方式与家电大型零售连锁交易。特别的是，家电大型零售连锁的格力空调存货受格力总公司严格监控以防止对市场造成冲击。值得注意的是，格力严格控制渠道价格，并有效保障大、小经销商利益，从而吸引下游厂商的订货；外销中

自主品牌占30%的比例而模式类似于国内做法，这有利于保障盈利水平和订单稳定。

（2）技术上，大金是全球顶尖的空调制造商而以前从来没有外包生产。在继委托格力代工50万台家用空调后，2009年年初大金与格力进一步加强合作——“合资建厂”，却没有获得专利费和控股权。这显现出大金对格力在变频压缩机、控制器等方面技术的高度认可和合作利益的深切诉求。

（3）品质上，格力空调的品质深受消费者、经销商和维修工人的广泛认可，这为公司产品溢价销售奠定了坚实基础。格力的品质建立在严格、高效的采购、检测、生产和安装上，需要系统化的运作，难以复制。值得注意的是，竞争对手如谋求达到同等品质，成本很可能要明显高于格力。

七八年过去了，格力公司层面的战略、分部层面的战略上均未有大的调整。就竞争战略而言，即使采用差异化战略的格力空调，也必须注意成本的控制，否则，在空调市场竞争日趋激烈的情况下，格力是打不起也打不赢价格战的。2014年格力挑起的“清场行动”，并未取得理想的效果，表面上完成了2014年销售目标，比2013年增长200多亿元，但实际上可以理解为向“渠道铺货”，提前做了2015年的生意。所以，2015年，格力销售收入比2014年下降30%左右。

（五）雅戈尔的分部（业务）战略

在讨论公司战略时，我们谈到，雅戈尔有三大块业务：服装、地产和金融。

关于服装业务的发展战略，雅戈尔表示，公司将依托产业结构调整的先发优势，推动产品提档、产业升级；对接“互联网+”战略，建立大会员体系，布局全渠道运营；实施多品牌发展战略，细分消费市场，避免重复竞争。具体做法如下。

（1）在采购与生产方面，雅戈尔目前拥有宁波和珲春两大生产基地，高端工艺和规模效应同时发力，成本控制、提质增效相互促进。

（2）在品牌推广和发展方面，雅戈尔拥有 YOUNGOR、MAYOR、GY、Hart Schaffner Marx、HANP 五大品牌，实现错位发展。

（3）在销售渠道方面，雅戈尔拥有覆盖全国各省市近 3000 家直营门店，落地 O2O 全渠道布局，将线上、线下渠道以会员的方式聚合起来，产业链终端更加灵活、轻快。2015 年，雅戈尔制定了“4 个 1000”的战略发展规划，确立了要在未来5 年左右的时间，培育1000 万名年消费额在1000 元以上的活跃会员、建设1000 家年销售额在1000 万元以上的营销平台的发展目标。

（4）在整体运营方面，在 2016 年宁波服装节上，雅戈尔进一步提出，启动科技与创新战略，投入 100 亿元加强新材料、新面料、新工艺、新品牌和新服务的创新，其中 80 亿元为“平台战略”服务，20 亿元实施“会员战略”“多品牌战略”“供应链战略”及信息系统建设，打造服装实体产业发展的加速度，成为中国服装行业乃至整个服务产业的时尚坐标。

（六）京东的分部（业务）战略

现代企业的分部（业务）战略，既要追求差异化，同时又必须将成本控制好。例如，京东的分部（业务）战略，总体来说就是“好物低价”（当然，好物低价是相对而言的）。

> 2016 年 4 月，京东集团 CEO 刘强东应邀参加互联网金融博物馆首期“百佬汇”活动时，就技术与电商、金融之间的关系发表了自己的看法。
>
> 京东管理层决定专注做三件事：电商、金融、技术。电商包括京东商城和京东到家，金融业务包括京东金融和京东保险，而支撑这些业务的核心是技术。
>
> 1. 电商向技术要效率
>
> 京东电商最核心的追求就是低成本、高效率。传统的商品流通渠道太多，效率太低，成本太高。过去一件商品从厂房到消费者手里，平均要搬运 5 ~7 次，每次的搬动和存放都是有成本的，这就导致了商品流通成本奇高，消耗了整个 GDP 的 18% 左右。为什么中国的东西贵，厂商还不赚钱，很重要的原因就是物流成本太高。
>
> 上市之后，经过 12 年的奋斗，京东整个运营费用率大约在 10%，而

如果只看电子产品的综合成本，京东不到 8%，比同行低 50% ~60%。传统家电零售企业大概有 1 万 ~3 万个品种，库存周转大概 60 ~70 天；京东在库管理的有 200 多万个品种，但库存周转天数只有 30 多天。

能做到这一点，背后全部靠技术支撑。没有技术，京东不可能把成本降到这么低，运营效率也不可能提升到这么高。所以，京东商城是用技术为品牌厂商做供应链服务的。

2. 实现无人机和机器人送货

京东内部成立了一个新的项目小组，即实现无人仓储、无人快递和无人机送货。

无人机送货主要是解决农村物流成本高的问题，有时候一辆车开到村里，每次只送一个包裹，摊销在一个订单上的油钱、时间成本就会非常高，而这是农村电商发展最大的障碍。如果未来大规模使用无人机的话，成本可以大幅降低。非常简单，每天一架无人机，夜间充电，利用供电的波谷，成本只要几块钱，无人机自动飞过去，自动卸货，再飞回来，几十架无人机就能解决一定区域所有送货以及农村逆向物流的问题。

京东还计划建立全自动仓库，入库、理货、出库、分拣 100% 都是由智能机器完成。未来若干年，智能、无人驾驶、车联网这些概念将大大普及，届时京东的配送系统也会升级，变得非常简单。比如，客户买了东西可以给京东授权，我们的无人驾驶汽车能行驶到客户设定的地点，通过密码交互，机器人自动将包裹投递到客户的汽车后备厢，全程不需要客户等待，也不需要签收。

3. 科技金融：大数据风控

京东做金融的定位是“科技金融”，即通过技术方式来解决问题。过去传统金融机构做风控，都是站在自己的角度，而京东强调从消费者、客户的角度做风控。

例如，过去传统银行给一个制造商放贷，要看这家企业有没有土地、厂房、设备，是否有利润、抵押担保，要签一大堆合同才能贷款。这是从规避自身风险的角度出发的，而京东则完全站在消费者角度来看这家企业的信用度。如果消费者信赖这家企业，产品非常畅销，我们依托已有的数据，可以很轻松地估算这家企业的利润空间，就不需要土地、厂房等任何抵押。所以京东完全是从消费者的视角来看，通过技术、数据分析的角度来决定。

京东金融的“京保贝”产品，不需要和客户见面，客户随时可以来申请贷款。从申请到拿到贷款平均三分钟时间，而且利息是按日计算，客户可以星期一贷星期五还。像华为等很多公司就在使用“京保贝”贷款，因为他们发现实际付出的利息远远低于银行贷款，比如从银行贷款100万元，贷期三个月、六个月或一年，银行不管客户能不能用得着，只要钱在账上，就要付利息，但是通过“京保贝”贷款和还款的时间是更加自由的，总体成本会更低。

京东商城为什么能够迅速超越苏宁易购和国美在线，并向阿里巴巴的天猫发起挑战，最主要的原因就是京东战略管理（战略定位、战略制定和战略执行与评估）做得比较到位。

那么，京东战略的具体内容是什么呢？刘强东的总结是：“整个京东商城的战略制定就两点，前端是用户体验，后端是供应链成本和供应链效率。”

综上，要读懂上市公司财报，要对该公司的前景进行预测，我们必须了解该公司的主营业务的竞争战略，分析和评估公司竞争战略的制定和执行情况，以及公司执行战略所需要的相应的资源和能力。

当然，在日益复杂的商业环境下，现代企业的竞争战略远不是成本领先、差异化以及聚焦战略所能解释的。

六、AI 环境下的战略分析

2016 年 3 月，当谷歌围棋人工智能 AlphaGo 以 4∶1 战胜李世石时，国人惊呼，当我们还在热议“互联网 +”还是“ + 互联网”时，AI（人工智能）时代已经来临。

2017 年 1 月，“网络棋手” Master 在和中国的古力下第 60 局棋前，透露自己正是 2016 年人机大战中击败李世石的 AlphaGo 的最新版，代为落子的则是 AlphaGo 团队的黄士杰博士，这盘棋也将是该次网络公测的最后一战。“最后一战”中，古力以 2 目半告负，Master 以 60 连胜收官。

未来已来！那么，在 AI 环境下企业是如何进行战略分析、战略选择的呢？

（一）智能互联产品与竞争

2014 年 11 月，迈克·波特与詹姆斯·赫佩尔曼在《哈佛商业评论》（*Harvard Business Review*）发表了《智能互联产品如何改变竞争》一文，其主要观点如下。

> （1）智能互联产品①重塑产业结构。在很多产业，竞争由五种力量驱动：买家的议价能力、现有竞争者之间竞争的本质和强度、产业新入者带来的威胁、替代产品或服务带来的威胁、供应商的议价能力。这五种力量的结构和强度共同决定产业竞争的本质和产业现有竞争者的平均收益。当新技术、新客户需求或其他因素改变驱动竞争五种力量的时候，产业结构也随之改变。
>
> （2）新产业边界和系统的系统。智能互联产品的强大功能布局不仅重塑产业内的竞争，还拓宽了产业本身的定义。
>
> 某个产业的竞争边界拓宽到把相关产品也纳入其中，共同满足更广泛的潜在需求。一款产品的功能在另外相关产品的帮助下得到优化。例如，把智能互联的农业设备（如拖拉机、耕作机和播种机）整合起来，可以获得更好的总体设备性能。
>
> 但产业边界没有就此止步，继续扩张到产品系统的系统，即各自独立的产品系统组合成一套配合各系统外部的、相关的、可以协调和优化的信息系统，如智能制造、智能家居或智能城市。
>
> （3）产业走向整合。智能互联产品对产业结构的影响因产业而异，但某些趋势已经很明显。第一，进入产业的门槛在提高，加上因早期积累的产品使用数据和数据分析带来的先发优势，意味着很多产业可能走向整合。第二，边界正在扩张的产业，整合的压力会加强。在这种情况

① 智能互联产品有三个核心要素：物理要素、智能要素和互联要素。智能要素帮助物理要素发挥最大的功能和价值，而互联要素让智能要素得以实现，让产品的功能和价值最终超越物理要素本身，形成良性的价值提升循环。

下，单一产品的制造商将很难与多产品的制造商竞争，因为多产品制造商可以优化产品系统的性能。第三，很可能出现较大的产业新入者，因为它们不受过时的产品定义和固有竞争方式的限制，无须保护过去盈利的业务，可以抓住机会充分利用智能互联产品来创造价值。其中一种战略称为“无产品”战略，意思是连接各种产品的系统就是核心的优势，优势不在产品本身。

（4）智能互联产品和竞争优势。战略的基本规律仍然不变。要取得竞争优势，一家公司必须保持自身差异化，才能获得更多定价权，并且以比竞争对手更低的成本运营，从而获得优于产业平均水平的收益和增长。

运营效率是竞争的基础。如果一家公司不能高效运营，无法不断采用新方法，便会在成本和质量上落后竞争对手。但运营效率极少带来可持续的优势，因为竞争者也会采用同样的最佳方法，很快赶上。

除了运营效率，公司必须有独特的战略定位。运营效率关乎把事情做好，而战略定位关乎做与众不同的事情。公司必须选择把独特的价值提供给特定的客户的方式。战略要求公司做出权衡：不仅要决定做什么，还要决定不做什么。

每一个战略选择都有自身的权衡，并且反映公司独特的产业环境。这些选择是相辅相成的，公司一整套战略选择是彼此加强和共同组成一个一致的、独特的公司整体战略定位。

（二）小米①的智能家居战略

曾为“发烧而生”的小米手机，在互联网思维下迅速崛起，成为国内明星企业，估值一度高达450亿美元。然而随着智能手机红利逐渐退去，据IDG发布的2016年度智能手机预测报告，全球智能手机出货量年度增幅低至0.6%，尽管新兴国家智能手机销售依然强势增长，但全球智能手机市场已趋饱和，产业进入寒冬，手机厂商寻求手机以外的新兴市场显得尤为重要。

---

① 2018年7月9日，小米科技正式在港交所上市，股票代码1810HK，并于当天首次公开发行。

智能家居是“物联网”最具市场规模的细分市场。小米公司自2013年以来就在智能家居方面积极探索。在国内众多手机厂商当中，小米是最早推出智能家居控制中心的厂商。

为了强化小米在智能家居控制中心的行业地位，小米积极入股智米、云米、绿米等优秀智能家居创新创业企业，同时，大举战略入股美的，联合在家电领域拥有优势资源的美的（尽管双方合作并没有取得突破性进展）。2016年3月，小米向市场推出了“米家”品牌。

“米家”的由来是小米智能家庭，代表了其智能家居整体战略和对未来的期待，且依托于自身品牌优势来培育生态链，以此来构建一个庞大生态闭环。米家App已经接入了众多产品，涵盖照明、安防、小家电、空调等多个品类，且还在源源不断地增加新品类和产品，覆盖百姓日常生活的方方面面。

由于米家接入人体传感器、门窗传感器、温湿度传感器等多种传感器，不同智能产品之间可以自由联动，形成众多实用的自动化使用场景，米家成为产品完善、用户数量多、用户体验好的智能家居平台。

绿米联创作为小米生态链企业，推出的Aqara智能开关平均月销量过万只，把小米智能家庭扩展到家用照明等基础设施，这原本是传统智能家居企业最重要的领地，也正在被米家快速占领。下一步，米家势必将会推出更多家用传感器和智能电器，进一步打造包含智能照明、智能安防、智能空调、智能小家电等全方位、更智能的智能家居生态。

小米在智能家居领域的布局，利用自身品牌优势来培育众多智能硬件生态企业，并以数量、规模和生态抢夺智能家居主导权。2015年，小米智能家居产品销售额已达50亿元。

（三）海尔的U+智慧平台战略

相比手机或者其他科技企业而言，传统家电行业的巨头似乎更了解用户需求，如海尔布局智能家居领域，搭建了全球首个全交互、全个性、全开放的智慧生活开放平台，如图2-5所示。

海尔U+智慧生活平台是以围绕物联网时代的智慧家庭引领为目标。海尔优家App于2015年3月正式上线，这也是海尔为U+开放平台打造的智能家居生态入口，率先实现跨品牌、跨行业的产品或服务的互联互通。

图 2-5　海尔 U+智慧平台战略示意

对行业来说，海尔 U+智慧生活平台打破了行业壁垒，建立统一的智慧家庭互联互通标准，实现不同产品和品牌之间互联互通，避免信息孤岛的出现；对于入住 U+平台的合作方而言，海尔从生态资源的引入到共享，使得全球智能家居软硬件开发者的开源生态圈进一步得到完善；对消费者而言，随着用户对 U+智慧生活"大脑"的持续使用，它将越来越了解用户习惯。

（四）美的的"双智"战略

各大家电制造厂商都在以智能产品不断代替传统产品，美的也不例外。

例如，美的"智能王"YB200 空调，与普通的圆柱柜机相比最大亮点就在于"天使眼"功能，即通过空调上安装的"天使眼"，轻松实现"智能送风、智能安防、手势送风"等功能。

美的智能王空调的"天使眼"，可以精准掌控人的位置，设置"风随人动"或"躲避送风"；还可以根据人机距离，调节风速大小；在感知无人环境下，就会启动节能模式（降低运行频率、降低风速、调整设定温度）。在家中无人的时候，"智能王"YB200 还可以通过"天使眼"，启动"入侵保护"和"入侵推送"功能，一旦有外人闯入，空调将自动为您推送入侵提醒信息和开启自动录像功能，用户还可以通过"天使眼"实时远程查看家中情况。此外，美的智能王空调通过"天使眼"，可以轻松识别用户的手势，一个动作便能启动空调。当然，美的"智能王"YB200 还会通过"美的云"记录用户的操作习惯，通过智能算法、大数据分析，得到用户最喜欢的空调运行设定参数，实现家庭空调的“私人定制”。

美的不仅有单个智能产品，而且有全系列的空调智能产品。

2016 年 8 月 1 日，美的空调发布智慧空气生态圈和“美的 i + 智能空调”全系列新品，积极酝酿智能空调的市场推广。除了在全国范围内升级改造 3 万个智能空调体验区，开展“智能体验官”和“以旧换新”活动，还联合主流厂商，开展智能空调推广活动。

美的智能家居战略包括四个圈层。

第一圈层是“i + 智能空调”，主要任务是实现美的空调全线产品的智能化升级。美的家用空调事业部在国内共有 6 个工厂，其中位于广州南沙工业园的美的空调工厂已经实现了全部智能化。美的计划投入 40 亿 ~ 50 亿元，把所有工厂改造成标准化全智能工厂。

第二圈层是“air + 智能装备”，产品包括睡眠环、空气 ball、智联 center、云插座等空气类产品，让室内空气更加智慧。

第三圈层是“home + 智能家居”，目标是实现家居一体化智慧生活，实现美的集团体系内空调、空气净化器、加湿器、风扇、生活家电、厨房家电，以及能源安防等智能家电的全屋一体化智慧生活。

第四圈层是“cloud + 智能云”，美的空调智慧空气生态圈打通市场主流的阿里云、小米云、京东云、乐视云、华为云等云平台，实现技术合作与互联互通，从而实现产业价值链的共赢与成长。

此外，美的正在通过与相关利益方的合作来加快其智能家居战略的布局与落地。

2016 年 9 月 8 日，美的与阿里在北京召开“一触即发 · 拥抱万物互联网”战略合作发布会，宣布在 IoT（Internet of Things，即物联网）领域达成战略合作，同时发布了首款基于 YunOS 智能操作系统打造的美的智能冰箱“OS 集智”，标志着美的与阿里共建全新智能家庭生活方式的深度合作已全面启动。美的为什么要和阿里合作？正如美的董事长方洪波在发布会上所说：“无论是智慧家居还是智能制造，家电企业显然主导不了，家电企业无法成为一个平台型的企业，你不可能成为一个智慧家居操作系统的平台，你更不可能成为物联网的一个平台，那么我们能做的就是开放、协作、融入，所以这一点正是我们和阿里合作的基本前提和基础。”

2016 年 10 月 24 日，美的召开“未来已来一触智发”苏宁美的空调“智能 +”计划（第二季）新闻发布会，美的与苏宁的“智能 +”计划（第二季）正式启动。据了解，2016 年，美的智能空调在苏宁体系的销售占比大幅度攀升。而此次发布会，双方再度深化合作，签署了 100 万套智能空调采购大单。并且，美的宣布与苏宁联合共建用户研究实验室，从用户体验、场景应用、开放平台、生态系统四个维度，为做大做强智能空调市场打下坚实基础，最终实现“让智能化不再停留在概念阶段，而是真实地存在在每个人身边”的愿景。

格力 2015 年的收入跌幅超过 30%，而它最强劲的竞争对手美的的总体营收达 1384 亿元，同比微降 2%，且归属于母公司的净利润达 127 亿元，同比增长 21%。

七、财务战略分析：以苏宁和京东为例[①]

2012 年 8 月 14 日，京东宣布所有大家电将在未来三年内保持零毛利。“如果三年内，任何采销人员在大家电加上哪怕一元的毛利，都将立即遭到辞退！”刘强东保证京东所有大家电比国美、苏宁连锁店便宜至少 10% 以上，并发布微博称，今日资本、雄牛资本、KPCB、红杉、老虎基金、DST 等几个主要股东全部支持打价格战。

苏宁副总裁李斌称，苏宁包括家电在内的所有商品价格必然低于京东，网友如发现价格高于京东的商品，苏宁会即时调价，并给予消费者两倍差价赔付。

8 月 15 日，香港媒体称京东计划融资 10 亿美元，刘强东对此予以否认。随后，海尔电商总经理称，因价格打得太低，海尔在 8 月停止与京东合作。而海尔与国美和苏宁是统一采购，会继续合作。

京东宣称大家电半日销售突破 2 亿元。刘强东还透露，2013 年京东大家电销售目标为 300 亿元，2014 年目标为 500 亿元。

---

① 本节根据杨小舟 2012 年 8 月 22 日的 QQ 日记整理而成。

李斌发表微博称，苏宁销售规模同比增加了10倍多。截至15日下午5点，京东价格比苏宁高的商品占比41%。

8月21日，《北京晨报》报道，从第三方提供的数据看，无论是价格还是流量，似乎都预示着价格战已接近尾声。据网易有道的统计，京东和苏宁重合的大家电价格正在逐步回升，京东均价由8月15日的3450元，升到了8月19日的3614元；而苏宁也由3423元升到了3499元。而从流量上看，京东流量基本下降到价格战前。相比之下，苏宁流量已经登上一个新的台阶，暂时没有回落到8月14日的水平。而比价网站一淘网的数据显示，商家的缺货率也有明显下降。

这场价格战是"作秀"也罢，"预谋"也罢，其背后的资本或财技较量更为激烈、更为惊险，也更值得我们探讨。

（一）营运资本管理

当当网CEO李国庆曾公开表示，京东的钱只够"烧"到2012年8月到10月。当当网是"赚一个花两个"，而京东则是"赚一个花四个"。

京东公布的2011年的财报显示，其收入为212亿元，毛利率为5.5%；成本中，配送费占比6.6%，广告占2.3%，技术和管理费用率在1.5%左右，净亏损5%左右。

京东连年亏损，但规模却越来越大；规模越大、销量越大，亏损也就越多，这样的企业为什么能活下来，且活得越来越好？

刘强东曾津津乐道京东手握87亿元现金，且未找私募融资。京东为什么有这么大底气大打价格战，公开宣称三年零毛利（也就是继续大亏、特亏）？为什么未再次私募，手中还有这么多现金？

熟悉京东的人士算了一笔账：京东C轮融资实际到账接近10亿美元。不过，据京东向投行透露的数据，该公司2011年亏损了1.8亿美元，2012年预计亏损加大至3.16亿美元；与此同时，物流布局仍需大量投资，刘强东曾说，2012年内物流投资将达36亿元。而按刘强东所言手握现金87亿元，折合美元13.6亿美元，甚至超过此前的融资额，钱是从哪里溢出来的呢？

我们知道，现金转换期=存货周转期+应收账款周转期-应付账款周转期，而京东向投行透露的信息显示，2011 年京东账期为 38 天。部分品类的供应商则说，有不少商品的账期为 60 天。

这就是京东在未进行新一轮融资的情况下，还有 87 亿元现金的原因。只不过这种好日子到底能过多久，谁也说不准。笔者的判断是，苏宁至少在两三年内是无法超越京东的。

（二）两个战场的决战

一个企业要取得成功，需要应对好两个市场的挑战：一是产品市场（包括服务市场），二是金融市场。

国内外成功企业的无数案例充分说明了这一点。

2012 年 8 月，苏宁在刚刚实施完 55 亿元的增发方案（实际募得 47 亿元）后，公司再次决定发债融资。8 月 14 日苏宁发布公告，公司董事会于 8 月 12 日讨论通过了《关于公开发行公司债券的议案》，公司债券规模不超过人民币 80 亿元（含 80 亿元），以一期或分期形式发行，用于补充公司营运资金和调整公司债务结构。8 月 15 日，苏宁电器股份有限公司公告称，收到公司第二大股东苏宁电器集团有限公司的通知，基于对公司发展前景的强烈信心，苏宁计划在未来的三个月内，对公司股票进行增持，增持总金额合计不超过 10 亿元。公司股价应声而涨。

就融资的便利性来说，苏宁是上市公司，且实体店毕竟有利润，各种融资手段可以综合运用，在这场融资较量中，苏宁比京东更具优势。相比之下，京东则显得虚张声势，缺乏底气。

8 月 15 日，香港媒体援引知情人士信源称，在被迫推迟期待已久的上市计划后，京东正在试图通过机构投资者融资逾 10 亿美元。该报道称，美银美林、摩根大通等投资银行一直悄悄在为京东物色潜在投资者，但尚未达成任何交易，京东正在接触主权财富基金中投。对于这则消息，刘强东称其与事实不符。业内每每爆出京东寻求融资的消息，京东一概否认。

对于这场融资较量，与其说是刘强东通过价格战来扰乱苏宁的增发，打压苏宁的股价，倒不如说是苏宁选择了较好的时机来打击京东的 IPO 或再融资。

在这场价格战接近尾声时，如果从苏宁的 CFO 的角度思考，还可以提出如下建议。

（1）缩短应付账款周转期，取得现金折扣，打更大范围的价格战，更猛烈地争夺电子商务的市场份额，让苏宁的线上销售额快速赶上甚至超越京东，甩开国美，成为3C电商的老大。（苏宁线上+线下的总销售收入是京东的两倍多，也就是说，苏宁在供应商手里拿到的商业折扣只会比京东高，相应地，单位产品的成本应更低）

（2）再舍弃一部分毛利，对部分商品采取买断经营方式，彻底击破京东价格，让客户真正地不必“东比西淘”（苏宁的广告语），上苏宁就好。

（3）利用上市公司优势，用财务战略配合营销战略取胜。在资本的融通上，不仅可以增发、配股、发行公司债券，还可以考虑发行可转换公司债或类似性质债券。对此，笔者认为苏宁更适合发行可转换公司债。

至于加强物流、采购、仓储配送、售后服务等，这都是各家电商面临的共同问题。

就像苏宁促销广告中说的，“要玩就玩大的”。让我们拭目以待，看京东、苏宁谁能笑到最后。

八、公司治理：一般分析①

（一）公司治理的重要性

笔者的家庭财富增长，主要来自三个方面：一是薪酬；二是作为散户投资股票的收益；三是所投资的房产增值。后两项是财富积累的主要途径。

> 笔者在股票投资上曾经损失惨重。
>
> 2000年左右，笔者听朋友的推荐，再浏览下媒体报道，就以每股30.50元购入银广夏（000557，后更名为西部创业）。当时，股票账户里的资产总额是12万～13万元，全部买入银广夏，共4000多股。两周之后，银广夏财务造假事件曝出，股价飞流直下，大约有15个跌停板，一直跌到5.80元才开盘。

① 本节根据2017年1月23日、1月25日发表于公众号“小舟观察”中的文章修改而成。

这样，股票账户的资产总额由原来的12万~13万元，一下子变成了2万~3万元。2005年，银广夏股价最低时为每股0.74元，这部分股票的市值就由2万~3万元变成3000~4000元。

银广夏事件带来的教训深刻，笔者从中也受益匪浅。买卖股票时不应盲目听从别人的推荐而应做以下三项工作。

（1）看财务报告。业绩太差的，不考虑。尽管从整体上来讲，投资ST股票的收益可能还不错。

（2）进行行业分析、商业模式和战略分析，尽可能深入地了解公司的业务和战略。

（3）关注公司的治理结构和内部控制，特别是公司一把手及其管理团队的品行和能力，如关注王石、郁亮（甚至包括万科董秘）在各种场合下的演讲或发言。

笔者一直很欣赏万科，也一直持有万科股票。2015年5月29日，万科的股价为每股15元左右。我当时提出加仓万科（我自己超配至1/3仓位，若算上杠杆，则为1/5仓位），主要理由如下。

（1）发展目标、战略实现的可能性大。

（2）实现200亿元利润的风险较小。

（3）2015年4月销售回升。

（4）土地储备充足。

（5）万万（万科与万达）合作。

（6）与其他互联网公司的合作。

（7）物业发展空间巨大。

（8）即使大盘下调，钱会去哪里？房地产一定是个好去处。

2015年11月30日，万科股价突然启动，短短两三天的时间，股价上涨20%~30%。12月18日，开盘不到1小时，公司股价即涨停，报收于24.43元。12月19日，公司申请停牌。

而笔者大概在涨幅不到30%时就全部清空万科，此后再也未买入。原因是当时“宝万之争”序幕已经拉开，万科的公司治理会怎样？万科的管理团体会怎样？万科的未来会怎样？一切都变得扑朔迷离看不清了。

记得号称“中国巴菲特”的赵丹阳在2008年以211万美元拍下与巴菲特共进“午餐”的机会，2009年两人共进午餐时，赵丹阳曾问巴菲特，在投资一个企业时，主要是看企业所处的行业还是管理团队。媒体记者后来问巴菲特是怎么回答的，机智幽默的巴菲特说：“我不能告诉你，因为这对赵丹阳不公平！”

其实，巴菲特如何回答的并不重要。作为一名投资者，如果认为基础分析有价值的话，那么，对公司治理的分析就很重要。

（二）公司治理的定义

一般认为，公司治理（corporate governance）是用来管理利益相关者之间关系，决定并控制组织战略方向和业绩的一套机制。公司治理的核心是寻找各种方法确保有效地制定战略决策。

经济合作与发展组织（OECD）在公司治理方面发布了一系列的研究报告（如《公司治理原则》《国有企业公司治理指南》《跨国企业公司治理指南》等），其在2004年发布的《公司治理原则》中指出，公司治理涉及公司的管理层、董事会、股东和其他利益相关者之间的一整套关系。公司治理提供了一个框架，通过该框架来确立公司目标，决定实现目标的措施和绩效监控。良好的公司治理应该对董事会和经理层提供适当的激励，促使其追求符合公司和股东利益的目标并有利于有效的监督。

公司治理的目标是什么？前世界银行主席J. 沃芬森认为，公司治理就是提高公司的公正性、透明性和问责性。

什么是好的公司治理呢？OECD认为，做到以下几点的公司，其治理就是良好的。

（1）保护并有利于股东权利行使。

（2）保障包括少数股东和外国股东在内的全体股东得到平等的对待。所有股东在权利受到侵害时都有权得到有效的救济。

（3）承认法律规定的利益相关者在公司治理中的权利，并鼓励公司与利益相关者积极合作，共同创造财富、工作和财务健全的、可持续发展的企业。

（4）确保与公司重大事件有关的信息及时、准确地予以披露，其中包括财务状况、业绩、所有权及公司的治理情况。

（5）确保董事会对公司的战略指导和对管理层的有效监督，确保董事会对公司和股东的责任和忠诚。

只要公司存在，就有相应的治理，不管这种治理是好是差，治理水平是高是低。那么，如何改进公司治理？

改进公司治理的机制包括内部机制和外部机制。内部机制简单地说就是“胡萝卜＋棒”，如撤换管理层，强制分红或股票回购，增加债务比例强化对管理层的约束，加强激励等；外部机制包括市场收购、行政监督、社会监督等。

（三）公司治理：国际比较

不同国家和地区的企业，受不同的政治、经济、管理体制、历史、文化、发展阶段的影响，有着不同的公司治理特点。德国、日本与美国企业的公司治理特点如表2－9所示。

表2－9　德国、日本和美国企业的公司治理特点

项目＼国家	德国	日本	美国
收购威胁	一般	低	高
董事会的构成规模/人	26	21	14
内部人比例	27%	91%	33%
外部人比例	73%	9%	67%
大额股份一般由家庭控制	是	否	否
大额股份一般由另一公司控制	是	是	否
大额股份一般由某一银行控制	是	是	否
高管的薪酬数量	一般	低	高
高管的薪酬与业绩敏感性	低至一般	低至一般	低至一般

资料来源：Michael C. Ehrhardt and Eugene F. Brigham, *Corporate Finance: A Focused Approach* (Cengage Learning, 2010), p. 543.

英美国家公司治理所要解决的主要问题是：经理与全体股东的利益冲突。公司治理就是通过一系列规则、制度和法律的制定，促使经理们的行为与股

东利益最大化的目标相一致。

中国证监会也于2002年1月7日发布《上市公司治理准则》，共八章，具体内容如下。

第一章　股东与股东会

第二章　控股股东与上市公司

第三章　董事与董事会

第四章　监事与监事会

第五章　绩效评价与激励约束机制

第六章　利益相关者

第七章　信息披露与透明度

第八章　附则

从以上信息中我们可以概略地了解公司治理的主要内容。其中，绩效评价和激励约束机制也是公司治理的重要内容。

与国际比较，我国A股上市公司治理的治理特点和存在问题主要表现在以下方面。

（1）A股上市公司中，国有企业占比较大。在国有上市公司中，由于所有者缺位，存在内部人控制现象。

（2）与英美国家相比，A股上市公司（无论是国有企业还是私营企业），绝大部分都是“一股独大”，公司治理中存在的较为常见的问题是，大股东通过挪用上市公司资金、关联交易、利益输送等手段损害中、小股东的利益。

（3）有些上市公司的股东和经理们合谋，损害债权人的利益。

（4）有些上市公司的董事长、高管与机构或私募基金内外勾结、炒作股票，通过损害中小股东利益来中饱私囊。

（5）股权过于分散的企业（无主公司），“内斗”现象严重，受股东争夺控制权的影响，管理层往往无心经营，业绩普遍不高，甚至每况愈下。

（6）独立董事不够独立，监事会作用的发挥不够充分。

（7）企业财务报告质量不高，公司透明度较低。

（8）缺乏运行良好的激励机制和约束机制。

……

（四）公司治理：以万科为例

虽然企业在定期报告，如年报中也披露公司治理和内部控制方面的内容，但几乎没有公司主动承认本公司在公司治理和内部控制中存在重大缺陷，公司治理的状况怎么样，只有靠我们自己去收集信息，去深入分析、思考和判断。

万科公司治理的缺陷主要反映在股权结构上。由于股权太分散，在中国目前的法律框架下，随时都有可能被敌意收购。

敌意收购有其积极的一面。当公司是“内部人控制”“穷庙富方丈”，管理团体为了自己的私利而损害股东利益时，敌意收购具有威慑作用，可以督促公司管理层勤勉尽职，努力使企业价值最大化。

敌意收购也有其消极的一面。即使管理层有能力、勤勉敬业，能够持续地给股东提供较高回报，在敌意收购后，管理层也可能被撤换，从而影响公司管理层的稳定。当宝能成为万科的第一大股东时，就曾提出要罢免整个管理层。也正因为这一提议，原先支持或并不反对宝能的一些人站到了万科管理层的这一边。

在成熟市场中，敌意收购机制是利大于弊的，它时时警示公司的管理者们不能懈怠、必须勤勉尽职。

万科公司治理的优势体现在管理层的正直、自律与能力上。以万科的股权激励为例。

万科曾于 2006 年率先启动为期 3 年的限制性股票激励计划。由于 A 股市场 2008 年的巨幅调整，万科首期 2006—2008 年的 3 年激励计划只实施了 1 年便终止。[①] 时隔 4 年后，万科重启股权激励计划。

2010 年 10 月 25 日，万科董事会公布了经审议通过的 2010 年 A 股股票期权激励计划草案，拟向 851 名激励对象授予总量 1.1 亿份的股票期权，占股本总额的 1.0004%，激励对象人数占万科在册员工总数的 3.94%。

这次期权计划的行权条件主要为：①第 1、第 2、第 3 年全面摊薄的年净资产收益率依次不低于 14%、14.5% 和 15%；②相比基准年，之后第 1、第

① 在杨小舟和黄燕飞合著的《财务会计：理论、准则与实务》一书中有较详细的论述。

2、第3年的净利润增长率依次不低于20%、45%和75%。

ROE不低于14%，是一个不低的标准。据统计，截至2010年9月，A股上市公司78个已开始实施的股权激励计划中，除了部分早期股权分置改革配套的激励计划未设置业绩指标之外，共有68个计划有相应的业绩条件要求。其中，ROE要求高于12%的只有9个，不到整体比例的15%；而高于15%以上的只有4个，占比仅为6%；其他的激励计划对ROE指标的要求基本上都是10%。并且，在万科的行权条件中，ROE要逐年增长，净利润的增长率每年还不得低于20%。

对于万科管理层中的正直和自律，笔者非常赞赏。

除此之外，万科管理团体的远大的理想、与时俱进的危机意识和变革能力，万科的事业合伙人制度和健康组织的打造，都是看好万科的原因。

2014年开始，万科CEO郁亮在多个场合阐述了万科事业合伙人制度和健康组织。

为什么要实行事业合伙人制度？郁亮是这么解释的。“职业经理人共创和共享，缺少共担。我们对事业合伙人要求是：共创、共担、共享。你创造了价值当然可以分享创造价值的成果；但如果你损毁了价值，就应该承担相应的责任。”

郁亮还从三个层面对事业合伙人的做法进行了具体阐述。

第一个层面，2500名核心骨干的持股计划。

万科把滚存下来的集体奖金，委托第三方买公司股票。公司核心骨干不仅要创造真实的价值，还要跟股东的利益绑在一块。到2014年，万科2500多名骨干员工持有万科超过4%的股票，是万科第二大股东。职业经理人和事业合伙人“二合一”，既为股东打工也为自己打工。困扰多年的问题，即股东跟员工应该谁摆在前面的问题终于解决，因为二者的身份变得一致，利益基础也一致。

第二个层面，中间的“项目跟投制度”。

股权激励的对象只是2500多名骨干员工，其他员工怎么办？万科采用了和PE相似的做法，即“项目跟投制度”，要求项目操作团队必须跟投自己的项目，员工则可以自愿跟投自己的项目，也可以跟投所有的项目。

第三个层面：执行层的“事件”合伙人。

大公司存在的一个问题就是部门之间的责权利划分，再怎么划分边界也有划分不清楚的时候，所以万科建立了“事件合伙人”制度。对于一件事情，比如说给客户省成本这件事，可以临时组织事件合伙人参与到工作任务里面去，事情解决就解散，回到各自部门。以前都是职位最高的人担任组长，现在可以推选出最有发言权的人来做组长。谁对这个事情最有研究、最有发言权，谁做组长才可以收到最好的效果。

以上三个层面，即核心层持股、中间层项目跟投和执行层事件合伙，构成了万科的“事业合伙人”制度。

如果万科的管理团队没有大的震荡，如果万科事业合伙人制度继续施行，郁亮带领的管理团体是有很大可能实现其提出的“万亿市值”目标的。而这一切，随着宝能、恒大、深圳地铁、安邦、万科管理层等对于控制权的争夺，变得看不清了。

（五）公司治理分析：以格力为例①

2016 年 10 月 28 日，在格力召开的临时股东大会上，有投资者对格力收购珠海银隆表示不满。

10 月 30 日，格力公布投票结果：收购方案以略超过 2/3 的票数获得通过，但关于配套募资的议案均被股东否决。有媒体报道称，通过现场和网络投票的股东共 5141 人，代表股份 32.6 亿股，占上市公司总股份的 54.2%。在投出反对票的股东中，有第三大股东证金公司。有人称这是“庶民的胜利”。

11 月 16 日，格力发表公告称，公司收到珠海银隆发出的书面告知函，被告知调整后的交易方案未能获得珠海银隆股东会的审议通过，珠海银隆基于表决结果决定终止本次交易。鉴于此，公司决定终止筹划发行股份购买资产事宜。

11 月 24 日，网传从 12 月起，格力对入职满三个月的全体员工（特殊议薪人员除外），每人每月加薪 1000 元。

以上一系列事件涉及三方利益：股东、公司管理层以及员工。

1. 关于格力收购珠海银隆

参加投票的投资者一定阅读过深圳证券交易所（深交所）的问询函以及

① 本部分内容根据 2016 年 11 月 28 日发表于公众号“小舟观察”中的文章修改而成。

中证中小投资者服务中心（投服中心）的相关提问，所以才明智地投出这一票。

2016 年 8 月 19 日，格力披露重大资产重组预案，拟以 130 亿元购买珠海银隆 100% 的股权。同时，还拟募资不超过 100 亿元，用于标的资产的建设投资项目。就在格力重组预案出炉 6 天后，8 月 25 日，深交所披露了关于对格力的重组问询函，从交易方案、交易对方和交易标的三方面提出 29 个问题，涉及目标公司的钛酸锂电池技术、财政补贴、行业地位等，并要求公司在 9 月 1 日前将有关说明材料报送交易所。

继深交所问询函之后，11 月 6 日，投服中心以持有 100 股格力股票的小股东身份，向格力提出了五方面的问题：①重组方式是否必要，管理层是否想通过此次交易获得控制权；②交易估值是否合理，标的资产 PE 突击入股是否存在利益输送；③重组标的是否具备持续盈利能力；④股东大会各项议案结果是否有效；⑤是否对中小投资者的意愿给予充分尊重等。

本次重组方案中，格力对银隆新能源的估值为 130 亿元，方案公告后，不少投资者对标的资产估值的合理性和 PE 突击入股提出质疑。投服中心认为公司需要对以下问题做出进一步说明。

（1）本次交易对银隆新能源的估值是否过高？据公司披露，银隆新能源 2015 年 2 月估值 20 亿元，2015 年 6 月估值 40 亿元，2016 年 2 月估值 66.9 亿元，2016 年 10 月也就是本次交易中估值上升至 130 亿元，在 20 个月的时间内，银隆新能源估值飙升 6.5 倍。

（2）银隆新能源 2014 年、2015 年净利润分别为 -2.7 亿元、4.2 亿元，2016 年、2017 年、2018 年承诺净利润分别不低于 7.2 亿元、10 亿元及 14 亿元，历史业绩波动巨大，爆发式增长是否可以持续？未来业绩能否实现存在不确定性。格力需要围绕标的资产质量、目前在手订单、预计终端销售情况和未来业务发展规划等进一步解释支撑估值高速成长的因素。虽然格力通过媒体说明会等举措与相关方做了一定的交流，但对一些市场非常关心的问题并未给予充分明确的回答，如银隆新能源未来销售目标的实现方式及其可持续性，银隆新能源股东关联订单占其总订单的比例等。建议公司通过更有效的信息披露进一步解答投资者疑惑，缓解市场担忧，回应投资者对于估值的合理怀疑。

（3）标的资产PE突击入股的价格是否合理？是否存在利益输送？据公司披露，突击入股的PE获取银隆新能源股份的几次交易价格分别为每份出资额6.25元、7.81元、5.00元、5.44元、5.84元、12.41元，均明显低于本次格力收购的价格15.25元，尤其是在格力停牌后几个新增股东的入股价格甚至低于标的资产的历史评估价格。通过突击入股和上市公司发行股份购买资产，相关机构实现了与上市公司的换股，其中是否存在利益输送、会否损害上市公司及中小股东的合法权益，需要公司正面回应。

此外，股票市场也不看好此次并购。A股在大多数情况下，收购重组被否决会引起公司股价下跌。而格力收购珠海银隆方案被否后，公司股价却连涨数日。

2. 关于格力给员工加薪

企业的绩效考核、薪酬制度的设计与运行，应当遵循一定的原则，不能随性随意。如阿里对员工绩效评估分三档，各档比例为2∶7∶1，即20%的人超出预期，70%的人符合预期，10%的人没有实现预期。未现预期者可能拿不到奖金，甚至会被淘汰掉。格力这种平均化的普惠制加薪方式，效果不一定理想，这在某种程度上也说明了公司管理层的管理能力和管理水平。

并且，此次加薪受惠的格力员工包括格力电器总部以及各子分公司，共7万多名员工。以此推算，格力每个月将增加人力支出7000万元，每年则需增加8.4亿元。

8.4亿元并不是一个小数字，是否需要经过股东大会批准？因为这笔支出可能并未包括在公司的预算中，而股东大会的其中一个职权就是“审议批准公司年度财务预算、决算方案”。

笔者认为，股东们不是不愿意给员工加薪，不是不愿意给高管和员工更多的激励。关键在于激励谁？如何激励？以什么方式激励？在什么条件下给予多少的激励？要有个说法。

在2012年格力董事长选举中，格力或珠海国资委希望由自己派出的人担任格力董事长，但由于有中小股东支持，董明珠成为格力董事长，并顺势获得了格力集团董事长的职务。

水可载舟，亦可覆舟。在之后的格力董事换届选举中，如果珠海国资委会再次推出自己的董事长人选，不知中小股东是否还会再支持她。

以上有关格力的一系列事件，带给我们进一步思考的问题是：公司到底是谁的？公司运营的主要目标是什么？股东与高管、员工是何种关系？

关于公司到底是谁的，股利和工作保障哪一个更重要，不同国家和地区的人，答案并不相同。

有学者曾对来自英国、美国、日本、德国和法国的400多名经理进行采访，结果显示，英美国家的大多数受访者认为公司是股东的，股利比工作保障更重要。日本、德国和法国的大多数受访者则认为，公司是利益相关者的，工作保障比股利更重要。

所以，美国的战略管理学、公司财务学教科书中都会开门见山地说：公司是股东的，公司运营的主要目标就是企业价值最大化或普通股股东权益最大化。

企业价值最大化，也就是股东权益的价值最大化，财会工作者一看就明白。因为企业的价值由两部分组成：债务资本的价值和权益资本的价值。假设某公司2010年的价值为10亿元，其中向银行借款5亿元，股东出资5亿元。经过5年的发展，公司的价值增加到20亿元，若向银行的借款仍为5亿元，则剩余的15亿元公司价值全部归属于股东。

英美国家的学者和企业家，虽然认为企业是股东的企业，企业运营的主要目标是股东权益价值的最大化，但他们同时也确信，忽视了利益相关者（员工、高管、供应商、客户、社区等）的利益，不遵循商业伦理与道德，不履行必要的社会责任，公司的价值是不可能快速增长的。所以，越是优秀的企业，越重视员工、供应商、客户、社区等利益相关者的利益，如谷歌、微软、IBM等。

中国优秀的企业也是如此。柳传志说，联想管理的三要素就是搭班子、定战略、带队伍。雷军说，花点时间找合伙人吧，雇用的时代已经过去。马云说，阿里16年来，一直坚持员工第一、客户第二、股东第三，没有员工，何来客户？没有客户，何来股东的价值？

当然，现实要比这复杂得多，一股独大、内部人控制、经理帝国、穷庙富方丈等问题层出不穷。

这就是所谓的代理问题（agency problem），此类问题的解决，有赖于公司内部和外部治理机制的完善。

预测一个公司的前景，对该公司进行估值时，除了要分析其所在行业的特点、公司战略、业务战略以及相关的宏观经济情况外，还需要认真研究该公司的治理结构和治理机制。

九、中国上市公司治理中的有趣现象

（一）一股独大

讨论公司治理问题，离不开对公司股权结构的分析。相对于欧美国家的上市公司股权结构而言，A 股上市公司的一个特色就是“一股独大”。

一股独大有如下几种情形。

（1）国有股一股独大。如京东方 A（000725，SZ），控股股东为北京国有资本经营管理中心（11.56%），实际控制人是北京市人民政府国有资产管理委员会（间接持有上市公司：13.89%）。

（2）国有法人股一股独大。在 A 股国有上市公司中，这是最为常见的一股独大。如保变电气（600550，SH），控制股东是中国兵器装备集团公司（33.47%），实际控制人则是国务院国有资产监督管理委员会（间接持有上市公司：56.43%）。

（3）私营法人股一股独大。如复星医药（600196，SH），控制股东为上海复星高科技（集团）有限公司（38.84%），实际控制人为郭广昌（联席股东：梁信军、汪群斌、范伟，间接持有上市公司：17.64%）。复星医药业绩稳步增长，股价走势也不错。在 A 股私营企业上市公司中，此类上市公司占比较大。

（4）自然人一股独大。如乐视网，控股股东为贾跃亭（34.46%），实际控制人也是贾跃亭（间接持有上市公司：34.46%），还有华宇软件、银河磁体、鸿利光电等。这类上市公司在创业板中较多，因为盘子小，创始人往往一股独大，甚至有牛散因炒股而成为第一大股东的。

一股独大与企业绩效的关系如何？

不同时间、不同学者对不同情形的一股独大的研究，得出的结论也不同。有的认为正相关，有的认为负相关，还有的认为不相关。众说纷纭，什么观点都有。这也是不少人认为经济学不是一门（硬）科学的主要原因。例如，许小年就说过，越学越觉得经济学是门伪科学。马云也说过，搞企业不能听经济学家的，听经济学家的企业一定做不好。

当然，这只是他们的观点，笔者并不完全认可。笔者认为，经济学是不是科学可以再讨论，但经济学的一些原理我们还是应该掌握的，有助于提高我们的分析力。

仅从商业角度来看，国有企业（无论是上市公司还是非上市公司，不论是国有股还是国有法人股一股独大）的绩效确实不够好。

例如，近几年上市公司的亏损王基本上都是国有企业。2011 年，中远海控亏损 104. 49 亿元；2012 年，中远海控亏损 95. 59 亿元；2013 年，保变电气亏损 52. 33 亿元；2014 年，中国铝业亏损 162. 17 亿元；2015 年，武钢股份亏损 75. 15 亿元。

再如，根据财政部资产管理司统计的数据，2015 年 1—12 月，全国国有及国有控股企业实现利润总额 23027. 5 亿元，同比下降 6. 7%。其中，中央企业 16148. 9 亿元，同比下降 5. 6%；地方国有企业 6878. 6 亿元，同比下降 9. 1%。12 月末，国有企业资产总额为 1192048. 8 亿元，同比增长 16. 4%；负债总额为 790670. 6 亿元，同比增长 18. 5%；所有者权益合计 401378. 2 亿元，同比增长 12. 6%。

所有者权益是 40 万亿元，而利润总额只有 2. 3 万亿元，若扣除所得税后，净利润应不足 2 万亿元，净资产收益率（ROE）不到 5%，而股权资本的成本呢？应高于 5%。所以，从整体上来说，国有及国有控股企业的经济增加值（EVA）是负数，绩效不够理想。

国有股、国有法人股一股独大的企业绩效（包括上市公司和非上市公司）不够好，主要原因在于：①国有企业的所有者缺位；②公司领袖、管理团体与上市公司的利益关切度低。例如，不论你做得多好，你的薪酬不可能很高；③以前没有股权激励（现在股权激励也没有全面推开，即使采用股权激励的企业，激励力度也相对较低）；④到龄就得退休（即使做得很不错），难以有长期性的打算等。

概言之，国有股、国有法人股一股独大的上市公司，由于所有者缺位，缺乏有效的激励机制和约束机制，公司绩效从总体来说是不够理想的。

私营法人股和自然人股的一股独大，从公司治理角度看，有利有弊。有利的一面是经营激励力度比较大，第一大股东有非常强的动力将上市公司做好、将市值做大；不利的一面是对第一大股东（特别是股份比例超过51%或能够在董事会中安排半数以上董事席位的大股东）的监督比较困难（虽然有独董制度、关联交易回避表决制度、可以选择的累积投票制等），公司受到市场并购的威胁也相对较小，市场约束机制作用难以发挥。

（二）一人股东会

由于“一股独大”，A股市场上在公司治理方面也发生过很多有趣的事。

2000年9月11日，伊泰B股（900948）召开股东大会，审议的议案有两项：①给予董事每人每月1000元津贴，给予监事每人每月600元津贴；②审议董事会及高管人员年薪报酬的议案。但出席大会的股东只有1人，即国有股股东伊煤集团。虽然股东只有一人，代表的股权却有2亿股，占总股本的54.64%，所以，会议总表决票数超过了出席会议股份总数的1/2，符合《公司法》及《公司章程》的相关规定。会议也开得有模有样，参会人员包括9名董事、7名监事以及鉴证律师。在董事长代表唯一参会的国有股股东投票时，“一致推举”一名股东代表（还是董事长）、两名监事担任投票表决的监票工作。自己投票，自己监票，又是增加董监高的津贴或年薪报酬，当然“一致通过”。

在2011年迪康药业（600466，后更名为蓝光发展）召开的第二次临时股东大会上，出席的股东及授权代表也只有一人，即大股东四川蓝光实业集团有限公司。该次股东会审议的议程是《关于委托理财事宜的议案》，只有一个股东参加，当然也是100%通过。不同的是，迪康药业第一大股东并非绝对控股，当时仅持有不到20%的股票，但第二大股东仅持股4.8%，第三大股东持股比例不足1%。

但一人参加的股东会，有时会遇到尴尬。特别是讨论关联交易时。

北大荒（600598）2003年的股东大会只有第一大股东参加，2004年度股东大会也一样，参会者依然只有第一大股东，即北大荒集团。但此次股东大会的议程中有一项，就是要审议2005年日常关联交易总金额，关联大股东需回避表决。由于无人参与投票，该议案不得不“被否”。其他议案则全部获得100%通过。

2005年公司日常关联交易总金额没通过，但关联交易还得做，怎么办？

按照交易所的规定，董事会按“一事一议”的方式披露。公司与关联自然人发生的交易金额在30万元以上的关联交易，或与关联法人发生的交易金额在300万元以上，且占公司最近一期经审计净资产绝对值0.5%以上的关联交易，必须及时披露；若关联交易金额在3000万元以上，且占上市公司最近一期经审计净资产绝对值的5%以上，除及时披露外，还要聘请有资格的中介机构对交易标的进行审计或者评估，并提交股东大会审议。

这明显增加了关联交易的制度性成本，影响了关联交易的效率。

（三）双头董事会

一股独大有问题，但股权分散也不好。股权分散带来的治理问题之一就是，股东之间“互掐”，甚至搞出“双头董事会”。

2013年5月28日，九龙山（600555，后更名为海航创新）收到上海证监局《关于对上海九龙山旅游股份有限公司采取责令改正措施的决定》。上海证监局称，九龙山的双头董事会局面不符合《上市公司治理准则》第四十条、第四十二条的有关规定，要求九龙山采取有效措施，积极推动相关股东尽快解决双头董事会问题。在2013年6月7日前，向上海证监局提交书面整改报告。

九龙山的双头董事会起始于2011年大股东的股权转让。

2011年3月7日，海航置业、上海海航大新华置业有限公司、香港海航置业控股（集团）有限公司共收购了李勤夫及其关联公司持有的九龙山A、B股合计3.9亿股，占九龙山总股本的29.9%，海航系成为第一大股东。九龙山原控制人李勤夫持有九龙山2.5亿股，占比19.2%，成为第二大股东。但是，双方就16.53亿元股权转让款是否付清存有争议，李勤夫方称海航方面未足额付清，并于2012年7月上诉至上海市第一中级人民法院；而海航方则坚称其转让款已经付清。

2012年12月21日，海航置业以持股九龙山10%以上股东名义，自行召开了2012年第一次临时股东大会，审议通过了罢免九龙山董事长李勤夫在内的6名董监事成员，同时提名海航系6人任九龙山新一届董事会和监事会成员等议案。对此，李勤夫方面则坚不认可。

股东内斗会对公司经营产生不利影响，如表2－10所示。

表2－10　　九龙山（海航创新）财务指标

财务指标＼时间	2016－09－30	2015－12－31	2014－12－31	2013－12－31
审计意见	未经审计	标准无保留意见	标准无保留意见	标准无保留意见
净利润/万元	－2298.08	2799.17	4433.88	2724.95
净利润增长率/%	－269.7878	－36.8687	62.7141	114.7（p）
营业总收入/万元	2577.13	12960.45	3089.91	6742.66
营业总收入增长率/%	－80.1140	319.4438	－54.1737	－48.5168
加权净资产收益率/%	－1.3200	1.6300	2.6709	1.6800
资产负债比率/%	55.0022	53.0127	49.2947	39.8922

资料来源：根据九龙山中期报告和年报整理。

除了资产负债率增长较快外，其他指标增速减缓或负增长，加权净资产收益率不到3%，这样的企业不是在创造价值，而是在毁损价值。

西藏药业（600211）也有过“双头董事会”的经历。

2014年9月30日，在西藏药业第三次临时股东大会上，大股东华西药业提名的两名独董候选人高票获选；而另一大股东新凤凰城则向公司发出《股东声明函》，称公司监事会于9月26日及9月30日召集的第二次、第三次临时股东大会程序违反相关规定，决议内容无效，由此而增选的独立董事亦同样无效，并要求撤销两次临时股东大会决议。

华西药业认为自己推选的两位独董当选，双方在董事会的席位由4∶5变为6∶5，在9月30日向董事长提议召开董事会临时会议，审议《关于改选公司董事长的议案》和《关于解聘张虹先生为公司总经理的职务及聘任郭远东先生为公司总经理的议案》。华西药业认为，即使新凤凰城方的5位董事不参会，出席董事会的人数也超过半数，决议有效。

而新凤凰城并不认可华西药业推选出的两位独董，董事会成员仍然是9名，席位比例还是4∶5。他们也认为，以后召开董事会，即使华西药业方面董事不参会，出席董事会的人数也超过半数，决议也应有效。

两大股东之争，形成双头董事会。这样的企业如何搞得好？

所以，投资者在对上市公司进行财务分析和估值时，需要特别关注公司的治理情况。

（四）无主公司

股权过于分散，上市公司就成为无主公司，无人用心做好公司的经营，都只是希望在二级市场上捞一票就走。

这方面的经典案例就是梅雁吉祥（600868）了。

2015 年 2 月，许加元以 2.198% 的持股比例取代广东梅雁吉祥实业投资股份有限公司成为该公司第一大股东，而后增持至 2.3%。

2015 年 3 月，自然人潘杰桃以 2.65% 的持股比例取代许加元成为梅雁吉祥第一大股东。

但是，尽管许加元、潘杰桃先后取代梅雁吉祥实业成为梅雁吉祥第一大股东，但并未被认定为梅雁吉祥的控股股东或实际控制人，梅雁吉祥由此进入无实际控制人的状态。

梅雁吉祥实业仅持有梅雁吉祥 2.2% 的股权，在许加元、潘杰桃增持之前，长期被认定为梅雁吉祥控股股东，持股梅雁吉祥实业 10.39% 股权的杨钦欢亦被认定为梅雁吉祥实际控制人。

2015 年 6 月 30 日，法人股东上海华敏置业（集团）有限公司持有梅雁吉祥股份合计 976.55 万股，占总股本的 0.51%，成为公司第一大股东。

2015 年 8 月，股市暴跌，国家队进场救市。8 月 3 日晚，有 3 家公司相继披露证金公司进驻信息。其中，梅雁吉祥发布公告称，截至 2015 年 7 月 31 日，法人股东证金公司持有公司股份合计 982.68 万股，占总股本的 0.52%，为公司第一大股东。

成为“王的女人”后，梅雁吉祥的股价随即一飞而起，从 8 月 3 日的 3.90 元的收盘价冲高至 8 月 18 日的 10.84 元。

2016 年 10 月，恒大系进进出出，也短炒过梅雁吉祥，但持股比例一直不达 5% 举牌线。

2016 年 11 月 11 日，梅雁吉祥发布公告称，广州市仲勤投资有限公司

（恒大100%控股的公司）11月10日通过上交所集中竞价交易系统增持公司无限售条件流通股9490.7万股，占公司总股本的5.00%。恒大系态度快速转变也引来交易所关注，上交所发出问询函，询问恒大短期内多次交易的原因及合理性。

总之，从整体上看，股权集中度与公司治理、企业绩效并不呈现明显的正相关或负相关关系；国有及国有控股企业的绩效截至目前还不够理想，国企改革依然任重道远。从个体上看，股权集中度的高低，对公司治理、企业绩效的影响更是大相径庭。

我们在对A股上市公司的治理状况进行评估时，应该具体公司具体分析，不能简单地认为，A股上市公司普遍存在"一股独大"情形，所以治理水平落后于英美国家的企业，导致公司绩效低下。股民在决定买入或增持、继续持有或卖出时，千万不要忽视对该公司治理状况的分析和评估。

第三章
会计分析

若对会计弹性没有深刻理解，就不能真正读懂公司的财务报告。

一、会计分析的重要性①

在实务中，甚至在一些财务报表分析或财务分析教科书中，对“会计分析”与“财务分析”往往不加严格区分。例如，在以前的一些教科书中，认为会计分析包括的内容有：偿债能力分析（包括短期和长期偿债能力的分析）、资产负债率分析、资产运营比率分析（如流动资产周转率分析、总资产周转率分析等）、获利能力分析（如毛利率分析、销售利润率分析、净资产收益率分析等）、市值比率分析（如每股收益、PE、PB 分析等）。

但这不是本书所说的会计分析。本书中对会计分析的定义是：运用一系列的分析工具或技术，对财务报告反映企业（或报告主体）经营实质的公允程度进行的分析和评估。会计分析的目的是识别、评估和纠正财务报告中的扭曲，提高财务报告质量。

（一）为什么要进行会计分析

上市公司的财务报告（以下简称财报）由三部分组成：财务报表（4 张表）、附注、其他相关的信息。财报使用者要分析财务报告，并根据分析结果来进行相应的决策。

（1）供应商会根据分析结果决定是否赊销产品给该企业。如果赊销，提供多长期限、多大金额的信用。

（2）银行或其他金融中介会根据分析结果决定是否贷款给该企业。如果贷款，贷款金额多少，期限多长，贷款方式是什么，是否需要担保或抵押。

（3）现有或潜在的股东会根据分析结果来对公司进行估值，以决定是购买、持有还是卖出该公司的股票。例如，安邦举牌金融、中国建筑等上市公

① 本节根据 2017 年 2 月 6 日、2 月 8 日、2 月 13 日、2 月 15 日、2 月 20 日、2 月 22 日发表于公众号“小舟观察”中的文章修改而成。

司，前海人寿举牌万科、格力等，一定是对被举牌公司进行过相应的战略分析、会计分析、财务分析、预测和估值的。

但是，如果企业的财务报告是假的，或者是严重扭曲的，后果会怎样？

商务部研究院运用 Themis 纯定量异常值评级分析后认为，在 2015 年选取的 2560 家样本中，有 964 家上市公司存在不同程度的财务报表粉饰嫌疑，占全部样本上市公司的 37.66%。从行业情况看，第一是房地产上市公司，存在财务报表粉饰嫌疑的有 78 家，行业占比达 59.54%；第二是综合行业，存在粉饰嫌疑上市公司 24 家，行业占比 55.81%；第三是商业贸易行业，存在粉饰嫌疑上市公司 45 家，占比 52.33%。①

单个上市公司会计造假的案例更是不胜枚举。仅 2016 年自曝或被查处的会计造假案就有金亚科技（300028）、亚太实业（000691）、太化股份（600281）、步森股份（002569）、欣泰电气（300372，已于 2017 年 8 月 26 日退出 A 股市场）……

利用假的或低质量（多噪音、扭曲程度大）的财报数据进行比率分析、趋势分析、绩效评估、前景分析等毫无意义，利用这样的财报数据无法进行正确的预测和估值。

所以，我们在运用企业的财报进行其他分析或决策（如财务分析、预测与估值）时，首先需要对财报的质量进行分析和评估，确认企业提供的财报是否存在重大扭曲。如果有扭曲，在哪些项目上有扭曲，扭曲程度有多大？需要不需要调整？如果需要，如何正确地进行调整？

我们将这一分析过程称为“会计分析”。

如前所述，战略分析（包括行业分析、商业模式分析、公司战略和分部战略分析、公司治理分析等）是会计分析的前提；而会计分析则是后续的财务分析、预测和估值的基础。

（二）为什么不能依赖中介机构的审计

有人会说，上市公司的财报不是经过专业的审计师（CPA）审计过了吗？审计师的审计报告我们必须看，但这不能代替我们自己做的会计分析。原因

① 详见商务部研究院 2016 年春季发布的《中国非金融类上市公司财务安全评估报告》。

如下。

（1）中国有几千万家企业，上市公司只有几千家。那些未上市的公司财报质量如何呢？我们所在的企业难道只和上市公司打交道？

（2）即使就上市公司来说，自中国股票市场成立以来，会计造假的案例就层出不穷，有几家上市公司的造假是接受委托的审计师曝光（揭露）的呢？

（3）即使 CPA 出具了无保留意见的审计报告，这些上市公司的财报质量依然是参差不齐、有高下之分的。

（4）更糟糕的是，有的 CPA 职业道德水准低，同流合污，参与上市公司的造假。例如，在中国证监会2016 年5 月13 日召开的新闻发布会上，证监会发言人邓舸表示，证监会决定对大华会计师事务所、瑞华会计师事务所、北京兴华会计师事务所、银信评估资产有限公司、元正评估资产有限公司、中和评估资产有限公司正式启动立案调查的行政执法程序，这是证监会首次集中专门对审计评估机构采取稽查执法行动。邓舸表示，少数审计评估机构在执业过程中不能勤勉尽责——一是独立性缺失，二是执行准则不到位，三是执业怀疑不足，四是执业判断不合理——助长了上市公司虚假披露的势头。此次立案的案件，就是在日常检查和监管中发现的，涉及五类违法违规行为。一是审计评估程序存在重大缺陷，交易合同等重要证据收集不充分；二是重要假设不合理，公式设置不正确；三是对上市公司存在的财务造假等异常现象未保持合理怀疑；四是审计评估过程中迎合委托人需要，执业程序走过场；五是审计评估项目复核流于形式。

所以，无论是投资者、信贷者，还是供应商、客户，当我们的经济决策涉及特定的上市公司，当我们要了解该公司的经营实质（如盈利能力、财务状况、现金流量等）时，我们必须对该企业的财务报告进行会计分析。

二、会计分析的五步骤

笔者参考相关的教材、著作，结合自己的研究心得和工作体会，总结了会计分析的五个步骤。

（1）根据行业、商业模式和战略分析、公司治理分析等，确认企业（报告主体）主要的会计政策和会计估计。

（2）评估主要交易和事项的会计弹性。

（3）评估企业管理层的会计策略。

（4）发现并确认会计扭曲（噪音、水分）。

（5）纠正扭曲，重现会计数据。

（一）确认主要的会计政策和会计估计

会计分析的第一个步骤是确认企业主要的会计政策和会计估计。

1. 会计政策和会计估计的含义

会计政策是指企业在会计确认、计量和报告中所采用的原则、基础和会计处理方法。原则，如资产或负债、收入或费用的确认原则，资产减值计提的原则，研发支出、借款成本的资本化处理或费用化处理的原则等。基础，指计量基础（属性），如历史成本、重置成本、可变现净值、现值、公允价值计量等，如投资性房地产后续计量模式的选择。对房地产企业来说，不同计量基础或模式的选择，对所有者权益和当期损益影响巨大。会计处理方法，如发出存货的各种计价方法，建造合同中完工程度的测定方法等。对建筑安装企业来说，完成程度的测定是否恰当，直接决定了资产和收益计量的公允程度，以及企业财务报告的质量。

会计估计是指企业对其结果不确定的交易或事项以最近可利用的信息为基础所做出的判断。

企业会计政策的选择与会计估计的变更对企业财报的影响巨大。

例如，某上市公司2015年收入100亿元，当年发生的研发支出共3亿元，其中有2亿元是处于开发阶段的支出，且满足资本化处理的条件。假设该公司将这部分开发支出资本化处理，则税前利润为5亿元（不考虑由此形成的无形资产的摊销）；若费用化处理，则税前利润只有3亿元。由此可以看出企业会计政策选择或变更对财报数据产生的重大影响。

会计估计也是如此。

例如，某上市公司一年内到期的应收账款为50亿元，若按5%的比例计提坏账准备，则会影响当期利润2.5亿元；若按1%计提，则是0.5亿元。仅应收账款一项，不同会计估计对当期利润的影响就有2亿元之差。

所以，我们在进行会计分析时，第一步就要抓住那些需要我们重点关注的企业的会计政策和会计估计。

2. 战略分析与会计政策、会计估计的确认

我们可以根据以前讨论过的行业分析、商业模式与战略分析、公司治理分析等来了解企业的主要成功因素（Key Success Factors）和关键风险领域（Key Risk Areas），并以此为基础确定企业主要的会计政策和会计估计。

例如，对房地产企业进行行业分析后，我们知道，房地产企业的运营受以下因素的影响较大：①政府调控政策，如限购、提高首付比例等；②货币政策和金融管理政策，对房地产的融资、再融资影响较大；③价格管理政策等。另外，对于房地产企业来说，在会计核算上的一个的特点是：期房销售后的预收款算作销售额，但在会计上不能确认为收入。

根据房地产企业的行业特点分析，我们要特别关注房地产企业以下的会计政策和会计估计。

（1）存货跌价准备的计提。例如，中国指数研究院数据显示，2016 年 9 月中国百城房价环比上涨 2.83%，涨幅较上月扩大 0.66 个百分点，涨势已持续 17 个月。郑州、无锡、常州、昆山、珠海、廊坊、杭州、芜湖、赣州、福州环比涨幅居前十，涨幅在 4.8% ~7%，多地已在“十一”黄金周期间出台了收紧性政策。8 月或 9 月开始实施限购或限贷的地市有苏州、厦门、杭州、合肥、南京、武汉等。当限购或调控政策持续，房价涨势转缓甚至下跌时，我们就要关注房企高价拿的地是否计提了足够的跌价准备。

（2）利息费用的计提。由于一、二线城市房地产市场的火爆，房地产开发贷款成为 2016 年上半年各家银行竞争的主要业务品种，且利率较基准利率下浮。万德（Wind）数据显示，截至 2016 年 6 月末，房地产行业的资产负债率已升至 81.33%，相比去年末上升 3.87 个百分点。房地产企业利润有高有低，我们在对房地产企业进行会计分析时，要特别关注其利息费用是否足额计提。

（3）收入确认政策。对房地产企业来说，并不是与客户签订了预售合同就能进行收入确认。例如，万科 2016 年 1—6 月利润表中的营业收入为 748.0 亿元，归属于上市公司股东的净利润为 53.5 亿元。但公司上半年销售额是 1900.8 亿元。并且，截至报告期末，已售未结的合同金额是 2977.1 亿元。

企业所处的行业不同，我们需要特别关注的会计政策和会计估计也不相同。

对于零售企业来说，公司是否能以较低的价值采购到商品，以比较快的速度将商品销售出去，实现“惊险的一跃”是关键成功因素或主要风险。因此，在对零售企业进行分析时，要特别关注期末存货的计价，以及收入的确认是否适当。

对于银行类的金融企业来说，能不能将吸收来的存款比较安全地贷出去是成功或失败的主要因素。我们在进行会计分析时，要特别关注银行类企业的拨备覆盖率是否充分，是否及时、足额地计提了坏账准备。

对于工程类企业来说，一方面，企业能不能拿到合同是关键；另一方面，企业能不能按照预算、按照合同及时地完成项目也是成功主要因素或关键风险所在。所以，对于完工进度的估计就极其重要。完工进度估计得不恰当，直接会对企业合同收入、费用的确认和计量带来重大影响。

对于 PC、空调、彩电等生产与销售企业，主要的会计政策与估计包括：收入的确认、发出存货的计价、售后服务费用的计提（warranty expenses）。

租赁企业的残值估计，高科技企业研究与开发支出的确认与计量，很显然，都是我们在进行会计分析时，需要特别关注的会计政策和会计估计。

下面我们看几个会计政策、会计估计变更对企业财报影响的实例。

3. 会计政策变更：以金融街①为例

金融街投资性房地产的计量由成本模式改为公允价值模式，虽然事件发生在 2008 年，但至今仍具有一定的代表性。

以下内容摘自公司 2008 年 3 月 31 日发布的公告。

持有投资性房地产情况

公司从事的主要经营业务除房地产开发外，还有部分自持物业出租和经营，其中包括投资性房地产出租业务。截至 2007 年 12 月 31 日，公司全部投资性房地产项目包括：北京金融街购物中心、金树街、C3 四合院、重庆嘉年华项目，这些投资性房地产的账面价值合计约 15.12 亿元，

① 金融街控股股份有限公司，简称金融街。

占公司2007年度经审计净资产比例为30.83%。

会计政策变更说明

本次会计政策变更前采用的会计政策：资产负债表日，公司采用成本模式对投资性房地产进行后续计量。公司对投资性房地产在预计可使用年限内按年限平均法摊销或计提折旧，预计可使用年限超过45年的，按45年摊销或计提折旧。

本次会计政策变更后采用的会计政策：资产负债表日，公司采用公允价值模式对投资性房地产进行后续计量，不对其计提折旧或进行摊销，并以期末投资性房地产的公允价值为基础调整其账面价值，公允价值与原账面价值之间的差额计入当期损益，并在2006年度及2007年度可比报表中进行追溯调整。

公司自2008年1月1日起对投资性房地产采用公允价值模式进行后续计量。

变更理由

公司董事会认为，采用公允价值对投资性房地产进行后续计量是国际通行的成熟方法，可以更加真实客观地反映公司价值，有助于广大投资者更全面地了解公司经营和资产情况。采用公允价值对投资性房地产进行后续计量具备必要性。公司目前投资性房地产项目位于重点城市的核心区域，有活跃的房地产交易市场，可以取得同类或类似房地产的市场价格及其他相关信息，采用公允价值对投资性房地产进行后续计量具有可操作性。基于以上原因，公司董事会同意对公司的投资性房地产采用公允价值进行后续计量。

会计政策变更对2007年年报的影响

经公司测算，采用公允价值计量投资性房地产后，将增加公司2007年所有者权益约13.22亿元，其中留存收益约12.78亿元，资本公积约0.44亿元。其中转入“资本公积”部分是根据《企业会计准则第3号——投资性房地产》的规定，当自用房地产或存货转换为采用公允价值模式计量的投资性房地产，该项投资性房地产应按照转换日的公允价值计量。转换日的公允价值大于原账面价值的，其差额作为资本公积，计入所有者权益。

2009 年 3 月 30 日，金融街发布 2008 年年报。年报显示，2008 年实现营业收入约 56 亿元，其中，房地产开发业务收入增长 22%，物业租赁收入增长 81%，物业经营收入增长 56%。但是，净利润约 10.39 亿元，比 2007 年下跌 48.10%。

是企业的经营业绩出现下滑了吗？非也。

实际情况是：2008 年 1 月 1 日起，金融街对投资性房地产采用公允价值模式进行后续计量，对上年同期净利润进行了追溯调整。2008 年度实现利润总额、归属于上市公司股东的净利润较 2007 年度调整前利润总额、归属于上市公司股东的净利润的增长比例分别为 26.64%、42.34%。如表 3-1 所示。

表 3-1　　2007 年和 2008 年金融街主要财务指标比较

年份 财务指标/元	2008	2007		本年比上年增减/%
		调整前	调整后	调整后
营业收入	5595076993.11	4214361872.31	4214361372.31	32.76
利润总额	1417102082.86	1119022485.93	2815633424.16	-49.67
归属于上市公司股东的净利润	1039379496.68	730136828.84	2002645032.51	-48.10
归属于上市股东的扣除非经常性损益的净利润	928339793.86	733238947.94	733238947.94	26.61
经营活动产生的现金流量净额	-5126955050.40	-813160819.23	-813160819.23	不适用
总资产	27498.775723.91	13866414.769.92	15623669551.63	76.01
所有者权益（或股东权益）	14553063146.18	4710761647.06	6028702.733.34	141.40
股本	2481212959.00	1078451644.00	1078451644.00	130.07

资料来源：摘自金融街 2008 年年报。

4. 会计估计变更：以河北钢铁与韶钢松山为例

我们再看一下钢铁企业会计估计变更的例子。

通过调整固定资产折旧年限和/或残值率来增厚利润的例子俯拾即是。我们仅以河北钢铁（金额较大）和韶钢松山（多次调整）为例。

2014 年 3 月 15 日，河北钢铁（000709，后更名为河钢股份）发布公告称，拟从 2014 年 1 月 1 日起调整固定资产折旧年限。

调整原因

河北钢铁在公告中称，近年来公司在抓好技改工程建设的同时，不断加大设备维修投入，定期对设备生产线进行全面检修及年修，对生产用房屋及建筑物等进行定期修缮，实际上延长了固定资产的使用寿命。

通过对比同行业其他公司的固定资产折旧情况发现，河北钢铁目前执行的固定资产折旧速度明显偏快，折旧年限偏短。

公司固定资产使用寿命延长的情况在 2014 年 1 月 1 日就已经存在，且调整部分固定资产折旧年限符合《企业会计准则》的相关规定，故本次调整部分固定资产折旧年限将使本公司的财务信息更客观真实地反映公司的财务状况及经营成果。

对财报的影响

对于此次调整的影响，河北钢铁认为，固定资产折旧年限调整对公司的业务范围无影响。根据《企业会计准则第 28 号——会计政策、会计估计变更和差错更正》（以下简称《第 28 号准则》）的相关规定，本次会计估计变更采用未来适用法进行会计处理，不追溯调整，不会对以往各期间财务状况和经营成果产生影响。经测算，本次会计估计变更后，预计 2014 年公司将减少固定资产折旧 20 亿元，所有者权益及净利润增加 15 亿元。

一个简单的会计估计变更，所有者权益及净利润就增加了 15 亿元。而河北钢铁 2013 年的净利润是 1.16 亿元。

2015 年 6 月 24 日，韶钢松山（000717，后更名为 *ST 韶钢）披露公告称，从 7 月 1 日起，对房屋及建筑物、机器设备中的炉体专用设备以及办公设备的折旧年限延长，其他固定资产折旧年限不做调整。其中，房屋及建筑的折旧的主要年限从此前的 20 年、35 年变更为 30 年、40 年；办公及其他设备主要年限从 5 年延长至 10 年。

调整理由

韶钢松山解释，近年来公司不断进行技术改造，实现了设备大型化、自动化，整体装备处于国内较好水平，并通过日常点检维护及定期全面检修，确保设备运行的可靠性并延长了使用寿命，会计变更能更客观地反映财务状况。

对财报的影响

韶钢松山在公告中表示，此次固定资产折旧年限的调整，预计将增加公司2015年度股东权益及净利润9550万元。

2012年，韶钢松山也曾调整过一次固定资产使用寿命，增加当年利润约2.89亿元。2015年，该公司故伎重演。通过调整固定资产折旧年限和/或残值率来增加利润的这一“简单粗暴”的手段，上市的钢铁企业差不多都使用过。

综上，不关注上市公司主要的会计政策或会计估计变更，我们就读不懂它的财务报告，也做不好会计分析。

（二）评估会计弹性

会计分析的第二个步骤是会计弹性（accounting flexibility）的评估。

1. 会计弹性的含义

对于某一交易或事项，如果准则规定唯一的会计处理，不需要会计人员的预测、估计和判断，就是无会计弹性。反之，会计处理需要会计人员的预测、估计和判断越多，可供选择的会计方法越多，则会计弹性越大。

例如，广告和品牌推广支出等是优秀的家电企业不可或缺的重大的资本性支出，但根据准则规定，是于发生时计入当期损益，这就是无会计弹性。

对于不少高科技企业来说，研究与开发是否能够取得预期的结果是企业成功的关键因素和风险所在。因此，研究与开发的会计处理，就是我们需要特别关注的会计政策。但是，我们以前的会计准则规定，研究与开发支出于发生时计入当期损益。企业的管理者对这一事项的会计处理别无选择，这就是没有会计弹性。

那么，现行会计准则是如何规定的呢？

现行会计准则将内部研究开发项目的支出分为两个阶段，分别规定如下。

（1）企业内部研究开发项目研究阶段的支出，应当于发生时计入当期损益。

（2）企业内部研究开发项目开发阶段的支出，同时满足下列条件的，才能确认为无形资产：①完成该无形资产以使其能够使用或出售在技术上具有可行性；②具有完成该无形资产并使用或出售的意图；③无形资产产生经济利益的方式，包括能够证明运用该无形资产生产的产品存在市场或无形资产自身存在市场，无形资产将在内部使用的，应当证明其有用性；④有足够的技术、财务资源和其他资源支持，以完成该无形资产的开发，并有能力使用或出售该无形资产；⑤归属于该无形资产开发阶段的支出能够可靠地计量。

也就是说，研究阶段支出的会计处理，没有弹性，于发生时计入当期损益。而开发阶段的支出，弹性很大。首先，开发阶段的支出，是否达到确认条件，需要会计人员去采集数据和信息，进行分析、预测和判断。其次，即使开发支出满足上述确认条件，可以选择资本化处理，按成本确认无形资产，企业管理层也可以按照谨慎原则，选择费用化处理计入损益表。

在企业的资产负债表中，绝大部分项目，如应收账款、固定资产、存货、无形资产、递延所得税资产等，都具有程度不同的会计弹性。

我们还可以将会计弹性分为会计政策弹性和会计估计弹性来进行更深入的分析。

2. 会计政策弹性：以用友为例

会计政策的弹性是指会计准则给企业管理层提供了会计政策选择的空间。

用友软件（600588，后更名为用友网络）是一家专注于软件生产与销售的公司，主营业务为：电子计算机软件、硬件及外部设备的技术开发、技术咨询、技术转让、技术服务；企业管理咨询；数据库服务；销售电子计算机软硬件及外部设备。公司上市日期是 2001 年 5 月 18 日。

2012 年 3 月 10 日，用友软件推出定增方案，计划以 16.7 元/股的价格，向不超过 10 名的特定投资者定向发行不超过 1.12 亿股，预计募集资金不超过 18.79 亿元，用于“用友下一代企业与政府应用系统”“用友云服务中心”与“用友业务外包服务中心”三个项目的建设。

2012 年 10 月 29 日，用友软件发布三季报。季报显示，前三季度归属于母公司所有者的净利润为317.83万元，较上年同期减少96.48%；营业收入为24.57亿元，较上年同期增加9.82%；基本每股收益仅为0.003元，较上年同期减少96.77%。公告同时显示，第三季度净亏损1.31亿元，上年同期亏损为3180.15万元。

与以前的中报、年报相比，用友软件2012年的三季报有一个引人关注之处，即之前一直空白的“开发支出”项目首次出现1873.21万元，而支出资本化处理的项目正是公司投入的新一代企业与政府应用系统和用友云服务（北京）中心技术项目。

2012年公司全年研发支出6.64亿元，资本化处理的金额为0.40亿元。如表3－2所示。

表3－2　　2010年、2011年、2012年用友软件相关财务指标

财务指标/亿元 \ 年份	2010	2011	2012
营业收入	29.79	41.22	42.35
净利润	3.32	5.37	3.80
研发支出	4.47	5.25	6.64
费用化	4.47	5.25	6.24
资本化	0	0	0.40

资料来源：根据用友软件年报数据整理。

将处于开发阶段的支出资本化处理，会增加当期利润，当期也需要多缴纳所得税，这恐怕是用友软件以前年度的研发支出进行费用化处理的主要原因吧。但为什么从2012年三季度开始，用友软件要将部分开发支出资本化处理呢？可能是因为公司管理层希望三季度及全年不要亏损得太难看，为定增计划在2013年的顺利实施保驾护航。可是，由于2013年上半年A股持续低迷，用友软件的定增计划还是以失败而告终。

3. **会计估计弹性：以南方证券为例**

会计估计指企业对其结果不确定的交易或事项以最近可利用的信息为基础所做出的判断。会计估计本身就有较大的弹性。

1992年9月，经中国人民银行、深圳市人民政府批准，南方证券在深圳成立。2002 年，南方证券增资扩股至 34.58 亿元，并改制为股份有限公司。由于公司管理混乱、经营不当，财务、资金状况持续恶化。其间虽采取过增资扩股、调整领导班子等措施，但效果甚微。证监会与人民银行、深圳市政府也多次责令公司整改，并督促其加大风险控制力度，同时调用紧急救助资金对其清算与支付给予了临时性支持，但积重难返。于是，2004 年 1 月 2 日，中国证监会、深圳市政府宣布对南方证券股份有限公司实施行政接管。

南方证券被行政接管后，各家参股公司长期股权投资减值准备的计提比例如表 3－3 所示。

表 3－3　　南方证券各参股股东长期股权投资减值准备计提情况

股东	投资额/亿元	持股比例/%	减值计提比例/%
上海汽车	3.96	10.41	100
首创股份	3.96	10.41	15
东电 B 股	2.2	5.78	82
邯郸钢铁	1.1	1.9	62
中原油气	0.4950	1.3	55
路桥建设	0.33	0.87	20
万鸿集团	0.83	2.19	90
海王生物	0.77	2.03	30
万家乐 A	0.1	0.35	50
其他	略	略	略
合计	34.58		

资料来源：根据各公司年报数据整理。

从表中可以看出，对于同一事项的会计处理，上海汽车与首创股份两家公司做法迥异，计提比例分别为 100% 和 15%。若首创股份的计提比例与上海汽车相同，则会减少利润总额 3.37 亿元（2004 年首创股份的利润总额约为 5.21 亿元，净利润 4.91 亿元，扣除非经常性损益后的净利润仅为 0.39 亿元）。

会计估计的另一弹性，就是会计估计变更。这也是很多企业进行盈余管理、粉饰报表最常用的招数。

会计估计变更，是指由于资产和负债的当前状况及预期经济利益和义务发生了变化，从而对资产或负债的账面价值或者资产的定期消耗金额进行调整。

企业据以进行估计的基础发生了变化，或者由于取得新信息、积累更多经验以及后来的发展变化，可能需要对会计估计进行修订。会计估计变更的依据应当真实、可靠。

例如，固定资产使用寿命与净残值的估计，以及资产减值迹象测试等，很多企业就用它来操纵利润，粉饰报表。

再如，坏账准备计提比率的估计。对于企业坏账的会计处理，采用“实际核销法”还是“备抵法”，这属于会计政策的范围。企业会计准则规定只能采用备抵法，无弹性；但在计提方法上有可选择的空间，有一定的弹性。企业对于不同账龄的应收账款，何时计提？计提多少？这属于会计估计，需要会计人员进行深入分析与判断，会计弹性比较大。

4. **会计弹性与盈余管理**

每一次会计改革，从总体上来讲，都在不同程度上要求会计人员更多地分析和判断，即增加了会计弹性和盈余管理的空间。

会计弹性的增加有利有弊：如果企业的管理者在会计政策和会计估计上缺乏弹性，则信息含量减少；但会计弹性的增加，也增大了企业盈余管理的空间，给企业管理者操纵利润、粉饰报表提供了更多的机会。

与原会计准则相比，现行会计准则制定的思路是原则导向，增加了企业管理者进行会计政策选择和会计估计的空间。《首席财务官》杂志（英文版）曾刊文指出，从整体上来讲，2006 年版的中国会计准则相对于之前的会计准则，管理层盈余管理的空间有所扩大。如表 3－4 所示。

表 3－4　　会计准则改革与盈余管理空间

会计政策和会计估计	利润影响	盈余管理空间
公允价值计量的广泛应用	混合	更大
对某些资产减值准备冲回的限制	向下	更小
投资性房地产公允价值计量模式应用	向上	更大

续　表

会计政策和会计估计	利润影响	盈余管理空间
债务重组收益的确认	向上	更大
存货会计中后进先出法的禁用	混合	更小
政府补助收益的确认	向上	—
短期证券投资公允价值的变动收益确认	向上	更大
商誉及寿命不确定无形资产不再摊销	向上	更大
负商誉确认为利润	向上	更大
开发支出符合条件的可以资本化处理	向上	更大
借款费用资本化处理	向上	更大
总体	向上	更大

资料来源：《首席财务官》杂志（英文版）。

宏达新材（002211）于2008年2月1日上市，公司主要从事高温硅橡胶系列产品的研究、生产和销售。

2013年10月29日，宏达新材公布三季报。三季报显示，公司2013年前三季度净亏损6.5亿元；而上年同期仅亏损730.07万元，且年底扭亏为盈（2012年，公司实现营业收入82956.63万元，同比增长－12.18%；实现归属于上市公司股东的净利润368.43万元，基本每股收益只有0.01元；每股现金流量0.546元；每股净资产3.9073元；净资产收益率仅为0.22%）。

2013年前三季，宏达新材为什么巨额亏损呢？主要原因之一是，公司在2013年三季报中对拟转让利洪公司的硅氧烷资产计提资产减值准备33810.13万元，而这部分资产在2012年并未做计提。

为什么2012年没有计提呢？我们再看一下2011年宏达新材的经营数据：2011年度，公司实现营业收入9.45亿元，较2010年的9.49亿元下降0.42%，报告期内净利润为－0.18亿元，2010年净利润为0.91亿元，每股收益－0.04元。若2012年继续亏损，则会被ST。

再看看宏达新材2013—2016年的财务指标，如表3－5所示。

表 3－5　2013—2015 年度和 2016 年第三季度宏达新材相关财务数据

财务指标＼时间	2016－09－30	2015－12－31	2014－12－31	2013－12－31
审计意见	未经审计	标准无保留意见	标准无保留意见	标准无保留意见
净利润/万元	－1127.97	－6065.29	1244.06	－87630.61
净利润增长率/%	69.0（L）	－587.5403	101.4（p）	－23885.0491
营业总收入/万元	45585.20	67124.20	77378.60	80299.81
营业总收入增长率/%	－9.2965	－13.2522	－3.6379	－3.2027
加权净资产收益率/%	－1.4900	－7.6300	1.5200	－70.0100
资产负债比率/%	22.4011	23.3539	32.5825	51.6825
净利润现金含量/%	－1658.8529	－38.8378	669.5821	10.7403
基本每股收益/元	－0.0261	－0.1400	0.0300	－2.0300
每股收益—扣除/元	—	－0.1500	—	—
每股收益—摊薄/元	－0.0261	－0.1402	0.0300	－2.0300

资料来源：根据宏达新材年报、中期报告数据整理。

2013 年，宏达新材巨额亏损 8.76 亿元，基本每股收益－2.03 元；2014 年仅盈利 1244.06 万元，基本每股收益 0.03 元；2015 年再次亏损。通过宏达新材的财务数据，可以看出该公司具有高超的盈余管理水平。

总之，了解财务报表项目所具有的不同程度的会计弹性，再结合公司会计战略的分析，有助于我们更准确地理解公司财报数据的含义，更好地把握住会计分析的重点。

（三）评估企业的会计策略

会计分析的第三个步骤是评估企业的会计策略（accounting strategy）。

1. 会计策略的含义

企业财务报告的数据和信息由两方面的因素决定：一是业务系统的运行（指业务和财务活动的效率与效果，取决于企业的运行环境和战略），二是企业的会计系统的运行（取决于会计环境和企业管理层的会计政策、会计估计和披露的策略）。

例如，有一家上市公司，2014 年的销售收入是 100 亿元，税前利润 3 亿元，应收账款期末余额 30 亿元。2015 年，由于市场需求增长乏力，竞争激烈，公司采用放松信用政策、降低价格、增加广告及促销活动等策略来促进产品和劳务的销售，2015 年的销售收入为 110 亿元（仅增加 10 亿元），应收账款期末余额为 80 亿元，当年增加了 50 亿元。

若公司采用的会计政策和会计估计同 2014 年（其中，2014 年及以前坏账准备计提的比例是：1 年以内的应收账款，坏账准备计提率为 5%；1～2 年的应收账款，坏账准备计提率为 30%；3 年以上的应收账款，坏账准备计提率为 100%），则公司的税前利润仅有 2 亿元。

但公司 2015 年变更了会计政策和会计估计，将 1 年以内的应收账款坏账准备计提率减少至 1%，加上其他因素的影响，税前利润增加为 6 亿元。

从上例可以看出，会计政策和会计估计的变更，在一定的时间范围内能够对财务报表数据产生重大影响。

从我国会计准则的发展历程来看，每一次会计准则的变革都在不同程度上增加了会计弹性。评估企业的会计策略，就是评估管理层在会计政策选择、会计估计变更以及披露（包括法定披露和自由披露）方面所采用的策略。更直白地说，评估企业的会计策略，就是评估企业管理层是如何运用会计弹性的。是用来增加会计信息含量，使财务报告更公允地反映企业的经营实质，还是用来进行盈余管理和报表粉饰。如果是后者，则要评估盈余管理的方向、规模、时间、方式是什么。

我们如何评估企业会计确认、计量以及披露方面的策略呢？

笔者认为，通过动机分析、横向比较、纵向比较以及重大会计事项的分析等，我们可以对特定企业在特定时期的会计策略做出一个初步的判断。

2. 动机分析

上市公司在盈余管理上，存在着各种各样的动机，有时会做大利润，有时却会未雨绸缪，平滑收益，以使公司显示出良好的成长性。

例如，2011 年年末，五粮液“递延所得税资产——应付职工薪酬”项目的金额为 0，2012 年年中该资产项目金额为 1.25 亿元，2012 年年末该资产项目金额上升至 4.73 亿元，至 2013 年 6 月末，增加至 5.85 亿元。有市场分析人士就认为，公司是为第二年做储备，希望以丰补歉。

公司盈余管理的一般动机有如下几种。

（1）避免被 ST 处理。根据交易所的相关规则，上市公司最近两年连续亏损（以最近两年年度报告披露的当年经审计净利润为依据），上交所或深交所有权对该公司的股票交易实行退市风险警示，即人们常说的被 ST（Special Treatment）处理。所以，对于已经亏损一年的企业，我们要特别加以关注。这些企业具有强烈的盈余管理的动机，在亏损后的第二年，往往会利用会计弹性，通过各种各样的手段来避免再次亏损；或者在第二年盈利无望的情况下干脆“洗个大澡”（take a big bath），为第三年摘帽打下基础。

（2）摘帽动机。连续两年亏损的企业具有强烈的摘帽动机。在第三年的会计政策选择或会计估计中，往往比较激进，尽可能地做大资产和利润，实现摘帽目的。

（3）再融资动机。例如，中国证监会自 1993 年起多次发布配股管制方面的行为，1993 年要求上市公司要获得配股资格必须连续两年盈利；1994 年的要求是最近三年连续盈利，平均 ROE 在 10% 以上；1996 年的要求是最近三年 ROE 每年都在 10% 以上；1999 年要求最近三年平均 ROE 在 10%，且参加计算的任何一年都不得低于 6% 等。不少上市公司为达到配股要求而进行盈余管理，当时市场存在大量的“6%”“10%”现象。

（4）保障“定增”计划顺利实施。有些企业在拿到证监会的“定增”批文后，为了保障定增计划能够顺利实施，也会进行相应的盈余管理。例如，2011 年 3 月 12 日，鲁西化工（000830）针对《上海证券报》的《鲁西化工隐瞒污染事故 120 天骗取增发》一文发布澄清公告，在公告中承认其瞒报下属第三化肥厂脱硫液泄漏事故的事实。该事件发生在鲁西化工定向增发期间，瞒报动机不言自明。

（5）税收动机。例如有些企业不将符合资本化处理条件的开发支出进行资本化处理，目的就是降低利润总额，延缓所得税的缴纳。

（6）满足股权激励计划中的行权条件。例如，华力创通（300045）2011 年 1 月公布《股票期权激励计划（草案修订稿）》，公司授予期权的主要行权条件为：2012—2014 年度经审计的净利润相比 2009 年度经审计的净利润的增长率均分别不低于 72%、107% 和 148%。该“净利润”指归属于母公司所有者的扣除非经常性损益后的净利润。

华力创通 2009 年年报显示，公司扣非后净利润为 3602. 61 万元，依此推算，若要满足行权条件，公司 2012—2014 年净利润应分别不低于 6196. 49 万元、7459. 47 万元和 8936. 95 万元。为了能够行权，公司除努力改善经营外，在盈余管理方面也多管齐下。①会计估计变更。2012 年 3 月 15 日，公司发布关于会计估计变更的公告，决定自 2012 年 4 月 1 日起将制造类生产设备的使用年限由 5 年调整为 10 年。经公司测算，此次会计估计变更预计增加公司 2012 年利润 106 万元。②提高研发支出资本化比例。2009 年华力创通年报显示的开发支出为 1250. 73 万元，2012 年中报便猛增至 6487. 94 万元，2012 年 3 季报则进一步增加至 7261. 47 万元。开发支出占当期研究开发项目支出总额的比例也由 2009 年的 30% 多提升至近 60% 。③募投项目延期。2012 年 9 月 1 日，华力创通公告 3 个募投项目全部延期，原计划 2012 年 8 月 1 日完成的新一代实时半实物仿真机及产业化项目拟延期至 2013 年 12 月 31 日；原计划 2012 年 9 月 1 日完成的北斗/GPS 兼容性卫星导航模拟器产业化项目、雷达目标回波模拟器产业化项目分别拟延期至 2012 年 12 月 31 日、2013 年 3 月 31 日。募投项目延期对利润增长有利：在建工程转固定资产延后，当期折旧费用减少；开发支出转无形资产延后，当期摊销减少。

尽管华力创通经过上述努力，但最终业绩还是未达到行权条件，根据 2012 年的公司财报，公司主营业务收入为 27983. 39 万元，较上年同期下降 7. 48% ；营业利润为 3862. 01 万元，同比下降 41. 41% ；归属于上市公司股东的净利润为 4592. 15 万元，同比下降 24. 79% ；基本每股收益也只有 0. 17 元。

3. 横向比较

我们还可以将企业的会计政策、会计估计与行业惯例、竞争对手进行比较，以识别和评估企业的会计策略。

（1）参照行业惯例（norms of industry）。比较企业主要的会计政策或估计是否与行业平均数相近。如果迥异，分析原因。例如，某家电制造和销售企业，某年的产品销售收入为 100 亿元，计提的售后保证费用约为当年销售收入的 0. 5% （0. 5 亿元），远低于行业平均的 1% 。这可能有两个原因：一个是企业加强了产品质量管理，返修品数量大大减少；另一个就是有意压低计提数虚增利润。我们应该结合其他的信息，对企业的会计策略进行评估。

（2）与行业内其他公司，特别是竞争对手比较。例如，徐工机械（000425）2012 年半年报显示，应收账款为 160.89 亿元，比期初的 97.71 亿元增长了超过 60%。其中，1 年以内的应收账款为 151 亿元，占应收账款的 90.6%，对于这部分应收账款，徐工机械没有计提任何坏账准备。

对比行业内的其他公司，中联重科（000157）对 1 年以内应收账款 174.3 亿元，按 1% 的比例计提了坏账准备 1.74 亿元；厦工股份（600815）对 1 年以内应收账款 48.8 亿元，按 1% 的比例计提了坏账准备 4887 万元；柳工（000528）对 1 年以内应收账款 14.6 亿元，按照 5% 的比例计提了 7305 万元。

通过横向比较，有助于我们对特定企业盈余管理的方向、规模等做出大致判断。

4. **纵向比较**

纵向比较主要分析企业会计政策与估计的变更。例如，某上市公司对固定资产的折旧年限、残值率的估计或对投资性房地产的后续计量模式等进行了变更，变更的理由是什么？对收益或利润的影响如何？

> 2013 年 11 月 19 日，常铝股份（002160）发布《关于公司会计估计变更的公告》，公告称，自 2013 年 10 月 1 日起，对公司原来的间接生产成本分配核算方法进行变更，由变更前的"全部由产成品承担"变更为"由在产品、半成品按约当产量折算后和产成品共同承担"。"此次会计估计变更将为公司 2013 年带来 1500 万元左右的利润，具体影响情况视第四季度实际产、销量及库存结构而定。预计会对 2013 年度利润预测数产生影响。"

常铝股份 2012 年亏损 6925.49 万元，2013 年前三季度亏损 5271.35 万元。2013 年若亏损，公司将被 ST。公司会计政策或会计估计的变更，或许是为避免被 ST 而做的努力。

> 2013 年 7 月 24 日，安源煤业（600397，已更名为 * ST 安媒）发布《关于会计估计变更的公告》，公告称，自 2013 年 4 月 1 日开始，对应收款项坏账准备计提比例进行调整。具体情况为：采用账龄分析法计提坏账准备的应收账款，账龄 1 年以内的计提比例从 4% 下调至 1%，账龄

1～2年的从8%下调至5%，账龄4～5年的从50%上调至80%。预计因应收款项坏账计提比例调整导致公司少计提坏账准备而增加归属于上市公司股东的净利润约2556万元。对部分固定资产的折旧年限在公司规定的折旧年限政策幅度范围内进行调整，同时增加房屋装修装饰类资产折旧类别。经测算，因固定资产折旧年限调整导致公司4月1日至12月31日折旧费用减少而增加归属于上市公司股东的净利润约4397万元。

通过简单的两项会计估计变更，公司当年利润就会增加近7000万元。

2013年10月29日，西部资源（600139，SH）公司董事会审议通过了《关于控股子公司会计估计变更的议案》，同意对控股子公司银茂矿业的会计估计进行变更，即对旗下的银茂矿业采矿权公允价值和原账面价值差额的摊销年限，由7.89年变更为13.91年，变更日期从2013年7月1日开始。此项会计变更使每年摊销金额减少2700多万元，但公司2013年前三季度的净利润只有1103.58万元。

对于会计估计变更的合理性，我们还应该结合其他信息进行分析判断。

在2013年8月26日安源煤业以通信方式召开的第五届董事会第十五次会议上，董事郜卓、张抵霜对《关于公司2013年半年度报告全文及摘要的议案》投反对票，理由是公司应收账款、预付账款余额偏高，财务风险较大，之前已提请管理层压缩煤炭贸易规模、严格控制风险。但半年报应收账款、预付账款期末余额比年初增加了近5亿元。公司大量资金用于基本没有效益可言而风险又极大的贸易，给公司带来极大财务风险，提醒公司管理层关注财务风险并将煤炭贸易业务规模控制在合理水平。监事龙丽飞也对上述议案投反对票，理由与前两位董事相似，即公司应收账款、预付账款余额持续增加，与现有的营业规模相比明显偏高，财务风险极大，提醒公司管理层控制煤炭贸易规模，严格控制风险。

A股上市公司的董、监事对议案投反对票的情况是不多见的。通过对公司董事、监事投反对票的理由进行分析，有助于我们正确地预判公司当期的会计策略。

5. **重大会计事项分析**

我们还可以根据企业的重大会计事项来推测管理层的会计策略。

（1）年末大量的摊销（write - off）或减值计提。按照中国证监会的规定，上市公司需要按规定披露季报、半年报，但季报、半年报中的财务报告一般不需要进行审计。而年度的财务报告则需要经过符合资格的会计师事务所进行全面审计。有些企业就通过在季报、半年报中少计提、少摊销（或多计提、多摊销）来调节利润、粉饰报表。

所以，有些企业虽然中报（季报、半年报）或业绩预告中盈利，但最终的年报却出现巨额亏损。对于有过这种行为的企业，我们必须时刻提高警惕。

山东墨龙2017年3月2日公告，公司预计2016年归属上市公司股东的净利润为亏损4.8亿~6.3亿元。公告一出，市场哗然。因为公司在2016年10月26日发布的业绩预告称，预计2016年1—12月归属于上市公司股东的净利润为600万~1200万元，同比增长102.31%~104.62%。

刚过三个月，公司就修正业绩预告，转盈利为巨额亏损。

我们看一下业绩修正的原因：受国内外经济形势影响，公司经营业绩大幅下滑，对存货、应收款项、商誉等相关资产计提了减值准备；2016年市场需求有所复苏，但仍处在低位运行，受油价波动和原材料价格波动影响，虽然产销量较2015年度增长，但是产品销售价格大幅下滑且价格波动频繁，导致公司经营业绩受到重大影响。

注意，其中一个重要原因就是对存货、应收账款、商誉计提减值准备。这从另一方面说明公司在前三季报的财报中，未及时、足额地计提相关的减值准备。

（2）变卖资产。例如，宝钛股份（600456）2016年三季报显示，2016年1—9月，公司营业收入和归属净利润分别约为15.44亿元和-1.16亿元，较2015年同期分别上涨2.55%和-29.11%。2017年1月4日，公司发布2016年度业绩预盈公告称，公司预计2016年度将实现扭亏为盈，实现归属于上市公司股东的净利润2500万~5500万元。扭亏为盈的主要原因是“处置了与公司主营业务无关的三处房地产，增加了公司利润”及“公司第四季度产品销售中新品比例大幅提升，产品结构改善，使主营业务利润增加”。

2013 年，曾两年连续成为 A 股亏损王的中国远洋也是通过变卖资产扭亏摘帽的。

（3）向渠道铺货，提前确认收入。例如，公司将一些本应在下一年度签约的销售大单提前到本年年末签订，即通过规划交易结构或将签约时间提前的方式达到盈余管理的目的。

6. 会计披露策略的评估

以上所举的例子只是表内确认的部分，表外披露的信息对报表使用者（特别是投资者、信用或资金提供者）也是极其重要的。我国的会计准则和会计制度，以及中国证监会制定的相关信息披露规定，只是最低的信息披露要求（minimum disclosure requirement）。企业的管理者在补充披露、自由披露方面具有很大的选择空间。我们可以通过以下方面来评估上市公司的披露策略。

（1）企业是否在行业发展、公司面临的风险以及公司战略方面进行了适当披露（adequate disclosures）。例如，万科的信息披露就做得比较好。在年报“致股东的信”“管理层的分析与讨论（MD&A）”中，会详细分析房地产行业的发展状况、公司面临的风险以及相应的对策。并且，对于公司每个季度新增的土地都会做出定期或不定期的报告。而很多上市公司或是只满足最低披露要求，或是在自愿披露方面“报喜不报忧”。

（2）在报表附注中是否充分解释了公司主要的会计政策、会计附注及其异于行业的原因。例如，盾安环境（002011）于 2011 年 11 月将光伏科技的多晶硅业务机器设备折旧年限从按 10 年预计调整到按 20 年预计。其理由是：鉴于多晶硅产业建设投入大、收益期长的特点，通过调查研究，并与同行业其他上市公司对比分析，上述机器设备折旧年限应按 20 年预计，如此能够更准确地反映公司整体的固定资产折旧情况，提供更可靠、更准确的会计信息。而根据行业内其他企业 2012 年中报，海润光伏（600401，已更名为*ST 海润）、向日葵（300111）的机器设备折旧年限皆为 10 年，横店东磁（002056）的机器设备折旧年限为 7～10 年。由于盾安环境会计估计与行业惯例存在明显差异，我们在分析其会计策略时应加以特别关注。

（3）企业是否在管理层的分析与讨论（MD&A）中详细分析了公司当前

（本期）的业绩状况。如果有变化，变化的原因是什么。这些信息有助于分析师了解公司业绩变动的原因，并预测公司业绩的发展趋势。

例如，公司本期的毛利率较上年同期有大幅下降，是产品市场竞争激烈所致，还是原材料价格或生产成本上涨的原因？企业的销售与管理费用大幅上升，是采用“差异战略”的原因，还是公司实行股权激励所致？

再如，企业为了提高核心的竞争力，加强了产品或服务质量方面的改进，而按照会计准则相关规定，企业在质量改进和售后服务方面的支出一般不能进行资本化处理，但是，这种支出却是一种资本性的支出，必定会给企业带来未来的经济利益。那么，企业在其附注中是否进行了适当披露？这种支出是如何管理的？这些支出的效果如何（如废品损失率的下降程度、产品质量提高的比例、客户满意度等）？

（4）分部报告。对于国内的上市公司，一般都涉及多个行业的业务。如雅戈尔原先是专门从事服务制造和销售的企业，后相继进入地产和金融行业，分别成立了相应的子公司。在企业的年报报告中是否按照行业或区域分部的业绩进行了适当、充分的披露。

综上，通过动机分析、横向比较、纵向比较以及重大会计事项的分析等，我们可以对特定企业在特定时期的会计策略做出一个大致的判断，为后续的会计分析（确认具体的报表项目扭曲，纠正扭曲、重现财务数据等）明确方向和重点。

（四）确认财务报告中的扭曲

会计分析的第四个步骤是确认财报中可能存在的扭曲。

通过对企业会计策略的分析与评估，我们可以在一定程度上大致判断出企业是否有盈余管理（报表粉饰，甚至造假）行为，以及盈余管理的方向、时间和方式方法。那么，如何确认公司在哪些财务报表项目上做了盈余管理？金额（扭曲程度）有多大？

识别、评估并确认财务报表的扭曲可以从三方面入手：①关注公司发布的定期或不定期公告，特别是会计政策和会计估计变更公告、关联交易公告等；②关注会计师发布的审计报告、向交易所做的审计报告说明等；③通过其他渠道收集公司相关信息进行深入分析。

只有确认报表具体项目的扭曲后，我们才能进行会计分析的下一步：确定是否需要调整（纠正扭曲）以及如何调整。

1. 关注公司相关公告

（1）会计政策和会计估计变更公告。按照会计准则规定，企业应该遵循“一贯性”原则，会计政策选定后不得随意变更。

不得“随意”变更，不是不能变更。在下列两种情形下，企业可以变更会计政策：第一，法律、行政法规或者国家统一的会计制度等要求变更。第二，会计政策变更能够提供更可靠、更相关的会计信息。

会计准则制定的目的是规范企业的会计确认、计量和报告行为，保证和提高会计信息质量。企业如果为了更公允地反映经营实质，给报表使用者提供更相关的信息，是可以变更其会计政策和会计估计的，但应在会计附注中披露变更的理由及其累积的后果。

对会计政策变更，准则明确规定，在当期期初确定会计政策变更对以前各期累计影响数不切实可行的，会计政策才采用未来适用法。对于那些变更了会计政策，但未进行追溯调整的上市公司，我们要特别加以关注其涉及的项目是哪些，金额是多少。

2010 年财政部在对 627 家上市公司的年报进行分析时发现，有 83 家上市公司 2009 年年报变更了会计政策，占到总数的 13.24%。在这 83 家变更了会计政策的上市公司中，有 6 家上市公司对会计政策变更的会计处理没有采用追溯调整法。

对会计估计变更，准则规定会计处理采用未来适用法，即在会计估计变更当期及以后期间，采用新的会计估计，不改变以前期间的会计估计，也不调整以前期间的报告结果。

用会计估计来扭亏摘帽、调节利润（粉饰报表）的例子俯拾即是。明星电缆（603333，已更名为尚纬股份）2015 年的三季报显示，公司实现营业收入 4.66 亿元，同比增长 12.6%；归属于上市公司的净利润 1296.40 万元，而去年同期为亏损 3743.42 万元；扣除非经常性损益的净利润为 967.84 万元，去年同期亏损 3927.97 万元；基本每股收益 0.025 元。公司表示，扭亏为盈的主要原因是：前三季度营业收入增加，销售毛利总额增加，费用减少，以及加大应收账款回款力度和会计估计变更的影响，同比资产减值损失大幅减少。

值得注意的是，公司自 2015 年 9 月 1 日开始，对应收款项坏帐准备计提组合做出调整，新增信用特征风险组合质量保证金组合，即变更会计估计一项增加公司 2015 年第三季度合并净利润约 1779 万元。

如果分析者认为明星电缆的此项会计估计变更过于激进，那就在利润表的“资产减值损失”项目和资产负债表的“应收账款”项目上先打一个问号。

（2）关注公司的关联交易公告。上市公司与控股股东、关联方利用关联交易调节利润、粉饰报表的手段多种多样。

例如，上市公司和母公司或关联方往往有大额的资金往来，通过向母公司或关联公司多收或少收资金占用费来调节利润。

再如，很多国企上市，都是“靓女先嫁”。集团公司将优质资源整合后上市，上市后公司与集团公司之间存在着关联业务，如采购、销售、资产租赁、投资等，上市公司可以通过合同安排（调低或调高租金价格，多收、少收或不收资产或资金占用费用，承担、少承担或不承担上市公司的广告费用、研发费用及其他管理费用等）来调节年度间的利润。

此外，还有将不良资产或优质资产转让、出售给关联公司或母公司，转移“亏损包袱”或进行“利益输送”，托管经营、合作投资等。

通过分析苏宁 2013—2016 年的财务指标可以发现，苏宁 2014 年、2015 年都是盈利的，每股收益 0.12 元；但扣除后（扣除非经常性损益后）的净利润却是负的，扣除后的每股收益分别是 -0.17 元和 -0.20 元。如表 3-6 所示。

表 3-6　　2013—2015 年度和 2016 年第三季度苏宁财务指标

财务指标＼时间	2016-09-30	2015-12-31	2014-12-31	2013-12-31
审计意见	未经审计	标准无保留意见	标准无保留意见	标准无保留意见
净利润/万元	-30362.70	87250.40	86691.50	37177.00
净利润增长率/%	-672.4167	0.6447	133.1858	-86.1079

续　表

时间 财务指标	2016 - 09 - 30	2015 - 12 - 31	2014 - 12 - 31	2013 - 12 - 31
营业总收入/万元	10386294.10	13554763.30	10892529.60	10529222.90
营业总收入增长率/%	11.0008	24.4409	3.4505	7.0509
加权净资产收益率/%	-0.7100	2.8700	3.0100	1.3100
资产负债比率/%	50.7899	63.7527	64.0644	65.4577
净利润现金含量/%	291.1872	198.6626	-159.3488	602.1153
基本每股收益/元	-0.0400	0.1200	0.1200	0.0500
每股收益—扣除/元	—	-0.2000	-0.1700	0.0400
每股收益—摊薄/元	-0.0326	0.1182	0.117	0.0500

资源来源：根据苏宁易购年报、中期报告数据整理。

2015 年报显示，报告期内，公司收购的 PPTV 在版权内容和智能硬件等方面持续增加投入，造成阶段性亏损，PPTV 整体对公司归属于母公司股东的净利润影响为 -7.90 亿元。2015 年 12 月，公司将持有的 PPTV 68.08% 的股权全部转让于苏宁文化投资管理有限公司的境外子公司，并收到全部转让价款 39841.02 万美元，以实际交割日 2015 年 12 月 30 日测算，该交易增加公司净利润 13.55 亿元。

即使这样做，苏宁 2015 年的净利润仍不到 8.73 亿元。

2. 关注公司审计报告

从大的方面来讲，审计报告的意见类型分为两类：一是标准的无保留意见，二是非标准的无保留意见。后者又包括强调事项段或其他事项段的无保留意见，保留意见审计报告，否定意见审计报告，无法表示意见审计报告等。

对于标准无保留意见审计报告、否定意见审计报告以及无法表示意见审计报告，我们从会计师那里发现不了更多的信息，需要自己收集信息，进行横向、纵向、重大事项等分析，来确认公司的财报是否存在扭曲或噪音。

对于非标准的无保留意见中的强调事项段和其他事项段以及保留意见审计报告中的保留意见，我们要特别关注。

2016年4月28日，天健会计师事务所对*ST宇顺（002289，已更名为宇顺电子）发表了非标准的无保留意见审计报告。保留意见事项有：①宇顺公司子公司深圳市雅视科技有限公司（以下简称雅视公司）2015年来自部分客户的销售收入为532535106.72元、毛利为106113201.02元，其中第四季度销售收入为427829117.77元、毛利为96449894.64元；截至2015年12月31日，上述客户对应的应收账款账面原值为468803460.14元，截至本报告日，已超过合同约定还款日期的应收账款金额为194682350.09元。上述应收账款收回存在不确定性。②雅视公司子公司万盈（香港）科技有限公司2015年发生总金额为USD353653707.62元的代收代付业务，无法核实该交易的商业合理性。

根据会计师指明的线索，我们可以先对公司这部分的销售收入、应收账款等打上问号，再通过收集其他的信息等进行更深入的分析，以做出自己的判断。

登云股份（002715）主要从事汽车发动机进排气门的研发、生产与销售业务。信永中和会计师事务所对公司2015年度财务报告出具保留意见审计报告，并在2016年向深交所做了专项说明。

（1）审计报告中导致保留意见的事项段的内容。怀集登云汽配公司确认的三包索赔费用及计提因存在争议的三包索赔费用导致难以收回的应收账款坏账准备，无法获取充分、适当的审计证据确认三包索赔费用的归属期间、完整性及应收账款计提的坏账准备是否充分及适当。

（2）出具保留意见审计报告的依据和理由。根据《中国注册会计师审计准则第1502号——在审计报告中发表非无保留意见》第八条的规定，“当存在下列情形之一时，注册会计师应当发表保留意见：注册会计师无法获取充分、适当的审计证据以作为形成审计意见的基础，但是认为未发现的错报对财务报表可能产生的影响重大，但不具有广泛性”。由于无法获取对怀集登云汽配公司确认的三包索赔费用及计提因存在争议的三包索赔费用导致难以收回的应收账款坏账准备认定所需的充分、适当的审计证据，故对怀集登云汽配公司2015年度财务报表出具了保留意见的审计报告。

（3）保留事项对报告期公司财务状况和经营成果的影响。由于目前无法获取对怀集登云汽配公司确认的三包索赔费用（2015 年 5800986.87 元，2014 年 1760835.14 元）及计提因存在争议的三包索赔费用导致难以收回的应收账款坏账准备（2015 年计提 14821636.17 元）认定所需的充分、适当的审计证据，上述保留事项对怀集登云汽配公司 2015 年度财务状况和经营成果的影响金额为 -20622623.04 元；同时，我们认为上述事项对怀集登云汽配公司 2015 年度财务状况和经营成果的影响并不具有广泛性[①]。

（4）保留意见涉及的事项是否明显违反企业会计准则及相关信息披露规范的规定。由于无法获取对怀集登云汽配公司确认的三包索赔费用及计提因存在争议的三包索赔费用导致难以收回的应收账款坏账准备认定所需的充分、适当的审计证据，故没有发现上述保留意见涉及事项的会计处理存在明显违反企业会计准则及相关信息披露规范的规定。

由于会计弹性较大，分析师要特别关注企业售后保证费用的计提是否及时、充分适当。具体的分析方法在会计策略分析中已有讨论（如横向、纵向比较等），此处不再赘述。

3. **通过其他渠道收集信息进行分析**

作为报表使用者，我们还可以通过研读券商分析报告、新闻报道、交易所的关注函（问询函、监管函）和公司的回复公告等，结合财务报表的分析来识别和评估上市公司财报中的扭曲。当企业出现以下情况时，我们要特别加以关注。

（1）应收账款增幅远高于收入增幅。

克明面业（002661）2013 年的半年报显示，1—6 月实现营业收入 5.62 亿元，同比增长 18.67%；实现净利润 4156.91 万元，同比增长 9.17%。但公司的应收账款为 9754.33 万元，与年初的 5215.82 万元相比，增幅高达 87.01%；与去年同期的 5538 万元相比，增幅也达 76%。

公司解释是随着公司销售收入的迅速增加，考虑到长沙项目即将完

① 若具有广泛性，则会计师事务所需要对该公司的财报发表其他类型的审计意见。

工投产，为抢占市场份额以及拓展薄弱地区市场，公司加大了对客户的扶持力度，适当放宽了信用政策。

中联电气（002323，已更名为*ST 百特）2013 年半年报显示，上半年末应收账款达 3.28 亿元，较年初增加了 0.89 亿元，占公司当期营业收入的 60.96%。从中报可以看出，应收账款增长的主要原因是当年 3 月完成对华兴变压器的收购，华兴变压器纳入公司合并报表所致。但是，中联电气 2013 年上半年营业收入 1.46 亿元，较上年同期仅增加 600 万元，同比增幅为 4.2%。中联电气合并华兴变压器后营业收入微增，而应收账款大增，说明要么华兴变压器 2013 年上半年几乎没有营业收入；要么中联电气 2013 年上半年除该子公司之外的营业收入大降。而审计报告显示，华兴变压器 2012 年年末的营业收入为 1.34 亿元。

根据公司半年报，我们还可以看出，该公司今年上半年净利润为 0.23 亿元，同比几乎无增长；同时，现金流量表显示，公司 2013 年 1—6 月底经营活动产生的现金流量净额为 -0.08 亿元，净利润的质量也值得关注。

企业放松信用政策，一方面可以促进销售收入的增长，另一方面给企业的现金流带来压力。当企业的应收账款激增，而收入未相应增长时或增幅较小时，我们需要对公司的收入（利润）质量打上问号：公司是否通过向渠道铺货的方式来增加当期收入？若如此，则下期的收入增长必定受到压制。我们还需要对公司资产负债表上的应收账款打上问号：公司是否及时、足额地计提了坏账准备？

（2）存货巨幅增长（或占收入高）而跌价准备计提比例激进。

方大炭素（600516）是炭素制品生产供应基地，主导产品有石墨电极、炭砖、炭糊、特种石墨制品、生物炭制品、炭毡和炭/炭复合材料等炭素新材料产品。方大炭素 2012 年财报显示，存货账面余额 18.58 亿元，其中原材料 3.5 亿元、在产品 2.88 亿元、产成品 3.39 亿元、自制半成品 7.59 亿元。不过公司对巨额的原材料、在产品、自制半成品均未计提任何跌价准备，明显较同行（中钢吉炭、沃尔核材等）激进。中钢吉炭 2012 年存货账面余额 12.74 亿元，原材料、在产品、库存商品分别为 2.24 亿元、8.39 亿元、2.11 亿元，计提的存货跌价准备分别为 516.02

万元、294.43 万元、384.98 万元。沃尔核材 2012 年存货账面余额 2.17 亿元，原材料、在产品、产成品、半成品分别为 6785.1 万元、983.98 万元、4962.74 万元、8662.2 万元，计提的存货跌价准备分别为 200.17 万元、0、286.55 万元、69.96 万元。

结合其他信息看，联讯证券曾在其发布的报告中指出，受到国内外经济疲软和固定资产投资增速下滑的影响，2012 年钢铁行业、炼焦行业出现明显的去库存、去产能现象，铁矿石价格以及炭素制品的销量和价格同比均大幅下滑。方大炭素毛利率下滑在某种程度上佐证了这一点。公司 2012 年毛利率为 32.74%，较 2011 年下滑 5.56 个百分点，公司炭素制品产量也从 2011 年的 18.5 万吨下降至 16.6 万吨。

六国化工（600470）2012 年财报显示，公司 2012 年实现存货 13.10 亿元，相比去年同期的 11.34 亿元增长了 15.52%，但存货跌价准备的计提金额只有 1070.38 万元，计提比例只有 0.8% 左右。而同行业的上市公司宏达股份，2012 年存货金额 15.45 亿元，跌价准备计提 1.59 亿元，计提比例 10.29%；鲁北化工存货金额 2.06 亿元，跌价准备计提了 975.74 万元，计提比例也有 4.74%。

即使按 4% 比例计提存货跌价准备，则六国化工存货跌价准备的计提额也应达到 5000 多万元，会减少税前利润 4000 万元左右。

六国化工这几年的财报也挺有意思，赚一年亏一年，就是不被 ST。六国化工 2013—2016 年的财务指标如表 3 - 7 所示。

表 3 - 7　　2013—2015 年度和 2016 年第三季度六国化工财务指标

财务指标 \ 时间	2016 - 09 - 30	2015 - 12 - 31	2014 - 12 - 31	2013 - 12 - 31
审计意见	未经审计	标准无保留意见	标准无保留意见	标准无保留意见
净利润/万元	- 6210.69	14879.32	- 20642.05	1418.98
净利润增长率/%	- 143.6352	172.1（p）	- 1554.7077	- 80.1474

续 表

时间 财务指标	2016－09－30	2015－12－31	2014－12－31	2013－12－31
营业总收入/万元	304492.10	557699.82	527174.80	571494.83
营业总收入增长率/%	－36.9046	5.7903	－7.7551	－3.8447
加权净资产收益率/%	－2.9300	6.9500	－9.6600	0.6200
资产负债比率/%	68.0373	65.0217	67.0872	62.0400

资料来源：根据六国化工年报、中期报告数据整理。

对于企业主要的会计估计，无论其是否有变更，我们都需要加以特别关注。

对于存货项目来说，若企业产品的市场需求旺盛，则存货金额的快速上升是正常的；若市场需求疲软、企业收入增长乏力，而期末存货金额巨大，则我们就要质疑其跌价准备的计提是否及时和充足。

（3）利润与现金流量有重大背离。企业在初创、起飞（快速发展）阶段，利润和现金流量一般是有重大背离的。但企业在成熟阶段（稳定增长）阶段，若利润与经营性现金流量有重大背离，就有异常，需要打上一个问号。

*ST烯碳（000511，已于2018年7月18日退出A股市场）2016年半年报显示，公司实现营业收入2.41亿元，同比下降5.33%；实现归属于上市公司股东的净利润－0.54亿元，同比下降577.17%；经营活动产业的现金流量净额更是为－5.91亿元，同比下降222.94%。*ST烯碳的解释是，“主要系报告期公司购买商品、接受劳务支付的现金增加及对外短期拆借资金所致”。

2016年9月7日，深交所在向*ST烯碳下发的半年报问询函中，要求*ST烯碳结合自身的经营特点，说明营业收入和经营活动现金流产生重大背离的原因，披露收入确认的时点和依据，是否符合企业会计准则的规定，并结合同行业公司应收账款周转率的情况，说明公司应收账款的平均账龄和周转率的合理性，以及对外短期拆借资金是否履行过相应的信披义务和审议程序等。

*ST烯碳的半年报还显示，奥宇集团和奥宇深加工2014—2015年均

未完成资产置换时的承诺业绩，且奥宇实际控制人未对2014年未能实现业绩履行承诺向上市公司进行补偿（根据承诺，奥宇深加工和奥宇集团2014年、2015年两个年度合计应向鸡东烯碳优先分配税后利润共计6120万元）。为此，深交所要求*ST烯碳就上述业绩承诺履行进展、会计处理，以及*ST烯碳拟采取措施进行详细说明。同时，*ST烯碳还需要说明上述长期股权投资的减值准备计提情况以及依据。

随着交易所的监管水平越来越高，我们在对上市公司进行会计分析时，尤其需要注意交易所发出的各种函，如关注函、问询函、监管函等。

（4）所得税费用、递延所得税资产、长期待摊费用项目有重大变化。

光明乳业（600597）2014年4月1日发布的2013年年度报告，由于报表项目中所得税费用率同比大幅上升，且显著高于法定税率，引发市场高度关注。如表3－8所示。

表3－8 2012—2013年光明乳业相关财务数据

财务指标 \ 年份	2012	2013	增长率/%
利润总额/亿元	4.19	7.08	69
所得税费用/亿元	0.84	2.34	179
净利润/亿元	3.35	4.75	42
所得税费用率/%	20	33	65

资料来源：根据光明乳业年报数据整理。

根据公司的财务报表附注，导致当期所得税费用率较上年大幅上升的影响因素主要有两个：①当期“未确认可抵扣亏损和可抵扣暂时性差异的纳税影响”由上年的7699万元增加至11545万元，较上年增加了3846万元；②“本年退回上年所得税”项目由2012年的4639万元减少至622万元，当年收到的退税金额较上年减少了4017万元。此外，免税收入的纳税影响额也较上年减少了728万元。

光明乳业会计报表附注显示，2013年年末公司未确认递延所得税资产合计金额高达13.6亿元，其中，可抵扣亏损金额9.99亿元。光明乳业在报表附注中表示，“由于未来能否获得足够的应纳税所得额具有不确定性，因此对上述可抵扣暂时性差异和可抵扣亏损没有确认递延所得税资产”。

当企业的所得税税率远高于法定税率时，我们可以打上一个问号：企业是否通过所得税费用项目在年度间调节利润？

我们还需要关注递延所得税资产项目。

五粮液（000858）2013 年中报显示，其递延所得税资产－应付职工薪酬项达到 5.85 亿元。而在 2011 年年末，五粮液“递延所得税资产－应付职工薪酬”项为 0；2012 年年中，该项目金额为 1.25 亿元；至 2012 年年末，该项目金额上升至 4.73 亿元；至 2013 年 6 月末，该项目金额升至 5.85 亿元。

有分析称，公司通过该资产项储备利润达到 23.4 亿元，或为公司对行业预期发生变化而调节利润。基本原理是：当公司提前计提或提前支付职工薪酬时，在公司会计处理上已经确认为成本，减少了当期利润，理应少交所得税，但税法不承认该部分预先计提的成本，认为所得税仍应按计提该部分职工薪酬前的税前利润征收。因此，该部分按会计准则应交纳的所得税与税法规定实际缴纳的所得税之间形成的临时性差异，成为公司递延所得税资产－应付职工薪酬。公司未来实际支付该部分薪酬时，可以不再提前计提或减少计提新的费用，即可减少企业当期成本或费用，实现释放利润的目的。

长期待摊费用项目也值得关注。

永辉超市（601933）财报显示，公司门店装修费金额较大，且近两年来增加较快。公司披露的 2011 年年报显示，装修费期初额 6.47 亿元，本期增加额 5.24 亿元，本期摊销额 1.35 亿元，期末额 10.36 亿元。2012 年上半年，公司装修费进一步攀升，期初额 10.36 亿元，本期增加额 2.8 亿元，本期摊销额 0.89 亿元，期末余额 12.28 亿元。

永辉超市的会计政策规定，新开门店装修及改造支出在预计最长受益期 10 年和剩余租赁期孰短的期限内按直线法进行摊销；已开业门店二次（或二次以上）装修及改良支出在预计最长受益期 5 年和剩余租赁期孰短的期限内按直线法进行摊销。

市场上有分析师认为，永辉超市对于新店装修费用以最长的期限10年进行摊销，过于激进。依据申银万国三级行业，查阅同行业可比上市公司的长期待摊费用会计政策，红旗连锁、人人乐均对门店装修支出摊销年限做出了具体的规定。其中，人人乐门店所有类型的装修费用均按照5年摊销；红旗连锁新开大卖场装修支出在预计受益期5年内进行摊销，已开业卖场的二次（或二次以上）装修及改良支出在预计受益期2年内进行摊销。

与上面两家上市公司相比，永辉超市新开门店装修支出摊销年限明显过长。

（5）企业预期之外的第四季度调整。

> *ST中富（000659，已更名为珠海中富）在年报披露期的最后一天，随年报抛出了一份包含七大类合计8.8亿元的大额计提，受到业内人士的广泛质疑。结合该公司近年来的财务状况，有投资者直指其存在“洗大澡”嫌疑。
>
> 据*ST中富年报披露，2013年公司实现营业收入27.96亿元，亏损11.10亿元，其中8.45亿元为固定资产及其他长期资产的资产减值所致。回查公司的资产减值公告，*ST中富本轮计提涉及应收款项、存货、固定资产、在建工程、长期待摊费用、商誉七大类科目。

“不计提也要亏两三个亿，所以这是要把现在能亏的都亏掉，这样2014年财务上就没有什么包袱了。短期看，这的确有误导投资者之嫌。”一位投资者如此表示。

分类来看，在*ST中富的七大类资产减值准备计提中，最大的一笔计提发生于固定资产减值准备，该笔计提金额超过8亿元。据公告，公司对固定资产及其他长期资产（包括在建工程、无形资产和长期待摊费用等）的可使用状态进行了全面评估。对于因产品结构调整和客户需求变化等因素导致无法继续使用的，公司在评估其预计可收回金额后，先对该部分固定资产及其他长期资产计提减值准备。此外，公司根据《企业会计准则8号》中的相关规定，按照资产组对剩余存在减值迹象的固定资产进一步进行了减值测试。

（6）商誉确认与减值计提。据统计，截至2016年三季度末，A股上市公司累计商誉为9260.10亿元，而同期营业利润仅为27657.39亿元，占比高达33.48%。很多A股上市公司（特别是创业板公司）的业绩主要靠并购，与此同时，在合并报表上就形成了大额的商誉，而商誉减值的计提往往成为这些企业在年度间调节利润的重要工具。

海立美达（002537，已更名为海联金汇）2015年年报显示，实现营业收入20.65亿元，同比下降17.6%，销售量同比增长19.49%，销售费用同比增长9.42%，但归属于上市公司股东的净利润为0.73亿元，同比增长143.1%。公司年报还显示，公司子公司日照兴业汽车配件有限公司和日照兴发汽车零部件制造有限公司净利润分别为－1359万元和17万元，报告期末，上述公司商誉原值分别为1.02亿元和3100万元，公司未计提相应的减值。这两家公司从2014年开始业绩迅速下滑。深交所也于2016年4月向公司下发了《关于对青岛海立美达股份有限公司的年报问询函》，要求公司结合子公司所属行业情况说明上述公司亏损或微利的原因，并说明相关商誉减值准备是否计提充分。

如果仔细研读深交所的问询函、公司回复公告，以及其他的分析报告或相关信息后，仍认为公司商誉减值准备的计提不够充分，则可以在公司利润表的“资产减值损失”项目上打上问号。

通过上述初步的比较和分析，我们可以对目标上市公司的资产负债表、利润表中特定项目的金额打上问号，但该项目的金额是否是扭曲的，扭曲程度有多大，我们还需要进一步深入分析，才能正确地评估和确认。例如，某上市公司2015年的售后保证费用计提比例明显低于同行，我们可以先在管理费用项目上打上问号，但不能就此确认该公司在此项目上进行了盈余管理（虚增了利润）。如果2014年、2015年是该公司的“质量控制年”，公司通过大量投入（产品制造、检测设备更新、管理制度和流程优化等）使得产品质量和服务质量大幅提升，也明显高于同行。在这种情况下，企业的售后保证费用的计提比例低于同行是有一定道理的。

（五）纠正会计扭曲[①]

会计分析的最后一个步骤是纠正会计扭曲，重现财务数据。

① 本部分内容根据2017年2月24日发表于公众号“新知财务观察”中的文章修改而成。

1. 扭曲纠正与财报质量

如前所述，不管是国内还是国外，大部分企业的管理者是经常进行盈余管理的。也就是说，企业的财务报告或多或少存在扭曲或噪音，这也正是财务报告分析的价值所在。企业提供的财务报告质量越低、扭曲程度越大，分析的价值也就越高。

经过前面几个分析环节，分析师已经确认企业财务报表项目的扭曲金额及其方向，最后一步需要做的就是对财务报表进行调整，重现财务报表数据。当然，分析师不可能完全揭示企业盈余管理或会计造假形成的扭曲（差错、噪音、水分），只是尽可能地进行调整。分析师发现的扭曲越多，调整越多，企业财务报告质量也就提升越多。

本节只讨论重要的报表扭曲（会计差错）的纠正（调整或更正），但不对“重要性”（materiality）问题进行讨论。

2. 当期财报数据扭曲的纠正

当分析师发现会计处理不当的事项发生的当期，则仅需对当期的财报项目进行调整，不涉及以前年度。

例如，2017 年 2 月，我们通过对 A 上市公司 2016 年的财务报表进行会计分析时发现，公司提前确认收入约 5000 万元（不考虑增值税），产品毛利率约为 20%，公司所得税率为 10%。

我们需要在报表中做以下调整：①减收入 5000 万元，减应收账款 5000 万元；②减产品销售成本 4000 万元，增存货 4000 万元；③减所得税费用 100 万元，增递延所得税资产 100 万元。

该笔调整对净利润和所有者权益的影响为 -900 万元。[①]

3. 涉及前期财报数据扭曲的纠正

当分析师发现报表扭曲事项是前期事项（前期差错），或者扭曲既涉及当期又涉及前期，则应当在发现扭曲的当期的财务报表中，调整前期比较数据。

若前期调整影响损益，则应相应地调整发现当期的期初留存收益，财务报表其他相关项目的期初数据一并调整。若前期调整不影响损益，则仅调整

---

① 虽然在所有者权益项下，有实收资本（或股本）、资本公积、其他综合收益、盈余公积、未分配利润等子项目，为简化处理，我们直接在留存收益（retained earning）项目（包括盈余公积和未分配利润）上做调整。

财务报表相关项目的期初数。

例如，分析师2016年8月对B上市公司上半年的财务报表进行会计分析时发现，公司2015年1月1日起变更固定资产的折旧年限和残值估计的理由并不充分，与行业内其他企业相比，会计估计也相对激进。2016年上半年少计提折旧费用5000万元，2015年全年少计提折旧9000万元。假设公司2015年、2016年的所得税税率均为25%。

我们需要在报表中做以下调整。

（1）2016年年初数：①减固定资产（折旧少提）9000万元；②增递延所得税资产2250万元；③减留存收益6750万元。

（2）2016年6月30日：①减固定资产（折旧少提）5000万元，增管理费用（补提折旧应在存货、产品销售成本、管理费用等之间分摊，此处简化处理）5000万元；②增所得税费用1250万元，增递延所得税资产1250万元；③减利润3750万元，减留存收益（盈余公积＋未分配利润）3750万元。

三、会计分析的局限性

作为企业外部的分析师，我们不能像受聘的会计师、内部审计那样去进行函证、实地盘点、现场调研等，所以，如果企业的造假手段高明的话，我们是很难或不能识别财务报告的扭曲或造假的。

万福生科（300268，已更名为佳沃股份）2011年9月27日挂牌创业板，公司主要从事稻米精深加工系列产品的研发、生产和销售，即以稻谷（碎米）为主要原料，通过物理、化学和生物技术生产大米、淀粉糖、大米蛋白粉等系列产品，号称“稻米精深加工第一股”。

2012年8月，湖南证监局对其进行例行现场检查时发现，公司存在多套账本：税务账、银行账及一套公司管理层查阅的实际收支的业务往来账，存在会计造假嫌疑。证监会随即对其进行全面调查。

2013年4月3日，证监会现场调查工作基本结束。调查有如下发现。

（1）为了虚构销售收入，万福生科伪造了相关采购和销售合同，虚构了300多个个人账户。公司先用自有资金以采购名义打入这些虚构的个人账户，再以销售名义将款从个人账户转入公司账户，形成采购—付款、销售—收款循环。

（2）通过虚增在建工程和预付账款来虚增资产。从公司账户以预付工程设备款名义将资金打入个人账户：一部分预付工程设备款用来抵付因虚增收入、由个人账户转入公司的款项；另一部分预付工程设备款则形成在建工程。从表面上看，公司的交易或事项有实实在在的资金在循环。

（3）还有一些其他的造假手段，如私刻客户假公章，编制虚假银行单据、假出库单等。

即使是受聘会计师或内部审计师，若不能尽心尽职地实地、实物观察、抽查等，也难以发现造假事实。作为外部的分析师就更难看出端倪了。

欣泰电气（300372）2014 年 1 月 27 日登陆创业板。公司主要从事节能型输变电设备及无功补偿装置等电网性能优化设备的制造和销售业务。2016 年 6 月，证监会查实欣泰电气造假上市。

根据证监会调查，为实现发行上市目的，解决欣泰电气应收账款余额过大问题，欣泰电气总会计师刘明胜向公司董事长、实际控制人温德乙建议在会计期末以外部借款减少应收账款，并于下期初再还款冲回。两人商议后，温德乙同意并与刘明胜确定主要以银行汇票背书转让形式进行冲减。

2011 年 12 月至 2013 年 6 月，欣泰电气通过外部借款，使用自有资金或伪造银行单据的方式，在年末、半年末等会计期末冲减应收款项，大部分在下一会计期初冲回，致使其在向中国证监会报送的 IPO 申请文件中相关财务数据存在虚假记载。

2013 年 12 月至 2014 年 12 月，欣泰电气在上市后继续通过外部借款或者伪造银行单据的方式，在年末、半年末等会计期末冲减应收款项，大部分在下一会计期初冲回，导致其披露的相关年度和半年度报告财务数据存在虚假记载。以 2014 年年报为例，其虚构收回应收账款 7262 万元，虚构收回其他应收款 7478 万元，少计提坏账准备 363 万元，虚减经营活动产生的现金流净额 1.3 亿元。

> 此外，根据调查，欣泰电气实际控制人温德乙以员工名义从公司借款供其个人使用，截至2014年年底，占用欣泰电气6388万元。欣泰电气在《2014年年度报告》中未披露该关联交易事项，导致《2014年年度报告》存在重大遗漏。

这样的会计造假，外部分析师难以或不能识别，更不要说去证实了。

所以，要真正提高上市公司的信息披露质量，管理部门必须两手都要硬：一方面要严刑峻法，提高监管能力和水平；另一方面必须加强财会人员、管理者的职业道德教育，加强企业的内部控制建设，让财务报告的编报者不敢、不能、不想进行会计造假。

第四章

财务分析

工欲善其事，必先利其器。

一、财务分析：定义与工具

（一）财务分析的定义

关于“财务分析”这一概念，虽然人们耳熟能详，但不同的人有不同的定义和理解。

有人认为，财务分析与会计分析的含义相同，都是用财务数据进行的分析。

有人未对财务分析作出定义，但对如何应用财务分析技术、如何做好财务分析工作（或者说财务分析所包括的内容）进行了论述。如 Erich A. Helfert 在其所著的《财务分析技术——价值创造指南》（*Techniques of Financial Analysis: A Guide to Vale Creation*）一书中指出，财务分析技术可用于管理营运资金、进行业绩评估、预测资金需求、进行投融资决策分析等诸多方面。而营运资金（资本）管理、资金需求预测、投融资决策正是财务管理（或称公司理财、公司财务、公司金融、企业财务等）课程所讲的主要内容。

有人认为，财务部门写的相关分析报告都是财务分析报告，例如投资分析、融资分析、信用分析、预算执行情况的分析等。

还有人认为，财务分析就是对企业的绩效以及绩效的可持续性进行的评估。如 Krishna G. Palepu 等人在《企业分析与估值》（*Business Analysis and Valuation*）一书中指出，财务分析的目的，就是结合企业的目标和战略，评估企业过去与现在的绩效（evaluate the current and past performance），以及企业绩效的可持续性（assess its sustainability）。

我们对财务分析的定义是，财务分析指分析师根据企业财务报告及其他渠道提供的数据和信息，运用各种分析工具，如比率分析、经济增加值（EVA）、自由现金流（FCF）、平衡计分卡（BSC）等，对企业的绩效（对应的英文是 performance，中文常译作绩效或业绩）以及绩效的可持续性进行的分析和评价。

对于财务分析的定义需要注意以下几个方面。

（1）外部分析师（现有或潜在的股东、债权人、客户、供应商或其他利益相关者），只能通过财务报表，以及上市公司定期或不定期披露的其他信息来进行分析。这种分析所用的数据和信息主要来自财务报表（财务数据、财务信息），所以，我们称之为“财务分析”。需要注意的是，财务分析不是只分析、评估企业的财务活动（财务管理）。

（2）绩效（performance）与经济性（economy）、效率（efficiency）、效果（effectiveness）等有密切关系（绩效最终会反映在经济性、效率和效果上），但绩效并不等同于经济性、效率或效果。

（3）对企业绩效的分析和评估，需要联系企业的目标、战略、商业环境、行业特征以及竞争对手的情况进行。绩效就是目标和战略的实现程度。目标和战略制定得越正确、实现得越到位，绩效就越好。企业在一定时期内（一年、五年，甚至十多年）利润为负、净资产收益率（ROE）为负、经济增加值（EVA）为负，或者这些财务指标比上年、前年下滑很多，并不能说明企业的绩效不好，也不能说明企业的绩效没有改进。

（4）对企业的绩效进行评估，既要从整体上进行，也要深入局部。所以，我们要特别关注企业的分部报告（分部信息），要分析和评估企业主要分部的绩效。

（5）为了分析的便利，要与现金流量表的分类一致，将企业的全部活动分为：经营活动（如采购、生产、销售、配送等）、投资活动（如固定资产、无形资产的投资等）以及融资活动（如向银行借款、发行债券、定向增发等）。所以，在对企业的整体绩效进行分析、评估的同时，也要评估企业在经营管理、投资管理、融资管理等方面做得如何。

总之，通过财务分析后，就能得出以下结论：企业在经营、投融资方面做得怎么样，整体的绩效（performance）如何，这种绩效的持续性如何。

会计分析讨论的是企业财务报告的质量以及它是否公允地反映了企业的经营实质。财务分析是利用财务报表和其他渠道提供的数据和信息，来分析评估企业的业务与财务情况。所以，会计分析与财务分析有联系也有区别，它们的分析目的和分析重点是完全不同的。

(二)财务分析的工具

从马克思对劳动手段的分析可知，劳动手段最大的特征是以实物形态存在的，是“一物或诸物的集合体”，是通过自身所具有的机械属性、物理属性和化学属性作用于客体对象的。① 人类最早是把加工后的石头作为自己活动的物质手段，因而手段也称为工具，即人体器官延伸的工具。今天也称之为硬件或硬设备，如各种机器设备、构成计算机的各个元件、部件和装置等。黑格尔将方法称之为主观方面的手段。“方法也就是工具，是主观方面的某个手段，主观方面通过这个手段和客观发生关系。”② 培根在《新工具》一书中将方法称之为“心的工具”。③

综上讨论，我们将管理工具定义如下：管理工具是由管理者使用的、直接或者间接作用于管理对象，能够帮助管理者实现管理目标的手段（tools）。

比照管理工具的定义，我们也可以将分析工具定义为：分析者（分析师）使用的、能够帮助分析者实现分析目标的手段（包括技术、方法、模型和框架等）。

我们可以从不同角度对财务分析的工具（技术与方法）进行分类。例如，将财务分析工具分为相对数分析和绝对数分析。相对数分析（也称为比率分析），如结构分析与趋势分析等；绝对数分析，如利润分析、现金流量分析、经济增加值（EVA）分析、市场增加值（MVA）分析和内在价值或基础价值分析等。

对于比率分析，财会主管们驾轻就熟。有反映短期偿债能力的流动比率、速动比率和现金比率等；有反映长期偿债能力的资产负债率、权益系数和利息保障倍数等；有反映营运能力的应收账款周转率、存货周转率、流动资产周转率和总资产周转率等；有反映盈利能力的净资产收益率（ROE）、销售利润率（ROS）和总资产周转率（ROA）等；还有市盈率（PE）、市净率（PB）和市销率（PS）等。

---

① 马克思：《资本论（第一卷）》，中共中央马克思恩格斯列宁斯大林著作编译局译，人民出版社，2004，第173页。

② 黑格尔：《逻辑学（哲学全书第一部分）》，梁志学译，人民出版社，2002。

③ 培根：《新工具》，许宝骙译，商务印书馆，1984。

绝对数分析作为总量指标，一般需要分解并与比率分析结合使用。如EVA，如果不分解，就起不了什么分析作用。EVA为正或负、大或小，都不能发现公司或分部运营中存在问题，也不能用来评价公司经营绩效的好坏。需要将EVA分解为EVA =（ROIC－WACC）×IC，式中IC（Invested Capital）为总的投入资本，ROIC（Return on Invested Capital）为投入资本的收益率，WACC（Weighted Average Cost of Capital）为加权平均的资本。通过对EVA等式中各要素的分析，我们可以了解到高低正负的直接原因。例如，EVA为正，主要是投入资本的收益率高，还是资本成本低？EVA高，主要是资本使用的效率提升，还是投入资本的规模扩大？

当然，我们还可以对ROIC和WACC进行进一步的分解和分析。MVA、现金流量的分析也同此理。

用内在价值或基础价值的分析来评估企业的绩效，会复杂和困难很多，涉及估值模型的选择、组合的应用以及参数估计等，我们在前景分析部分再深入讨论。

我们也可以根据分析的内容来了解、熟悉分析工具，在此基础上，结合企业的实际情况来选择、组合或创新应用分析工具。

分析和评估企业财务管理的工具有：财务战略模型分析、融资政策（激进、中性和保守）分析、现金转换周期（cash conversion cycle）分析、流动比率分析、速动比率分析、资产负债率分析、权益比率分析等；分析和评估企业投资管理的工具有：投资收益率（ROIC）、投资活动产生的现金流量分析等；分析和评估企业经营管理的工具有：销售利润率、毛利率、经济增加值（EVA）以及经营活动的现金流量分析等。

分析工具与分析内容并不是一一对应的，同一工具可能适用于多个分析内容；我们在对企业整体绩效或某一方面的绩效进行分析评价时，一般需要多种工具的组合使用。

分析师和财会主管们对上述财务分析工具（方法）大多比较了解和熟悉，关键是要结合分析对象的实际情况，正确地选择、组合或创新应用分析工具，将分析工作做好。我们在以后的章节中，将再就财务分析这一话题继续深入讨论。

二、财务分析中的常见问题①

在财务分析教材的编写和财务分析实务工作中，我们经常发现或遇到以下问题。

（一）概念模糊

楚渔先生在《中国人的思维批判》一书中指出，中国人的思维存在三大问题：概念模糊、逻辑混乱和辩证法滥用。

笔者在财务与会计的学习与研究中，也深切体会到这一点。所以，写了篇“基本概念不清，还谈什么理论创新”的文章，呼吁准则制定机构，花大力气、下苦功夫，建立起能体现中国特色（国情）的财务会计概念框架，以利会计准则的建立、修订与完善，以利广大财会人员学好准则、用好准则。

鉴于每年都有好几十万财会人员参加注册会计师资格考试，我也在多个场合下建议中国注册会计师协会建立一个基本概念或概念框架类的东西。对于战略与风险管理、会计和审计等考试科目中涉及一些专业术语或基本概念，要有一个官方的解释。

资金、资本、货币资金、现金、现金流、现金资产、价值、价格、不确定性以及风险等基本概念，各人有各人的定义和理解，混乱得很。而我们在进行财务分析时，又没有将这些概念约定清楚。库存现金、货币资金和现金是什么关系？在现金流量表中，企业持有的其他上市公司股票或购买的股票型基金是不算作现金的，但在进行现金比率分析时，是要考虑可以随时变现的有价证券的。

2016年注册会计师全国统一考试辅导教材《财务成本管理》讲道：“（3）现金比率。流动资产中，流动性最强、可直接用于偿债的资产称为现金资产。现金资产包括货币资金、交易性金融资产等，与其他速动资产不同，它们本身就是可以直接偿债的资产，而其他资产需要等待不确定的时间，才能转换为不确定的时间，才能转换为不确定金额的现金……现金比率＝（货

① 本节根据2017年3月1日发表在公众号“小舟观察”中的文章修改而成。

币资金 + 交易性金融资产） ÷流动负债。”[①]

交易性金融资产是什么？2016 年注册会计师全国统一考试辅导教材《会计》的解释是，“金融资产满足下列条件之一的，应当划分为交易性金融资产：①取得该金融资产的目的，主要是为了近期出售。比如，企业以赚取差价为目的从二级市场购入的股票、债券、基金等。②属于进行集中管理的可辨认金融工具组合的一部分，且有客观证据表明企业近期采用短期获利方式对该组合进行管理……③属于衍生金融工具，比如，国债期货、远期合同、股指期货等”[②]。

《财务成本管理》中的交易性金融资产是否与《会计》书中的定义相同？

若与《会计》书中的定义同，则《财务管理》书中对“现金资产”的阐述就有问题了。因为，①现金资产中的交易性金融资产（如股票、债券、基金，以及以衍生金融工具形式存在的金融资产）是不能用来直接偿债的；②这些交易性金融资产转换为现金的金额也是不确定的。

若与《会计》书中的定义不同，则《财务成本管理》一书应对交易性金融资产做出定义和解释。从《财务成本管理》书中举的例子来看，现金比率中的交易性金融资产是以资产负债表中“以公允价值计量且其变动计入当期损益的金融资产”作为“交易性金融资产”来计算的（第 33 页、第 40 页），这问题就更大了。因为《会计》第 21 页，“以公允价值计量且其变动计入当期损益的金融资产，可以进一步分为交易性金融资产和指定为以公允价值计量且其变动计入当期损益的金融资产”。

另外，注册会计师统一考试辅导教材《财务成本管理》，书名与内容不相符。什么是财务成本？什么是财务成本管理？如何进行财务成本管理？该书讲的不是这些。从教材的内容看，是讲财务管理（亦称之为公司财务、公司理财、企业财务、公司金融等）和成本管理的，所以，书名不如改为《财务与成本管理》或《公司财务与成本管理》。[③]

---

① 中国注册会计师协会：《财务成本管理——2016 年度注册会计师全国统一考试辅导教材》，中国财政经济出版社，2016，第 40 页。

② 中国注册会计师协会：《会计——2016 年度注册会计师全国统一考试辅导教材》，中国财政经济出版社，2016，第 20 页。

③ 对财务与会计概念方面的讨论感兴趣者，还可以参阅公众号“小舟观察”中的《会计课程为什么越学越糊涂》《价值、价格与泡沫》等相关文章。

（二）结论轻率

我们再以大家认为比较权威的注册会计师考试辅导教材《财务成本管理》为例。

> 书中写道："如果流动资产与流动负债相等，并不足以保证短期偿债能力没有问题，因为债务的到期与流动资产的现金生成，不可能同步同量；而且，为维持经营，企业不可能清算全部流动资产来偿还流动负债，而是必须维持最低水平的现金、存货、应收账款等。
>
> 因此，企业必须保持流动资产大于流动负债，即保有一定数额的营运资本作为安全边际，以防止流动负债'穿透'流动资产。"①

我们知道，同一行业不同国家的企业，同一国家不同行业的企业，同一行业采用不同经营战略、处于不同发展阶段的企业，其流动比率、资产负债比率等都有较大的差异。例如，有的企业营运资本为负，流动比率小于1，但善于利用别人的资金（Other People's Money，OPM），活得好好的；而有的企业流动比率高达12∶1，可是第二年就破产了，因为经营状况迅速转弱，银行不愿继续贷款，而且供应商不再提供信用。

所以，企业并不是必须保持流动资产大于流动负债。流动比率、速动比率高，只是说明企业在某个时点上偿债能力较强而已。具体应该保持何种比率，需要结合企业的实际情况分析后确定。

> 南京红太阳股份有限公司（000525）是一家上下游一体化、以农药及三药及三药中间体业务为主体的企业。主营环保农药、三药及三药中间体、精细化工产品、生物医药的生产销售和农药产品包装物制造和经营。公司近年来的财务数据摘要如表4－1所示。

流动比率＝流动资产÷流动负债，营运资本＝流动资产－流动负债。从表中可以看到，流动比率小于1，说明流动资产小于流动负债。所以，红太阳

① 中国注册会计师协会：《财务成本管理——2016年度注册会计师全国统一考试辅导教材》，中国财政经济出版社，2016，第37页。

也没有"必须保持流动资产大于流动负债"。

表 4－1　2013—2015 年、2016 年第三季度红太阳相关财务数据

时间 财务指标/%	2016－09－30	2015－12－31	2014－12－31	2013－12－31
流动比率	0.9049	0.7694	0.843	0.8219
速动比率	0.6054	0.4627	0.4488	0.4395
资产负债率	50.8683	51.9008	63.1668	65.5206
产权比率	103.5345	107.9035	171.4942	65.4995

资料来源：根据红太阳年报、中期报告相关数据整理。

从理论上来说，企业的经营性资产的融资方式有：中性、保守和激进三种。在激进方式下，因为有些长期性资产的融资也采用短期借款方式，流动负债大，流动资产就很可能小于流动负债。当然，以激进方式融资，相应的财务风险随之增加；但当长期利率高于短期利率时，收益也增加。价值是收益和风险的函数，任何商业决策（包括融资决策）都需要管理者在收益与风险之间进行权衡。

> 《财务成本管理》中写道："在过去很长的一段时间里，人们认为生产型企业合理的最低流动比率是2。这是因为流动资产中最差的存货金额约占流动资产总额的一半，剩下的流动性较好的流动资产至少要等于流动负债，才能保证企业最低的短期偿债能力，这种认识一直未能从理论上证明。"①

这里的"人们"指谁？这些所谓的经验法则只不过是一种想当然的说法，早就被财务管理者和分析师们所抛弃。存货约占流动资产的一半，这结论是如何得出的？现代生产企业有不少是按订单生产，存货能占一半？小米曾经饥饿营销，存货能占一半？苹果新手机上市时排队都买不到，存货能占一半？并且，这种错误的认识能够从理论上证明吗？

---

① 中国注册会计师协会：《财务成本管理——2016 年度注册会计师全国统一考试辅导教材》，中国财政经济出版社，2016，第 39 页。

根据青岛海尔年报、中期报告相关数据可以算出，青岛海尔 2013 年、2014 年、2015 年、2016 年 9 月 30 日存货占流动资产的比例分别为 14.03%、13.66%、15.61% 和 20.82%，离 50% 的比例相去甚远。如表 4－2 所示。

表 4－2　　青岛海尔资产负债表摘要

财务指标/万元 \ 时间	2016－09－30	2015－12－31	2014－12－31	2013－12－31
资产总额	12062233.7	75996071.8	8234871.96	6109278.89
货币资金	1986721.99	2475657.41	3122541.58	2064142.74
应收账款	1179267.78	604644.33	673637.8	432683.58
预付账款	80175.06	52672.24	83608.4	124267.25
其他应收款	91841.74	54478.41	60459.05	28248.56
存货	1270608.96	856353.35	902164.09	690891.29
流动资产总额	6102382.29	5485440.15	6602596.49	492015.05
固定资产	1542717.92	842417.15	737265.85	545305.87

资料来源：根据青岛海尔年报、中期报告相关数据整理。

我们再来看一下美的资产负债表摘要，如表 4－3 所示。

表 4－3　　美的资产负债表摘要

财务指标/万元 \ 时间	2016－09－30	2015－12－31	2014－12－31	2013－12－31
资产总额	16299161.00	12884193.50	12029208.60	9694602.48
货币资金	1858368.20	1186197.70	748287.50	1649731.53
应收账款	1272602.30	1037171.80	936210.30	792843.83
预付账款	210691.40	98862.50	141447.00	243242.05
其他应收款	80479.20	110133.90	118076.80	10255539.52
存货	1043435.30	1044893.70	1502003.00	1519772.38
流动资产总额	11368699.80	9336770.60	8642707.30	6532673.20
固定资产	2083661.20	1872988.10	1952181.40	1957216.13

资料来源：根据美的年报、中期报告相关数据整理。

依据表中数据，得到美的2013年、2014年、2015年、2016年9月30日存货占流动资产的比例分别为23.26%、17.38%、11.19%和9.18%，逐年下降，离50%的比例更远。

格力的存货占流动资产总额的比例就更低了，大部分年份存货占流动资产总额的比例还不到10%，2016年9月30日只有3.6%。如表4-4所示。

表4-4 格力资产负债表摘要

财务指标/万元 \ 时间	2016-09-30	2015-12-31	2014-12-31	2013-12-31
资产总额	18170746.86	16169801.63	15623094.85	13371927.90
货币资金	9723368.27	8881979.86	5454567.34	3854168.45
应收账款	352325.81	287921.21	266134.76	184927.53
预付账款	431827.79	84792.91	159148.74	149864.97
其他应收款	23216.95	25401.66	38059.85	34641.97
存货	502704.84	947394.27	859909.81	1312273.04
流动资产总额	13945857.02	12094931.46	12014347.88	10374969.78
固定资产	1672439.14	1543181.31	1493927.96	403413.84

资料来源：根据格力年报、中期报告相关数据整理。

《财务成本管理》中写道："通常，资产在破产拍卖时的售价不到账面价值的50%，因此，如果资产负债率高于50%，则债权人的利益就缺乏保障。"①

格力、美的、海尔三家上市公司在不同时点的资产负债率如表4-5所示。

表4-5 格力、美的、海尔公司的资产负债率

资产负债率/% \ 时间	2016-9-30	2015-12-31	2014-12-31	2013-12-31
青岛海尔	70.39	51.29	61.23	67.21
美的集团	59.54	56.51	61.98	59.69
格力电器	72.01	69.96	71.11	75.55

资料来源：根据各公司年报、中期报告数据整理。

---

① 中国注册会计师协会：《财务成本管理——2016年度注册会计师全国统一考试辅导教材》，中国财政经济出版社，2016，第42页。

可以看到，三家公司近几年的资产负债率均超过50%，其中格力的资产负债率高达70%。这样就能得出这三家公司“债权人的利益缺乏保障”的结论吗？显然，还要结合其他信息综合分析。

根据申银万国“一级行业”划分标准，2006年上半年，除银行和非银行金融外，资产负债率排在前5位的行业为建筑装饰、房地产、钢铁、公用事业和国防军工，资产负债率分别为77.99%、76.91%、67.74%、64.32%和62.89%，这些行业显然不能说其“债权人的利益缺乏保障”。

> 《财务成本管理》中写道：“音响类产品是该公司的传统产品，目前仍占收入的较大部分（50%以上），其毛利率是负的，已失去继续产销的价值。”①

仅凭毛利率是负的，不能得出“已失去继续产销的价值”这一结论，这也属于轻率判断。该公司音响类产品占销售收入的比重如此之大，是否继续生产，需要更深入地分析。这是管理会计中的典型的“Keep or Drop”决策，这里不再深入讨论。但仅用财务会计上的销售收入减去产品销售成本（制造成本法）计算出的毛利正负来判断某类产品是否有产销价值是轻率的，论证不够严谨。

（三）分析定位不准确

我们这里讲的分析定位，涉及两个方面，一是分析层次，二是分析角度。

同是讨论产品的成本或盈利问题，不同层次的分析就会得出不同的结论。

例如，某企业下有A、B、C三个子公司（分部），A、B两个公司专门负责产品的生产制造；C公司负责集团全部产品的销售；投融资活动由总部负责。A公司生产出的A001产品的生产成本是50元，其中直接材料20元，直接人工20元，制造费用10元。如果售价60元，则从A公司层面看是盈利的；如果加上C公司的销售费用，就未必盈利；再加上总部分摊来的管理费用、财务费用呢？就更不一定了。在管理会计课程中，这方面的案例讨论较

① 中国注册会计师协会：《财务成本管理——2016年度注册会计师全国统一考试辅导教材》，中国财政经济出版社，2016，第50页。

多，因为企业的内部分析师对本企业集团的组织架构、责任中心的划分拥有相对充分的信息。

作为外部的分析师，我们在利用上市公司的财务报告分析企业的运营时，既要关注集团的合并报表总的数据，也要特别关注分部报告，要特别关注总部与分部、分部与分部之间的关联。某分部的产品和业务或许是不盈利的，但它可能对其他分部、总部的业务有积极的影响，能给上市公司层面（集团层面）创造出真正的价值。

分析定位也涉及一个分析角度的问题。不同的分析主体具有不同的分析目的和分析重点，对同一财务指标的看法也就不同。有一句话说得好，观点不同，是因为角度不同。

例如，某上市公司流动比率和速动比率都高，在流动资产中货币资金或现金占比也高，资产负债率也只有40%，远低于行业平均数的60%左右。以上数据表明该企业短期和长期偿债能力都非常强。

然而，这是好消息还是坏消息?

对提供贷款的银行和提供信用销售的供应商来说是好消息，说明它们的应收账款、贷款的本金和利息可以及时、足额地回收，银行比较喜欢这样的企业。

对于企业的股东来说，则可以说是一个坏消息，公司财务报表上货币资金、交易性金融资产等数额巨大，其含义是：要么公司投资机会相对缺乏，公司找不到效益高的项目了；要么公司在货币资金的管理上做得不够，资金闲置、使用效率低。一般情况下，资产的安全性、流动性与收益性是成反比关系的。并且，公司现金多、流动性强，对管理层的压力也小，也容易产生滥用现金的问题。

微软自1986年在NASDAQ上市后至2003年，17年来对股东不分红，一毛不拔，但股价涨了几百倍。2003年宣布高现金分红计划（300多亿美元折算成人民币2000多亿元，超过A股所有上市公司现金分红的总和），微软股价不涨反跌。为什么？主要原因就是投资者认为微软已经缺少投资机会，成长性大大降低。

A股市场有自己的特点，是否以现金方式分红对股价的影响不大。但一个高送转，说不定就能让股价炒上天。

（四）缺乏分析框架

我们在第一章中谈到过某位咨询顾问讲的两个案例。

案例公司 A 举债过多，利息侵蚀利润，导致企业利润连年下降，借新债还旧债，困难重重；案例公司 B 则经营过于保守，由于未举债经营或举债过低，发展速度远慢于竞争对手，造成市场份额丢失，业务萎缩，正处于被逐出市场的边缘。初看这两个例子似乎有矛盾，但现实中确实存在这两种现象。所以，谈论到举债经营时，有人赞同、有人反对。

关于举债经营对企业利润或 ROE 的影响，基本的原理是：只有当企业的资产经营的收益大于借入资本的利息时，举债经营才会增加企业利润、提升 ROE。但传统的总资产收益率与借入资本的成本不可比。举个例子，假定企业的 ROA 是5%，银行借款利率是8%（假定该企业的所得税为 0），该企业是不是不能借款（借款越多，利润越少）？不一定！ROA 中的 R（return）是净利润，而 A（Assets）是总资产，ROA 的计算与银行借款利率的计算口径不一致，两个指标不可比。修正后的杜邦分析系统考虑了这一点，用的是经营性 ROA，这里的 R 是 NOPAT（净利润 + 税后利息费用），ROA 表示全部投入资本（总的经营性资产）的总的收益，当经营性 ROA 大于借款利率时，借款可以增加企业利润，提高 ROE。

但是，企业如果借款过多，实际资本结构大大偏离目标资本结构，则投资者感觉到的风险增大，WACC 提高，高到一定程度后企业价值反而降低（与企业破产相关的成本大于税盾效应），这就是资本结构中的权衡理论（模型）。所以，即使是经营性 ROA 大于借款利率时，借款也不是越多越好。

当然，在某些情况下，即使经营性 ROA 小于借款利率时，出于战略上的考虑，有时也可以举债经营。“具体问题要具体分析”，关键是分析要有框架，要有正确的思路，要发挥理论对实务的指导作用。

总之，要运用财务报表的数据来分析企业经营状况、评估企业的运营绩效，实在是一项艰巨的任务。要将这项工作做得更好些，我们首先要正确定位、明晰分析的目的，掌握现代的分析框架或模型，实事求是，避免盲从所谓的经验法则而轻率判断。

三、整体绩效的分析与评估：指标选择[①]

（一）证实价值与预测价值

不论是根据企业财务报表计算出的利润、EVA 等绝对数的财务指标，还是 ROE、ROA、ROIC 等相对数的财务指标，这些指标都具有一定的滞后性，反映的只是企业过去（即使是刚刚过去）一段时期内企业的绩效；而企业的价值是面向未来的，无论是内在价值，还是市场价值，主要的决定因素都是投资者对企业未来经营的预期。

并不是说财务报表就没有价值了，高质量的财务报表仍然是有价值的。高质量的财务报表具有证实价值与预测价值。

证实价值（confirmatory value）或反馈价值（feedback value），指今日（当前）财务报表提供的信息可以证实或纠正使用者昨日（原有的）预期或期望。

预测价值（predictive value），即报告使用者对历年财务报告进行比较分析，有助于提高对企业未来的经营业绩、财务状况和现金流量预测的准确度。

例如，上市公司年度报告中披露的母公司利润表与合并利润表，可以反映母公司以及由母子公司组成的企业集团的以往一年的经营实质。如果报表是高质量的，则报告使用者据此可以判断母公司或企业集团是否达到年初的计划（预期的目标），再进一步分析企业运营中存在的问题。这就是财务报告的反馈价值。

分析是预测的基础，报告使用者可以根据对以往各个时期财务报表的比较分析，预测出母公司或企业集团未来若干年的收益增长趋势，据此来进行投资、信贷或其他经营决策。这就是财务报告的预测价值。

财务信息的证实价值与预测价值是同时发生且相互促进的。不明白过去，预测将失去基础；若对将来不感兴趣，也不必费力地去分析过去。知悉过去所采取行动的今日结果，会增强决策者预测未来的能力。

---

① 本节根据 2017 年 3 月 6 日、3 月 13 日发表在公众号“小舟观察”上的文章修改而成。

（二）绝对数指标及其缺陷

如前所述，财务分析的主要目的是要对企业的绩效及其绩效的可持续性从整体上和结构上进行分析和评估。

在对企业整体绩效进行评估时，首先要解决的问题是：选择哪种财务指标来表示该企业的整体绩效？是用销售收入、净利润、综合收益和 EVA 等绝对数指标，还是用如每股收益、ROE、ROIC 和 ROA 等相对数指标？

1. 利润总额、净利润、综合收益

首先，我们看一下格力和美的近几年利润总额、净利润和综合收益的情况。如表 4－6、表 4－7 所示。

表 4－6　　2011—2015 年格力净利润与综合收益

财务指标/亿元 \ 年份	2011	2012	2013	2014	2015
利润总额	63.29	87.63	128.92	167.52	149.09
净利润	52.97	74.46	109.36	142.53	126.24
综合收益	52.11	74.98	108.94	142.74	124.84

资料来源：根据格力年报相关数据整理。

表 4－7　　2011—2015 年美的净利润与综合收益

财务指标/亿元 \ 年份	2011	2012	2013	2014	2015
利润总额	82.29	77.10	100.12	139.91	160.51
净利润	66.52	61.41	82.97	116.46	136.25
综合收益	64.23	58.71	81.30	110.56	131.55

资料来源：根据美的年报相关数据整理。

$$净利润 = 利润总额 - 所得税费用$$

$$综合收益 = 净利润 + 其他综合收益$$

其他综合收益反映企业根据企业会计准则规定直接计入所有者权益的利得和损失扣除所得税影响后的净额。例如，根据美的 2015 年报，公司 2015

年净利润为136.25亿元，其他综合收益（税后发生额）为-4.70亿元，综合收益为131.55亿元。其中，净利润包括归属于母公司股东的净利润127.07亿元，少数股东损益9.18亿元。其他综合收益包括：①归属于母公司股东的其他综合收益的税后净额2.97亿元，其中，以后不能重分类进损益的其他综合收益为0；以后将重分类进损益的其他综合收益为-2.97亿元（权益法下在被投资单位以后将重分类进损益的其他综合收益中享有的份额为0.40亿元，可供出售金融资产公允价值变动为1.60亿元，现金流量套期损益的有效部分为0.74亿元，外币财务报表折算差额为-5.71亿元）。②归属于少数股东的其他综合收益的税后净额为1.73亿元。

利润总额、净利润和综合收益指标有如下缺陷。

（1）没有区分经常性收益与非经常性收益。例如，2013年格力的非经营收益占利润总额的比例高达15.32%，而我们在评估企业的整体绩效时，主要应观察其经常性收益的增减变动情况。如表4-8所示。

表4-8　2011—2015年格力经常性收益与非经常性收益

财务指标＼年份	2011	2012	2013	2014	2015
非经常性收益/亿元	1.32	3.88	19.75	0.10	2.20
利润总额/亿元	63.29	87.63	128.92	167.52	149.09
利润总额占比/%	2.09	4.43	15.32	0.06	1.48

资料来源：根据格力年报、中期报告相关数据整理。

（2）企业之间不可比。即使资源使用的效率、效益差不多，净利润、综合收益也会因规模不同而有巨大差异。例如，2015年宁波银行（002142）的利润总额、净利润额和综合收益等金额远低于工商银行（601398），但这并不能说明宁波银行的绩效不如工商银行，因为两者的体量差别太大，不可比。

（3）不能反映出企业资本的运营效率的高低。利润总额、净利润和综合收益等都是绝对数指标，不能反映企业单位资本（资产）带来的收益。例如，我们虽然知道工商银行的利润总额、净利润和综合收益的金额巨大，但这些指标并不能反映其运营效率与获利能力。

2. **经济增加值（EVA）指标**

经济增加值（EVA）指标是剩余收益的一种特殊的计算方法，其基本的计算公式如下。

$$
\begin{aligned}
EVA &= (ROIC - WACC) \times IC \\
&= NOPAT - IC \times WACC
\end{aligned}
$$

式中：EVA 为经济增加值；ROIC（Return on Invested Capital）为投入资本收入益率，NOPAT（Net Operating Profit After Tax）为税后净营业利润；IC（Invested Capital）为总投入资本；WACC（Weighted Average Cost of Capital）为加权平均资本成本率。

EVA 绩效评价体系较传统的剩余收益评价有两方面的改进：一是对会计利润进行了修正，使之更能反映企业的经营实质；二是考虑了股权资本的成本。

2009 年 12 月 28 日，国资委发布了《中央企业负责人经营业绩考核暂行办法》，该《办法》引入了经济增加值指标对中央企业进行业绩考核，并明确了经济增加值的计算规则。

经济增加值 = 税后净营业利润 - 资本成本 - 税后净营业利润 - 调整后资本 × 平均资本成本率

税后净营业利润 = 净利润 + （利息支出 + 研究开发费用调整项 - 非经常性收益调整项 ×50%）×（1 - 25%）

调整后资本 = 平均所有者权益 + 平均负债合计 - 平均无息流动负债 - 平均在建工程

资本成本率原则上定为 5.5%，而对于承担国家政策性任务较重且资产通用性较差的企业，资本成本率定为 4.1%；对于资产负债率在 75% 以上的工业企业和资产负债率在 80% 以上的非工业企业，资本成本率上浮 0.5 个百分点；资本成本率确定后，三年保持不变。

国资委采用 EVA 指标对国有企业进行考评后，对促进企业提高资本使用效率、改善公司治理、优化资本结构和资源配置起到一定的积极作用。

但 EVA 的缺陷也是明显的。

举个简单的例子，A 企业投入资本的收益率为 10%，资本成本为 5%，投入的总资本为 100 亿元，则 EVA 为 5 亿元。B 企业投入资本收益率只有 6%，资本成本也为5%，但投入的总资本为10000亿元，虽然资本收益率远较A企业低，但EVA仍高达100亿元，是A企业的20倍。

所以，若对上市公司进行EVA排名，前几位的总是中石油、中石化等企业，其中一个很重要的原因就是这些企业规模大。例如，根据思创值公司的数据，2013年一季度主板上市公司EVA前三名——中国石油、中国神华和中国石化的EVA分别为228.75亿元、93.03亿元和86.20亿元；中小板上市公司中，一季度EVA前三名分别是洋河股份、世荣兆业和露天煤业，EVA分别为21.67亿元、5.15亿元和3.25亿元；创业板上市公司中，一季度EVA前三名分别是华谊兄弟、汤臣倍健和乐视网，EVA分别为1.25亿元、0.92亿元和0.63亿元。而这些公司的总资产规模在各自的板块中都名列前茅。①

另外，用EVA指标来考评企业绩效，WACC（特别是股权资本成本）的估算相对复杂。例如，对于央企EVA考评制度，不少市场人士认为，央企5.5%（或4.1%）的资金成本过低，EVA中有很大"水分"。②

总之，以上述绝对数指标来分析、评估企业的整体绩效是不合适的。实务中，分析师们会根据不同行业的企业、不同发展阶段的企业、不同商业模式或经营战略的企业，采取收入增长率、每股收益、ROE等指标来对企业整体绩效进行分析与评估。

（三）相对数指标

分析师们会根据不同行业的企业、不同发展阶段的企业、不同商业模式或经营战略的企业，采取收入增长率、每股收益和ROE等相对数指标来对企业整体绩效进行分析与评估。

1. 收入和净利润增长率

企业的收入增长率，往往反映出了企业所在行业特征、企业在行业中的地位、企业的商业模式和经营战略等。

格力2013—2016年的收入及其增长率情况如表4-9所示。

---

① 王璐：《思创值发布上市公司EVA排名央企位列主板前三甲》，《上海证券报》2013年5月21日。

② 关于EVA考评方面的更多讨论，详见刘放、杨小舟：《资本成本估算与EVA考核》，《财政研究》2011年8月。

表 4 -9　　2013—2016 年第三季度格力营收及营收增长

财务指标＼时间	2013 年	2014 年	2015 年	2016 年第三季度
营业总收入/亿元	1200.43	1400.05	1005.64	831.71
营业总收入增长率/%	19.91	16.63	-28.17	0.11
净利润/亿元	108.70	141.55	125.32	112.19
净利润增长率/%	47.30	30.22	-11.46	-10.48

资料来源：根据格力年报相关数据整理。

从表中可以看出，格力 2013—2015 年的营业总收入增长率逐年下降，2015 年是高达 28.17% 的负增长。

没有收入的增长，就不会有利润的增长，或者说利润的增长也是不可持续的。从上表也可以看出，格力净利润的增长率也是逐年下降，2015 年同样是 11.46% 的负增长。

格力主要的竞争对手美的，2014—2015 年的营业总收入、净利润也在下滑，但相对于格力来说要平缓得多。如表 4 -10 所示。

表 4 -10　　2013—2016 年第三季度美的营收及营收增长

财务指标＼时间	2013 年	2014 年	2015 年	2016 年第三季度
营业总收入/亿元	1212.65	1423.11	1393.47	1170.78
营业总收入增长率/%	18.06	17.36	-2.08	4.50
净利润/亿元	53.17	105.02	127.07	128.80
净利润增长率/%	63.15	97.50	20.99	1.36

资料来源：根据美的年报、中期报告相关数据整理。

但商场如战场，不进则退。看到上述数据，我们就不难理解，格力和美的为什么要不遗余力地开辟新战场了。

2017 年 3 月 8 日，格力与珠海银隆新能源有限公司签订的 200 亿元合作协议暨关联交易的议案顺利获得通过。根据合作协议，双方及其子、分公司利用各自产业优势，在智能装备、模具、铸造、汽车空调、电机电控、新能源汽车、储能等领域进行合作。在同等条件下，一方优先采购对方产品，购买对方服务。以一个年度为一个周期，甲乙双方相互的优先采购和总金额不超过200亿元。

而美的则在取得德国机器人巨头库卡集团94.55%股权后，又和以色列Servotronix公司（一家专注于开发和销售运动控制及自动化解决方案的高新企业）进行战略合作，深度布局智能制造领域。

销售收入增长率，对于苏宁、京东这样的零售企业，更加重要。因为对这些公司进行估值的主要模型之一就是市销率（PS）法，投资者特别关注公司的收入增长率和现金流。表4－11为苏宁2013—2016年第三季度营收及营收增长表。

表4－11　　　2013—2016年第三季度苏宁营收及营收增长

财务指标＼时间	2013年	2014年	2015年	2016年第三季度
营业总收入/亿元	1052.92	1089.25	1355.48	1038.63
营业总收入增长率/%	7.05	3.45	24.44	－23.38

资料来源：根据苏宁年报、中期报告相关数据整理。

京东的收入增长率如表4－12所示。

表4－12　　　2013—2016年京东营收及营收增长

财务指标＼年份	2013	2014	2015	2016
营业收入/亿美元	111.76	185.35	213.86	374.75
营业总收入增长率/%	47.60	65.85	50.99	75.23

资料来源：根据京东年报相关数据整理。

在五六年前，苏宁还将京东作为“小弟弟”看待；而今日之京东，已不将苏宁放在眼里，直接挑战阿里的“天猫”。京东在收入上迅猛超越苏宁的同时，其市值也已经是苏宁的两倍多。苏宁需要奋力追赶了。

2. **每股收益**（EPS）

我在对上市公司的绩效进行分析和评估时，也比较关注每股收益（Earnings Per Share，EPS）指标。主要出于以下几点考虑。

（1）券商研报在对公司进行估值，建议增持、持有、中性或卖出时，主要讲的就是市盈率。

（2）每股收益可以在同一行业中不同企业之间进行比较。

（3）在公司年报的主要财务数据中，每股收益分类较细，包括基本、扣非（扣除非经常性收益）和摊薄等。笔者比较关注扣非后的每股收益情况，因为公司的价值主要取决于收益、增长的可持续性，以及相应的风险。

例如，福耀玻璃（600660）主要生产汽车安全玻璃、建筑安全玻璃、防弹玻璃、制镜级浮法玻璃、汽车级浮法玻璃、高档银镜及其他工业技术玻璃。在汽车玻璃制造行业中，福耀玻璃居于中国乃至世界领先地位。如表 4－13 所示。

表 4－13　　2013—2016 年福耀玻璃每股收益

年份 财务指标/元	2016	2015	2014	2013
基本每股收益	1.2500	1.1000	1.1100	0.9600
每股收益—扣除	1.2200	1.1000	1.0900	0.9100
每股收益—摊薄	1.2534	1.0386	1.1082	0.9600

资料来源：根据福耀玻璃年报相关数据整理。

其中，2016 年基本每股收益 =（税后利润 － 优先股股利）/发行在外的普通股平均股数 =3144227339/2508617532 =1.25

2016 年每股收益（扣除）=（税后利润 － 优先股股利 － 非经常性损益）/发行在外的普通股平均股数 =（3144227339 －75040170）/2508617532 =1.22

2016 年每股收益 － 摊薄 = 净利润/报告期末股本 = 3144227339/2508617532 =1.2534

我们再来看一下东方证券 2017 年 3 月 6 日关于福耀玻璃的研报《福耀玻璃 2016 年年报点评——业绩符合预期—海外业务成为增长点》，核心观点如下。

（1）业绩符合预期。2016 年公司实现营业收入 166.21 亿元，同比上升 22.45%，归母公司股东净利润 31.44 亿元，同比上升 20.68%，EPS

为1.25元，其中四季度实现营业收入50.31亿元，同比上升29.7%，归母公司股东净利润9.69亿元，同比上升28.0%。公司2016年度利润分配方案为每10股分配现金股利7.5元。

（2）汽车玻璃全球化战略布局初见成效，市占率有望持续提升。2016年汽车玻璃收入161.4亿元，同比增长23%，其中海外收入56.2亿元，同比增长25%，海外增速高于国内增速；公司美国福耀汽车玻璃工厂竣工开业，俄罗斯汽车玻璃工厂开始步入良性发展轨道，德国工厂建设也已经启动，全球化格局基本成型。福耀自主研发具备国际领先前沿技术的产品已初具规模，市场占有率进一步提升。

（3）盈利能力持续回升，管理费用大幅增加。2016年综合毛利率43.1%，同比提升0.6个百分点，四季度毛利率43.2%，连续两个季度回升。四季度管理费用7.99亿元，同比环比分别增长2.56亿元和2.41亿元，研发和职工薪酬支出增加是管理支出增加主因。四季度财务费用-2.56亿元，同比环比分别下降1.32亿元和2.65亿元，主要是由于利息收入增加所致。

投资收益方面，出售福耀集团双辽有限公司75%股权导致2016年投资收益净增1817万元，对外捐赠及非流动资产处置损失减少导致2016年营业外支出同比下降1.03亿元。

（4）现金流同比改善，存货管控良好。2016年每股经营活动净现金流1.45元，同比增长20.8%；四季度每股现金流0.36元，同比增长20.7%。应收账款相比期初上升31.6%，主要是由于四季度营收同比增加29.7%，导致结存应收账款相应增加；年末存货27.9亿元，相比三季末小幅下滑。

（5）财务预测与投资建议。预计2017—2019年的EPS分别为1.51元、1.75元、1.97元（原预测2016—2017年EPS为1.15元、1.29元），参考可比公司估值水平，给予2017年14倍PE，目标价21.14元，维持增持评级。

（6）风险提示。国内车市需求继续下滑，海外市场开拓不达预期。

笔者每年都会在除权前后择机买点该公司的股票，基本的判断是：公司战略方向明确、执行到位，业绩不错，先将3%以上的分红拿到再说，若股价超出填权则收益更高。

3. 净资产收益率（ROE）

对于一些处于成熟期的产品生产、制造或服务性企业（如美的、格力、海尔、老板电器、海康威视、爱尔眼镜、华宇软件等），我比较喜欢用“净资产收益率”财务指标来对企业整体绩效的分析和评估。

净资产收益率（利润率、回报率），亦称所有者权益收益率（回报率、利润率），具体的计算公式如下。

净资产收益率=净利润/所有者权益

为什么要选择ROE指标？或者说，与其他财务指标，如收入、利润、EVA、每股收益（EPS）等相比，ROE指标有什么优点？

第一，企业经营的目标是股东权益价值的最大化，企业价值最大化也就是股东权益价值最大化。通过ROE与COEC（Cost of Equity Capital，权益资本成本）比较，有利于我们理解企业是否在给股东创造价值。企业的价值主要来自哪里？是行业环境转好，还是因为企业战略管理到位而带来的持续竞争优势？

第二，ROE指标可以在不同企业之间、同一企业不同时期进行比较，可比性强。EVA指标通过全部资本收益与全部资本成本的比较，虽然也能反映出企业是否在创造价值，但EVA是个绝对数，不能反映企业资产运营的效率，不能在不同企业之间、同一企业不同发展时期进行比较。

第三，与每股收益等指标相比，ROE指标的优点在于，通过对ROE指标的逐步分解（净资产收益率=销售利润率×资产周转率×权益系数），我们可以大略地评估企业的日常经营活动（销售利润率如何）、投资活动（资产周转率在一定程度上反映了企业资产的运营效率）以及财务活动（权益系数反映企业财务杠杆的运用情况）的效率和效果，为后续的系统、深入分析打下了一个基础。

下面，我们运用ROE指标，以格力、美的为例，进行企业整体绩效的讨论。

我们先看一下2011—2015年白色家电行业的ROE情况，如表4-14所示。

表 4－14　　2011—2015 年白色家电行业的 ROE

财务指标＼年份	2011	2012	2013	2014	2015
ROE/%	26.95	23.55	21.30	17.80	14.21

资料来源：根据万德（Wind）数据库相关资料整理。

从表中可以看出，白色家电行业的 ROE 是不断下降的，由 2011 年的近 27% 到 2015 年的 14.21%，下降近一半。据有关人士分析，行业 ROE 下降的主要原因在于：经济下行压力，市场日益饱和；市场化改革较早，竞争激烈程度日益加大等。

我们再来看格力和美的的 ROE 情况，如表 4－15 所示。

表 4－15　　2014—2015 年格力和美的的 ROE

财务指标＼年份	格力		美的	
	2014	2015	2014	2015
ROE/%	35.96	27.34	29.04	28.66

资料来源：根据格力和美的年报相关数据整理。

2015 年，虽然格力的 ROE 远高于行业平均数，但比 2014 年大幅下降 8 个百分点多。结合前面的收入增长率分析（格力 2015 年营业收入同比下降超过 28%），以及行业分析、商业模式和战略分析等，我们可以初步判断：2015 年格力在战略管理上做得不够成功，至少未能实现公司管理层的目标。

2015 年，美的的 ROE 比 2014 年下降不到 1 个百分点，远好于行业和格力。并且，2015 年，美的的 ROE 超过了格力（而 2014 年还远低于格力电器）。同样，结合行业分析、商业模式和战略分析，可以做出初步的判断是：美的的战略管理相对有效，有全面超越格力的趋势。

为了对格力和美的进行更深入的分析，我们还可以将 ROE 指标进一步分解。

净资产收益率＝总资产收益率×权益系数（财务杠杆）

净资产收益率＝（净利润/销售收入）×（销售收入/总资产）×（总资产/所有者权益）

销售利润率的高低，不仅受到行业的影响，也受到企业经营战略的影响。

销售利润率低，不等于企业的经营绩效差。例如零售企业，有些零售企业销售利润率低，但资产周转速度快；有些企业销售利润率较高，而资产周转速度则相对较慢。

一般来说，同一行业的企业，如果战略管理水平差不多，ROE 也应该相差不大。要么销售利润率高，要么资产周转率快，或者是财务杠杆大不相同。

与2014 年相比，格力 2015 年销售利润率提升 2.35% （12.46% - 10.11%），说明该公司高质、高价的营销战略得以贯彻；而资产周转率由 0.9658 下降至 0.6326，公司资产周转速度大大放慢是造成公司总资产收益率（ROA） 和 ROE 大幅下降的主因；同时说明公司 2014 年年末发起的“清场行动”未能取得预期效果，公司去库存、稳增长的压力加大（参见战略分析一章的相关内容）。

与2014 年相比，美的的销售利润率也有提升，资产周转速度有所放慢，但放慢的幅度远小于格力电器，由 1.3102 降至 1.1187。销售利润率提升、资产周转速度放慢的综合效果是：ROA 有所提升，由上年的 9.6692% 上升至 2015 年的 10.2021%；ROE 略有下降，由上年的 29.04% 降至 28.66%。如表 4 -16 所示。

表 4 -16　　格力和美的分解后的 ROE

财务指标 \ 年份	格力		美的	
	2014	2015	2014	2015
销售利润率（ROS）/%	10.11	12.46	7.38	9.12
资产周转率	0.9658	0.6326	1.3102	1.1187
总资产收益率（ROA）/%	9.7640	7.8825	9.6692	10.2021
财务杠杆（权益乘数）	3.6824	3.4680	3.0039	2.8096
净资产收益率（ROE）/%	35.96	27.34	29.04	28.66

资料来源：根据公司年报相关数据整理。

从权益系数（财务杠杆）的运用来看，无论是格力，还是美的，都相对稳定，不是影响 ROE 变动的主要原因。

综上初步分析，结合以前的行业分析、战略分析和公司治理分析，可以做出判断：2015 年美的整体绩效好于格力。并且，美的未来的盈利及增长全面超越格力的可能性较大。

四、ROE 分析：以机器人公司为例[①]

如前所述，与其他财务指标，如收入、EVA、每股收益（EPS）等相比，ROE 分析方法具有以下优点。

（1）通过 ROE 与 COEC 比较，有助于我们分析企业的价值创造及其源泉。

（2）ROE 可以在同一行业不同企业、同一企业不同时期之间进行比较，可比性强。

（3）通过对 ROE 等式的分解、计算和分析，我们可以对企业的经营、投资、财务管理的绩效有一个初步的评估。

但是，传统 ROE 分析方法的缺陷也是明显的。

（一）传统 ROE 方法的缺陷

1. 总资产收益率分子与分母口径不一

ROE = 净利润/所有者权益，我们可以将上式分解为：净资产收益率 = 总资产收益率 × 权益乘数。权益乘数，亦称权益系数、财务杠杆等。

在计算总资产收益率时，分母包括所有投资者投入的资本（债权人和普通股权益持有者投入的资本），分子仅是可供普通股权益持有者分配的净利润。分子分母口径不一，使得我们在某些方面无法进行更深入的比较分析。例如，某企业的总资产收益率（ROA）为 6%，向银行借款的利率是 8%（该企业的所得税率为 15%），实际的借款成本是 6.8%，我们此时并不能确定，企业向银行举债经营会提升 ROE，还是降低 ROE。

2. 未区分经营性资产与非经营性资产

ROA 中总资产既包括经营性资产，也包括非经营性资产（一般指金融性资产，financial assets），即未用于企业经营运动中的资产，如闲置或多余的现金（即资产负债表中的货币资金）、短期的有价证券投资（多余或闲置现金的

① 本节系与吴雨泽合作完成，根据 2017 年 4 月 12 日、4 月 19 日发表于公众号“小舟观察”中的文章修改而成。

一种管理方法式）等。经营性和非经营性资产混在一起，妨碍了我们对企业经营性资产效率和效果的正确评估。

3. 未区分经营性收益（operating income）与金融性（财务性）收益（financial income）

ROE＝净利润/所有者权益

上式中的净利润既包括企业经营活动产生的收益，也包括财务决策取得的收益，如银行存款利息收入，以及短期有价证券投资所取得的损益。对两种收益进行区分是有意义的。经营性收益往往是可持续或可重复、可预测的，而财务性收益，大都是一次性的或偶然性的。将经营性收益与财务性收益的区分，有利于我们分析、评估上市公司的收益质量，提高我们对上市公司估值的正确性。

4. 财务杠杆的计算不准确

净资产收益率＝总资产收益率×权益乘数

＝（净利润/总资产）×（总资产/普通股权益）

在计算上式中的权益乘数（财务杠杆）时，我们未将超过正常经营所需的最低的现金需要量的现金与短期有价证券投资剔除（多余的现金、短期有价证券投资可以用来清偿债务，是“负债务”）。财务杠杆账面比率比实际要高，从而扭曲了企业财务杠杆的计算。

如A股一些上市公司IPO的主要目的就是融资，IPO或再融资后获取的大量资金并未得到有效的利用，而是用于投资国债等有价证券。对于多余的现金，证券分析师们通常在分析财务杠杆（资产负债率时）或对公司进行估算时，将其从公司的债务中扣除。

这里隐含着一个重要的假设：即非金融企业现金运作的收益率小于借款成本。

下面我们以机器人公司为例，用新、旧两种ROE方法进行分析和讨论。

（二）机器人公司的传统ROE分析

沈阳新松机器人自动化股份有限公司（以下简称“机器人公司”），是首批创业板上市公司，证券代码300024。机器人公司是一家以机器人独有技术为核心，致力于数字化智能高端装备制造的高科技上市企业。公司的机器人产品线涵盖工业机器人、洁净（真空）机器人、移动机器人、特种机器人及智能服务机器人五大系列。公司在高端智能装备方面已形成智能物流、自动化成套装备、洁净装备、激光技术装备、轨道交通、节能环保装备、能源装备、特种装备产业群组化发展。公司是国际上机器人产品线最全厂商之一，也是国内机器人产业的领导企业。公司现已形成以自主核心技术、关键零部件、领先产品及行业系统解决方案为一体的完整产业链，并将产业战略提升到涵盖产品全生命周期的数字化、智能化制造全过程。

2012—2016 年机器人公司的 ROE 情况如表 4 - 17 所示。

表 4 - 17　　2012—2016 年机器人公司的 ROE 情况

财务指标 \ 年份	2016	2015	2014	2013	2012
销售净利率/%	20.63	23.8	21.80	19.34	20.42
总资产周转率/%	29.80	34.37	53.80	60.5	58.50
总资产收益率（ROA）/%	6.15	8.21	11.73	11.71	12.01
财务杠杆（权益乘数）	1.25	1.35	1.55	1.41	1.33
净资产收益率（ROE）/%	7.69	11.08	18.20	16.40	16.01

资料来源：根据机器人公司年报相关数据整理。

我们结合公司的年报，对上表中的数据进行简要分析。

（1）机器人公司的销售净利率基本稳定在 20% 左右，在 2015 年及以前年度，呈稳步上升趋势；2016 年略有下降，但是下降幅度不大，总体上看经营能力比较稳定。

（2）总资产周转率呈现下降趋势，尤其是近两年下降较为剧烈，说明对新资产的投资没有带来与原有资产同比的收入创造能力，新投资的盈利能力不足是造成 ROE 摊薄的主要原因。

（3）2012—2014 年，ROA 稳定在 12% 上下；但 2015 年和 2016 年均出现较大幅度下降，这一下降主要是资产周转率下降造成的，反映出公司在资产规模扩大之后，资产管理能力的不足显现出来，单位资产的盈利能力下降。

（4）财务杠杆的变动幅度不大。虽然在 2015 年增发股票之后略有下降，但仍维持在 1.25 ~ 1.5，总体比较稳定；公司通过使用财务杠杆为普通股股东带来稳定的价值增值。

（三）机器人公司的新 ROE 分析

解决问题的方法与问题同时产生。

如前所述，传统 ROE 有不少缺陷，于是就产生了新的 ROE 方法。新的 ROE 方法针对传统 ROE 的缺陷，对于资产、负债和权益，以及收益、费用和利润等进行了重新的划分和调整。例如，经营性资产与金融性资产的划分，税后经营净利润（NOPAT）的计算等。

新 ROE 等式具体如下。

$$
\begin{aligned}
\text{ROE} &= \frac{\text{税后经营净利润}}{\text{股东权益}} - \frac{\text{税后利息费用}}{\text{股东权益}} \\
&= \frac{\text{税后经营净利润}}{\text{总经营资产}} \times \frac{\text{总经营资产}}{\text{股东权益}} - \frac{\text{税后利息费用}}{\text{净负债}} \times \frac{\text{净负债}}{\text{股东权益}} \\
&= \frac{\text{税后经营净利润}}{\text{总经营资产}} \times \left(1 + \frac{\text{净负债}}{\text{股东权益}}\right) - \frac{\text{税后利息费用}}{\text{净负债}} \times \frac{\text{净负债}}{\text{股东权益}} \\
&= \frac{\text{税后经营净利润}}{\text{总经营资产}} \times \left(\frac{\text{税后经营净利润}}{\text{总经营资产}} - \frac{\text{税后利息费用}}{\text{净负债}}\right) \times \frac{\text{净负债}}{\text{股东权益}} \\
&= \text{经营性资产收益率} + （\text{经营性资产收益率} - \text{税后利息率}） \times \text{净财务杠杆} \\
&= \text{经营性资产收益率} + \text{利差} \times \text{净财务杠杆}
\end{aligned}
$$

我们认为，在机器人公司的资产和负债中，多余的现金、可供出售金融资产、其他流动资产中的银行理财产品和由金融资产形成的递延所得税资产属于金融资产；短期借款、应付股利、长期借款和由金融资产形成的递延所得税负债属于金融负债。具体划分和调整如下。

1. 货币资金的经营性和金融性划分

货币资金是机器人公司的重要资产，其期末余额占总资产的比重较高，尤其是 2015 年年末公司持有大量募集资金，当年期末货币资金占总资产的 47.72%，其经营性和金融性划分对管理用财务报表的结构有较大影响。

我们认为，2012—2016 年的连续五年中，2016 年和 2015 年机器人公司存在多余的货币资金，这一部分应当划分为金融资产，2012—2014 年货币资金余额应当列为经营资产。如表 4－18 所示。

表 4－18　　2012—2016 年机器人公司货币资金占营业收入比

财务指标＼年份	2016	2015	2014	2013	2012
货币资金/元	1391354977.64	3133053261.08	487652253.17	342100088.49	358047206.42
营业总收入/元	2033481030.11	1685391508.43	1523535056.67	1319075626.24	1044419979.13
货币资金占营业收入的比重/%	111.25	107.41	27.23	26.54	37.07

资料来源：根据机器人公司年报相关数据整理。

从表中可以看出，2012—2014 年，货币资金占营业收入的比重比较稳定，约为 30%，货币资金的持有量随销售收入的增长而稳定增加，说明货币资金主要是为维持日常的研发、生产、经营而持有的，应当全部列为经营资产。虽然，其中 2012 年略高，综合当年存在净利息收入的情况，可以得出货币资金存在闲置情况的结论，但是，由于闲置金额难以通过报表判断，加上年份较早，预测价值不大，故将当年货币资金全部划分为经营资产影响不大。

2015 年，机器人公司货币资金占营业收入的比重激增，说明大量货币资金并非是出于经营目的而持有。

当年期末，货币资金余额较上一年增长 2645401007.91 元，主要系当年公司非公开发行股票募集资金于 10 月到位，募集资金净额为 2960882979.92 元。根据《关于 2015 年度募集资金存放与使用情况的专项报告》，截至 2015 年 12 月 31 日，公司除了以 196884961.92 元募集资金置换预先投入募投项目的自筹资金外，还直接投入 811269663.39 元，募集资金专户余额 1956639802.05 元，这些资金没有投入生产经营，不应当计入经营资产。

若将期末货币资金均列为经营资产，则会高估公司的净经营资产，低估公司的经营性 ROA。

2016 年，机器人公司在年报中披露，“截至 2016 年 12 月 31 日止，累计已使用募集资金共计 1148671141.48 元。其中，公司利用自筹资金对募集资金项目累计已投入 196884961.92 元，募集资金到位后，公司以募集资金置换预先已投入募集资金投资项目的自筹资金 196884961.92 元；直接投入募集资金项目 951786179.56 元。募集资金专户余额为 1845355269.98 元。”为了客观评价公司主营业务的盈利能力，募集资金尚未投入募投项目的部分（尚未进入生产经营）不应当划分为经营性资产。

综上分析，我们将2012—2014年年末机器人公司持有的货币资金全部列示为经营性资产，将2015年和2016年年末货币资金余额在经营性资产和金融性资产之间划分。在此假设机器人公司维持正常地生产经营所需的经营性货币资金占营业收入的比重与以前年度基本相同，所以，按照2012—2014年该比重的平均数（30.28%）计算2015年和2016年公司的经营性货币资金。如表4－19所示。

表4－19　　2012—2016年机器人公司货币资金划分

时间 财务指标/元	2016－12－31	2015－12－31	2014－12－31	2013－12－31	2012－12－31
经营性货币资金	698474841.82	533115619.93	487652253.17	342190088.49	358047296.42
金融性货币资金	692850135.82	2590937641.15	—	—	—
货币资金	1391354977.64	3133053261.08	487652253.17	342190988.49	358047296.42

资料来源：根据机器人公司年报相关数据整理。

2. **总经营性资产与总资本的调整**

表4－20是2012—2016年机器人公司总经营性资产的调整情况。

表4－20　　2012—2016年机器人公司总经营性资产的调整

时间 财务指标/元	2016－12－31	2015－12－31	2014－12－31	2013－12－31	2012－12－31
总经营资产	4089256560.58	3201085725.02	2471337092.83	1902570126.56	1474034244.40
净负债	－1546725681.30	－2078957082.15	483688741.95	240572120.19	36807313.88
股东权益	5635982241.88	5280042807.17	1987648350.88	1661998006.37	1437226930.52

资料来源：根据机器人公司年报相关数据整理。

其中，净经营性资产的构成如表4－21所示。

表 4-21　　2012—2016 年机器人公司净经营性资产构成

时间＼财务指标	经营性营运资本		经营性长期资产		总经营资产
	金额/元	占比/%	金额/元	占比/%	金额/元
2016-12-31	2789253945.48	68.21	1300002615.10	31.79	4089256560.58
2015-12-31	2116181727.87	66.11	1084903997.15	33.89	3201085725.02
2014-12-31	1687446729.74	68.28	783890363.09	31.72	2471337092.83
2013-12-31	1261015218.52	66.28	641554908.04	33.72	1902570126.56
2012-12-31	944308924.54	64.06	529725319.86	35.94	1474034244.40

资料来源：根据机器人公司年报相关数据整理。

由上表可知，机器人公司总经营资产规模不断增加，其中，经营性营运资本的占比呈上升趋势，流动性增加。

3. 将净利润调整为税后经营净利润（NOPAT）

表 4-22 是 2012—2016 年机器人公司净利润调整情况。

表 4-22　　2012—2016 年机器人公司净利润调整

财务指标/元＼年份	2016	2015	2014	2013	2012
净利润	419491312.14	402507153.41	332079747.21	255072791.85	213306705.30
税后利息费用	—	—	8561316.21	3574879.83	-1298229.38
税后经营利润	379760952.23	353198479.38	340641063.42	258647671.68	212008475.92
息税前利润	441436324.60	409345733.90	306981729.20	304830697.67	244294257.97

资料来源：根据机器人公司年报相关数据整理。

经调整计算后，新 ROE 结构如表 4-23 所示。

表 4-23　　2012—2016 年机器人公司的新 ROE

财务指标/%＼年份	2016	2015	2014	2013	2012
经营性销售利润率	18.68	20.96	22.36	19.61	20.30
经营性资产周转率	55.79	59.42	69.66	78.13	76.86
经营性资产收益率	10.42	12.45	15.58	15.32	15.60

续　表

财务指标/% \ 年份	2016	2015	2014	2013	2012
利差	8.23	6.27	13.21	12.74	20.47
净财务杠杆	-33.21	-21.95	19.84	8.95	2.00
财务杠杆利得	-2.73	-1.38	2.62	1.14	0.41
ROE	7.69	11.08	18.20	16.46	16.01

资料来源：根据机器人公司年报相关数据整理。

按照新 ROE 方法，我们对机器人公司进行简要分析如下。

（1）经营性销售净利润率在 2015 年及以前年度基本稳定，但在 2016 年略有下降。这一趋势与传统 ROE 分析方法中销售净利润率传递出的经营能力信息基本相同。但是，剔除税后利息收入的影响后，可以看出经营性销售净利润率在 2016 年下滑比剔除前更为剧烈，更能反映出企业经营效率在 2016 年的下降。同时，2015 年经营性销售净利润较以前年度并未增长，反而略有下降，这是因为当年处置可供出售金融资产获得的投资收益占利润的比重较大，造成传统销售净利润高估了企业主营业务的盈利水平。

（2）经营性资产周转率呈下滑态势，2015 年下降幅度达到 10 个百分点，2016 年进一步下降，反映出新投资的盈利能力不足造成公司为股东创造价值的能力下降。这一结论也与传统 ROE 方法的分析结果相似。

（3）综合以上两个方面，2012—2014 年，经营性 ROA 稳定在 15.50% 上下，但 2015 年和 2016 年持续下降，两年合计下降 5 个百分点，说明公司在资产规模扩大之后单位资产的盈利能力尚未达到原有水平。

（4）修正后的净财务杠杆，反映出 2015 年非公开发行股票对公司的融资结构产生了巨大的影响，近 3 亿元的股权资本涌入使公司的负债率降低；同时，公司对大量资金的管理能力尚有不足，投资效率缺乏，这造成 2015 年和 2016 年财务杠杆对公司 ROE 的贡献为负。这一点与传统 ROE 方法得出的杠杆稳定且能够给企业带来价值增值的结论完全不同，体现出新 ROE 方法将资产和负债区分为经营性和金融性的分析价值。

（四）机器人公司新 ROE 等式中各项财务指标变动的原因

我们分别用传统和新 ROE 分析方法对机器人公司的经营绩效进行了初步分析。按照新 ROE 方法分析得出的基本结论如下。

（1）经营性销售净利润率在 2015 年及以前年度基本稳定，但在 2016 年略有下降。

（2）经营性资产周转率呈下滑态势，2015 年下降幅度达到 10 个百分点，2016 年进一步下降，反映出新增投资的盈利能力不足。

（3）综合以上两个方面，2012—2014 年，经营性 ROA 稳定在 15.50% 上下，但 2015 年和 2016 年持续下降，两年合计下降 5 个百分点，说明公司在资产规模扩大之后单位资产的盈利能力未能达到原有水平。

（4）2015 年非公开发行股票对公司的资本结构产生了巨大影响，近 3 亿元的股权资本涌入使公司的负债率降低。

下面主要探讨新 ROE 方法下各项财务指标变动的原因。

1. 经营性 ROA 下降的原因分析

2012—2016 年机器人公司的 ROE 情况如表 4－24 所示。

表 4－24　　　　2012—2016 年机器人公司的新 ROE

财务指标/%　　年份	2016	2015	2014	2013	2012
经营性销售利润率	18.68	20.96	22.36	19.61	20.30
经营性资产周转率	55.79	59.42	69.66	78.13	76.86
经营性资产收益率	10.42	12.45	15.58	15.32	15.60
利差	8.23	6.27	13.21	12.74	20.47
净财务杠杆	－33.21	－21.95	19.84	8.95	2.00
财务杠杆利得	－2.73	－1.38	2.62	1.14	0.41
ROE	7.69	11.08	18.20	16.46	16.01

资料来源：根据机器人公司年报相关数据整理。

从表中可以看出，2015 年和 2016 年公司经营性 ROA 持续下降，两年合计下降 5 个百分点，说明公司在资产规模扩大之后，总体盈利能力未能同比提升，从而造成单位资产的盈利能力明显低于原有水平。

具体分析有以下原因。

（1）经营性销售净利率下降。2015 年和 2016 年，机器人公司经营性销售净利润下降可以归纳为两个方面：一是公司毛利率出现小幅下降，二是公司为开拓市场、赢得客户而增加了销售费用的支出。

①毛利率小幅下降。2016 年，公司综合毛利率为 31.74%，同比下降 2.35 个百分点。从业务角度分析，工业机器人业务毛利率 29.69%，下降 4.05 个百分点；物流成套装备毛利率 28.91%，下降 1.88 个百分点；自动化装配及系统集成毛利率为 36.33%，下降 0.98 个百分点；交通自动化系统毛利率为 30.37%，增长 0.57 个百分点。

②销售费用支出增加。机器人公司经营战略较为激进，正在大力开拓市场，贯彻"大市场、大客户"的市场策略，持续推动"战略合作伙伴"发展战略，这一阶段销售费用、信用折扣等支出升高是造成经营性销售净利率下降的重要原因。有以下迹象支撑这一观点。

第一，2016 年公司销售费用同比增长 54.02%，管理层在报告中解释为"主要系扩大市场规模、增加营销投入所致"。

第二，近两年公司应收账款偏高，较以前年度有较大增长。2016 年年底，公司应收账款占营业收入的比重为 39.7%，与 2015 年年报的 39.8% 基本持平，比 2014 年的 32.6% 高出 7 个百分点。这说明公司很可能通过分期付款等方式延长客户的信用期，激励客户进行智能机器人投资，以实现其开拓市场、争取客户的目的。

期间费用增加及其带来的经营性销售净利率的增加属于公司贯彻市场策略和发展战略带来的连锁反应，并且这部分投入也带来了相应的收入增长。2016 年，公司收入增长较快的重要原因是机器人业务成功扩展到军工、安防、激光导航、服务机器人等应用领域，并拓展了新客户，新客户占比达到 32%，积极的市场开拓战略初见成效。

（2）经营性资产周转率下降。当前宏观经济态势低迷，实体经济发展乏力，下游产业客户投资能力被大幅削弱，进行自动化、智能化机械投资的意愿和能力不足，严重影响机器人与智能制造的建设计划的实施与推广，对公司的业务拓展产生不利影响。中金、东吴、长城证券等多家研究机构认为，由于下游需求萎靡等原因，2016 年服务机器人市场拓展不及预期。

2016 年公司已在香港、青岛、武汉、长春、西安、广州、重庆等地设立子公司（办事处），人员规模持续扩大，截至报告期末公司员工总人数较去年同期增加 16.60%。新公司设立初期，新增的资产投资和人力成本较高，但其业务能力、销售水平和客户数量处于爬坡期，需要一定的时间来实现投入向收入的转化。

2012 年至今，公司在逐步加大研发力度，研发投入金额持续增长，2016 年研发投入金额增长到 9906.92 万元。2014 年及以前公司的研发投入均未资本化，2015 年和 2016 年将部分研发投入资本化，准则规定在满足资本化条件的情况下开发阶段的研发支出可以资本化，故这一会计处理变化前后均未违反准则，但是可以侧面反映出公司盈利水平无法承担将全部研发投入计入当期损益给利润表的压力。机器人公司应当在注重研发的同时，加强对由技术向应用和市场需求的转化。从目前公司积极开拓市场的战略来看，机器人公司已经认识到这一点。

另外，将研发支出部分资本化也会带来开发支出和无形资产项目期末余额的增长，带来总资产的小幅增加，从而对周转率的加快起到一定的阻碍作用。但是，研发支出资本化的金额较小，只是公司经营性资产周转率下降的十分次要的原因。

2. 财务杠杆利得下降的原因分析

2015 年和 2016 年公司财务杠杆利得为负值，说明公司持有的货币资金、银行理财产品等金融资产过多，造成净负债和净财务杠杆为负值，正的利差和负的净杠杆率共同作用使公司存在财务杠杆损失。

近两年公司持有货币资金增加的原因主要有两点：一是 2015 年公司非公开发行股票募集资金，资金于当年 10 月底到位，连续两年账上存在大量闲置募集资金；二是公司现阶段发展对流动性的需求更加强烈。

（1）非公开发行股票募集资金闲置。2015 年，机器人公司非公开发行股票募集资金 2960882979.92 元，资金 10 月末到位；截至 2015 年年末，资金到位后直接投入 811269663.39 元，累计 1008154625.31 元，募集资金专户余额 1956639802.05 元；截至 2016 年年末，当年投入项目 14051.65 元，累计 114867.11 元，募集资金专户余额 1845355269.98 元。2016 年公司募集资金投入比例很小，投资进度小于预算，大量资金闲置，对此公司在《关于2016年度募集资金存放与使用情况的专项报告》中给出如下解释：第一，募集资金到账是在无法开工的冬季，致使项目进度晚于预期；第二，截至2016年度部分建筑商款项尚未支付，导致按累计投资计算的项目进度小于实际项目进度；第三，由于厂房尚未建成，大部分设备尚未采购，设备投入作为一项重要支出目前支出较少。

根据规定，募集资金在投入项目前不能用作其他投资，因而大量资金闲置造成公司现金管理效率低下，产生负的财务杠杆贡献。为提高闲置募集资金的利用率，公司于2016年3月9日召开临时股东大会审议通过了《关于使用闲置募集资金购买理财产品的议案》，同意公司使用额度不超过8亿元购买投资期限为12个月以内的保本型理财产品。根据2016年11月23日披露的《关于使用闲置募集资金购买理财产品的进展公告》，2016年12月31日公司利用闲置募集资金购买并持有6亿元的银行理财产品。将闲置资金购买银行理财产品能够产生一定的金融性投资收益，能够稍微提高资金管理效率，但是效果不明显，且并非长久之计，公司应当按照计划将资金向募投项目中投入，将资金用于生产经营。

（2）流动性需求增加。从财务数据来看，由前述的总资产构成表可知，公司的经营性营运资本占总经营资产的比例呈上升趋势，说明公司的流动性需求有所增长。并且，公司股利支付政策变动也反映出这一点，2016年，公司改变往年固定比例分红的股利政策，宣布不进行股利分配，原因解释为满足公司日常运营对流动性不断提高的需求，保证公司的持续发展和股东的长远利益。

从业务层面分析，公司对流动性的需求符合公司目前全球化产业布局的战略需求。机器人公司现在处于成长期的发展阶段，2016年公司已在香港、青岛、武汉、长春、西安、广州、重庆等地设立子公司；公司人员规模持续扩大，截至报告期末公司员工总人数较去年同期增加16.60%；公司新签订单较去年同期增长，承接的订单呈现规模化、大型化发展特征。因此，公司日常运营对流动资金提出更高的需求。并且，公司为开拓市场、实现全球化布局，销售费用增长较快，2016年同比增长54%，销售费率从1.7%提高到2.3%。其次，公司研发投入逐年增长，2016年达到9906.92万元，资金需求高。

2016 年 12 月 31 日，公司总计持有银行理财产品 9.65 亿元，其中 6 亿元以闲置募集资金支付，剩余 3.65 亿元以公司自有资金支付，即公司以银行理财的形式持有 3.65 亿元资金用于补充生产经营中的流动性。这种资金安排虽然保证了现金流的充裕，但资金使用效率不高。

3. **短期盈利能力分析**

从总量上看，机器人公司 2016 年实现营业收入 20.33 亿元，首次突破 20 亿元，同比增长 20.7%；净利润 4.11 亿元，同比增长 4.0%；实现扣非净利润 2.74 亿元，同比增长 16.8%。收入和扣非净利润都实现较快增长。

从 ROE 上看，公司存在毛利下降、总资产周转速度放缓、资金投入进度晚于计划等问题，经营、投资、筹资上都需要不同程度地加以改进，以提高公司的价值创造能力。

我们认为，公司经营在短期内的重点问题是资金使用效率不高，资产运营管理能力不足，2015 年股权融资之后总资产大幅增加，但投资向收入转化的效率明显降低，公司应当增强资产周转率，提高投资的效益。

2016 年第四季度公司营业收入增长明显加速，第一季度、第二季度、第三季度、第四季度分别实现营业收入 3.54 亿元、5.35 亿元、3.57 亿元和 7.88 亿元，第四季度较去年同期增长 45.57%，主要来自工业机器人和物流仓储自动化业务的增长，多家机构认为这一定程度上与传统机械复苏、下游需求回暖有关，工程机械、冶金、化工等传统工业开工率的回升一定程度上拉动了过程控制等工控自动化业务的发展。我们认为，若下游需求能保持这一增长态势，加上公司目前产能逐步释放，短期内盈利总量和经营效率将会持续稳定增长。

4. **长期盈利能力分析**

长期来看，机器人公司行业优势和技术优势明显，加上市场潜力巨大，长期盈利水平值得期待。

（1）行业前景广阔。自动化、智能化是工业发展的必然趋势，属于朝阳产业，行业发展前景很好，机器人公司未来将受益于工业机器人行业的稳健发展。

（2）技术优势明显。机器人公司一贯重视研发，以技术实力为市场竞争优势，目前处于行业领先地位。而且，公司目前正在不断升级换代现有产品的技术和应用，在工业机器人、移动机器人、洁净机器人、服务机器人和特种机器人等领域不断研发出新技术、新产品，将技术应用到新业务当中，巩固领先的技术优势。

（3）市场潜力巨大。机器人公司目前处于成长期的发展阶段，正在积极推动全球化产业布局，贯彻“大市场、大客户”的市场营销策略，持续推动“战略合作伙伴”发展战略，开发国际化的潜在客户，扩大公司全球的市场影响力，市场前景广阔。

2016 年，公司与京东签署战略合作协议，帮助公司产品在智能物流方面的加速进步；成功中标阿里巴巴旗下菜鸟公司的物流项目，为公司未来电商物流业务大展拳脚打下良好的基础；正式进入 PC 机及服务器装配行业，已与多家 3C 行业客户展开合作，提供手机外壳磨抛服务；受益于二线城市的轨交建设加速，获得了沈阳、哈尔滨、南昌地铁的系统集成业务订单；首次实现 SRBJ10A 型号工业机器人出口欧洲。

经过以上分析，我们可以简要地总结如下。①机器人公司经营性销售净利率、经营性资产周转率的下降导致经营性 ROA 下降。②公司用股权方式募集资金未能充分有效地投入生产经营，导致财务杠杆利得为负，拖累了公司 ROE 的增长。③虽然公司 2016 年收入、利润增速不低，但从 ROE 角度看，公司近几年的 ROE 有所下降，2016 年的 ROE 不到 8%。④机器人公司行业优势和技术优势明显，市场潜力巨大，长期盈利水平值得期待。

五、比率分析、趋势分析：以格力和美的为例①

在前面，我们分别运用传统 ROE 方法和新 ROE 方法，对上市公司的绩效进行初步分析。本文将运用比率分析、趋势分析或增长率分析等方法，对格力电器和美的集团的经营管理、投资管理、财务管理进行比较和评价。

以格力和美的 ROE 为例，如表 4－25、表 4－26 所示。

---

① 本节系与周智慧合作完成。根据 2017 年 4 月 26 日发表于公众号“新知财务观察”上的文章修改而成。

表 4 - 25　　传统 ROE 及其构成

财务指标 \ 年份	格力		美的
	2015	2014	2015
销售利润率（ROS）/%	12.91	0.95	1.11
资产周转率/%	0.61	59.42	69.66
总资产收益率（ROA）/%	7.94	9.83	10.94
财务杠杆	3.39	3.60	2.45
净资产收益率（ROE）/%	26.95	35.41	26.78

资料来源：根据公司年报、中期报告整理。

表 4 - 26　　新 ROE 及其构成

财务指标 \ 年份	格力		美的
	2015	2014	2015
经营性销售利润率（operating ROS）/%	12.32	9.72	9.64
经营性资产周转率	1.83	3.01	2.58
经营性资产收益率（operating ROA）/%	22.57	29.28	24.85
利差（Spread）/%	31.47	45.17	34.59
净财务杠杆/%	13.92	13.58	5.56
财务杠杆利得/%	4.38	6.13	1.92
ROE = 经营性资产收益率 + 财务杠杆利得/%	26.95	35.41	26.78

资料来源：根据公司年报、中期报告整理。

传统结构下的 ROE 与新结构下的 ROE 计算结果是一致的。但是，新的 ROE 结构区分了经营性资产与非经营性资产，区分了经营性收益与非经营性收益，修正了企业的财务杠杆，更利于我们从外部对企业进行分析。

从以上数据中我们可以得出以下结论。

（1）2015 年格力的经营性销售利润率高出美的约 2.5%。

（2）格力的经营性资产周转率由 2014 年的 3.01 大幅下降到 2015 年的 1.83，远低于美的的 2.58，两者的差距在传统的 ROE 下也得到类似体现。差距的结果暗示格力经营资产的管理质量和利用效率不如其竞争对手美的，这也是美的经营性资产收益率反超格力 2.5 个百分点的主要原因。

（3）从对财务杠杆利得的分析来看，首先，美的的利差高出格力约 3.5

个百分点，说明美的每借入1元债务资本投资于经营资产可以获得的收益要高于美的；其次，从净财务杠杆来看，格力（13.92%）对杠杆的利用程度比美的（5.56%）要充分得多，反映出格力的财务管理策略要优于美的。新ROE法将这一差距展露得更加明显。

通过上述分析，我们不难发现，单纯比较ROE的结果，格力与美的似乎不分伯仲，但层层拆解开来，却也能体现出白色家电两大巨头的经营管理、资金管理和投融资决策等方面的差距。

（一）经营管理的比较分析

2015年，格力的经营性资产收益率较2014年猛降7个百分点，同时，美的在经营性销售利润率低于格力的情况下，2015年的经营性资产收益率（24.85%）高出格力（22.57%）近2.5个百分点，原因来自一个关键指标的变化：经营性资产周转率。经营性资产周转率在一定程度上体现出企业经营管理的效率和质量。

1. 经营性销售利润率提高不一定代表经营效率提高

2015年格力的经营性销售利润率比美的高出近2.5%，也比2014年提高近2.5%。但这并不一定能够说明格力的经营效率高于美的。我们来看格力的销售费用情况，如表4－27所示。

表4－27　　　　格力销售费用增长率

财务指标/亿元　　年份	2015	2014	增幅/%
营业收入	977	1375	－28.95
销售费用	155.06	288.9	－46.33
为销售费用支付的现金	48	55	－12.73

资料来源：根据格力年报、中期报告整理。

在销售收入降低29%的情况下，格力的销售费用降低了46.33%，而为销售费用支付的现金仅降低12.73%。我们不妨做一个猜想：这是否与格力在财务上减少返利冲抵有关?（格力实行销售返利制度。销售返利是指经销商在一定时期内累计购买货物达到一定数量，或者由于市场价格下降等原因，公司给予经销商相应的价格优惠或补偿等。）若猜想成立，则格力的经营性销售利润率提高与其经营效率提高关联性不强。

2. **行业凛冬，营收稳定方显经营本色**

经营性资产周转率＝销售收入/净经营性资产

格力、美的经营性资产周转率对比如表4－28所示。

表4－28　格力销售费用增长率

财务指标＼年份	格力		美的
	2015	2014	2015
销售收入/千元	97745137	137750358	138441226
净经营性资产/千元	53368643	45718770	53634382
经营性资产周转率	1.83	3.01	2.58

资料来源：根据格力年报、中期报告整理。

可以看出，2015年美的与格力净经营性资产相差仅0.4%，对两家公司经营性资产周转率差异影响较小，格力2015年净经营性资产反较2014年增加了16.73%，说明资产的投入并没有同步体现到销售收入中去，主要的影响因子是销售收入。

受2015年凉夏、房地产低位运行、2014年高库存因素的影响，2015年，我国白色家电行业经营惨淡，主要龙头内销都出现了不同程度的下滑，但是越是在市场动荡之时，收入的稳定越能彰显经营管理的质量。

2015年，格力销售收入由2014年的1400亿元下降到2015年的1005亿元，同比下降近30%，而美的2015年销售收入稳定在1400亿元左右，微降2.28%，遭遇凛冬，美的成为行业寒意之中的一股暖流。如表4－29所示。

表4－29　格力与美的营业收入对比

销售收入/亿元＼年份	2014	2015	增幅/%
格力	1400.05	1005.64	－29.04
美的	1423.11	1393.47	－2.28

资料来源：根据公司年报整理。

原因何在？我们不妨对格力与美的的销售收入进行拆解，如表4－30、表4－31所示。

表4－30　美的营业收入分业务构成

项目 \ 财务指标 \ 年份	2015		2014		同比增幅/%
	金额/亿元	占营收比/%	金额/亿元	占营收比/%	
分产品					
大家电	879.32	63.52	924.02	65.22	－4.84
空调及零部件	644.92	46.58	727.05	51.32	－11.30
冰箱及零部件	114.23	8.25	97.24	6.86	17.47
洗衣机及零部件	120.18	8.68	99.74	7.04	20.49
小家电	354.46	25.60	327.10	23.09	8.36
电机	64.71	4.67	72.20	5.10	－10.36
物流	40.08	2.90	35.65	2.52	12.45
分地区					
国内	791.47	57.17	812.77	57.37	－2.62
国外	494.17	35.70	497.85	35.14	－0.74

资料来源：根据美的年报、中期报告整理。

表4－31　格力营业收入分业务构成

项目 \ 财务指标 \ 年份	2015		2014		同比增幅/%
	金额/亿元	占营收比/%	金额/亿元	占营收比/%	
分产品					
空调	837.18	85.65	1187.19	86.18	－29.48
生活电器	15.23	1.56	17.86	1.30	－14.75
其他	26.90	2.75	22.40	1.63	20.12
分地区					
国内	745.96	76.32	1089.35	79.08	－31.52
国外	133.35	13.64	138.10	10.03	－3.44

资料来源：根据格力年报、中期报告整理。

对美的和格力的业务进行拆解，我们可以发现，美的的产品结构要比格力丰富得多，空调仅占46.58%，在空调收入同比下降11.3%的情况下，却能依靠冰箱、洗衣机、小家电和物流的增长实现销售收入的缓冲；反观格力，由于空调占到其总营收的85.65%，所以当冷夏来临、房地产下行时，它并不能阻挡单一行业波动对自己的影响，因为它本身就如此单一。

接下来，我们从内销和外销的角度，对美的和格力的销售收入进行拆解。如表4-32所示。

表4-32　美的和格力销售收入的内外构成

项目＼财务指标＼年份	2015		2014		同比增幅/%
	占营收比/%	金额/亿元	占营收比/%	金额/亿元	
美的					
国内	791.47	57.17	812.77	57.37	-2.62
国外	494.17	35.70	497.85	35.14	-0.74
格力					
国内	745.96	76.32	1089.35	79.08	-31.52
国外	133.35	13.64	138.10	10.03	-3.44

资料来源：根据公司年报、中期报告整理。

美的2015年外销收入占到其总营收的35.7%，而格力这一数据仅为13.64%，换言之，美的的海外战略布局比格力要好得多。通过研读两家公司的年报中“管理层分析与讨论”一章中“公司2015年工作重点”，可以发现：美的加大推动海外业务增长工作，设立国际总部，统筹规划海外自有品牌业务，推动外销业务模式以“OEM为主”向以“OBM为主”转变；组织形态由支持“中国出口”向支持“本地运营”转变；而格力2015年的工作重点中，关于海外市场一个字都没提。

如果没有多元化的产品结构，企业如何能抗衡单一市场的波动？如果不走出国门，企业又如何抗衡单一经济体的波动？

（二）投资管理的比较分析

利差=经营性资产收益率-税后利息率

表4-33为格力与美的的利差对比。从中我们得出，2015年格力的利差较

2014年大幅下降15%左右，美的的利差略高出格力约3.5个百分点，说明美的每借入1元债务资本投资于经营资产可以获得的收益要略高于格力。

表4-33 格力与美的的利差对比

财务指标/% \ 年份	格力		美的
	2015	2014	2015
经营性资产收益率（operating ROA）	22.57	29.28	24.85
税后利息率	-8.91	-15.89	-9.74
利差（Spread）	31.47	45.17	34.59

资料来源：根据公司年报、中期报告整理。

2015年格力的利差较2014年大幅下降，原因主要来自经营性资产收益率的下降和税后有效利息率的增加。由于税后利息率的高低主要由资本市场决定，所以经营性资产收益率的高低从根本上决定了利差的高低。在前文中，我们从经营管理的角度解释了格力的经营性资产收益率2015年大幅下降的原因和与美的存在差距的原因。

接下来，我们切换到投资管理的角度分析格力和美的收益率差距的内因。

1. 赚钱不易，花好钱更难

想搞清楚格力和美的的投资管理，首先要搞清楚他们有多少钱。

美的的货币资金占总资产的比例一直处于一个相对较低的水平，而格力则是年年创新高，其货币资金的数量级也远远超出美的，如表4-34所示。

表4-34 2012—2015年格力与美的货币资金情况

财务指标 \ 年份	2015	2014	2013	2012
格力				
货币资金/亿元	888.2	545.46	385.42	289.44
货币资金占资产比/%	54.93	34.91	28.82	26.91
美的				
货币资金/亿元	118.62	62.03	155.74	134.36
货币资金占资产比/%	9.21	5.16	16.06	15.31

资料来源：根据公司年报、中期报告整理。

但是有趣的是，美的每一年的经营活动现金流入都比格力多，如表4－35所示。那么美的的钱去哪儿了？

表4－35　2012—2015年格力与美的经营活动现金流入比较

财务指标/亿元　年份	2015	2014	2013	2012
美的经营活动现金流入	1342.78	1123.05	845.25	793.63
格力经营活动现金流入	1187.97	905.40	756.31	755.5

资料来源：根据公司年报数据整理。

公司年报披露，美的2013年1月购买商业银行的理财产品521.67亿元，2014年购买1166.17亿元，2015年购买240.42亿元，可见美的闲置资金不比格力少，但是一个存在账面上，一个买理财，似乎谁也不比谁高明到哪里去，所以，在2015年，怎么把钱花出去成了让两头现金牛头疼的问题。

花钱方式不同最终体现的是公司战略的不同。2016年以前，我们很少看到两家公司有花钱的大动作，无法判明其投资管理的手段谁更加高明，可是自2016年起，美的收购东芝、库卡；格力试图收购珠海银隆……

当白色家电巨头们开启“买买买”的模式的时候，我们就能看到两者的差异。

2. 千里之行，始于战略

投资管理的问题，实质上还是战略的问题。

对于利润微薄、市场饱和的白色家电行业而言，“内修”和“外扩”的水平彰显了公司的投资管理艺术。所谓外扩，就是对外扩张布局、投资新业务，如美的收购库卡，海尔收购GE家电，格力试图收购珠海银隆；所谓内修，就是提高精细化管理水平，提高质量，降低成本，如采取闭环制造，低端转高端。

美的的“内修”和“外扩”过程以“智能家居＋智能制造”战略为依托精心布局。内修方面，美的在智能制造领域投入近千台机器人，自动化改造投入约50亿元，平均自动化率达到近17%。外扩方面，美的通过与第三方合作，加快智能化战略布局的速度，迅速扩充实力，从自身产业出发，实现业务多元化。

格力的“智能化”梦想和“多元化”扩张也并未停歇，但是不同的是，格力似乎并没有提出足够清晰的战略，其战略布局相比之下也显得杂乱无章，“智能化”方面，格力缺乏构建智能家居平台的优势，其宣传的智能化似乎也从未落到实处；“多元化”方面，无论是造手机，还是造汽车，格力的扩张之路与其自身的业务版图并无关联，不仅投入回收期长，未来是否可以成功也需要打上一个问号。

当然，格力也有值得称道的地方，比如格力对空调的专注。在空调技术上，格力掌握了3000多项技术专利，建立了“股份制区域销售公司”的经销模式，其对供应商和经销商的议价能力更是为人称道……但是空调行业粗犷式发展的时代已经过去，从长远来看，格力要想保住自己在白电行业的龙头地位，就必须找到适合自己的投资战略。

不过战略的差异对公司经营的影响在短期难言孰优孰劣，谁真正地迎合了市场的趋势，在未来我们总能找到答案。

（三）财务管理的比较分析

2015年，格力的净财务杠杆为13.92%，较2014年基本保持稳定，2015年美的净财务杠杆为5.56%，说明格力对杠杆的利用程度比美的要充分得多，所以在美的利差高出格力约3.5个百分点的情况下，格力的净财务杠杆利得仍能比美的高出约2.5%。

1. 低利率水平下的杠杆选择

美的和格力的净财务杠杆差距主要来自美的2015年净负债大幅减少了46亿元，而格力的净负债水平则相对稳定，如表4-36所示。

表4-36　　格力与美的净财务杠杆比较

年份 / 财务指标	格力		美的	
	2015	2014	2015	2014
净负债/亿元	65.2	54.66	28.29	74.42
所有者权益/亿元	468.49	402.53	508.82	424.06
净财务杠杆/%	13.92	13.58	5.56	17.55

资料来源：根据公司年报数据整理。

通过观察2015年上海银行间同业拆放利率（SHIBOR）走势，结合以前年度的SHIBOR波动情况，我们发现，受宽松货币政策的影响，2015年我国利率水平处在较低的位置，企业的借款成本也相对较低，而在低利率的水平下美的并没有利用好财务杠杆。

2. **从净财务杠杆以外看美的与格力的财务管理**

跳出净财务杠杆之外，再看格力与美的的财务管理，会发现格力账面上存在大量“无息借款”。

第一，格力延长了对供应商的付款时间。白色家电行业属于轻资本行业，其应付账款和应付票据主要来源于应向上游供应商支付的货款。前面我们提到，2015年美的的销售收入比格力高出约400亿元，但是格力的应付账款比美的还要高出近80亿元，应付票据比美的要少得多（应付账款一般存在信用期间，而应付票据没有），在以前年度也是如此。这说明格力比美的对供应商的议价能力更强，能获得更长的信用期，对供应商付款的压缩幅度更大。如表4－37所示。

表4－37　2012—2015年美的与格力应付款比较

财务指标/亿元 \ 年份	2015	2014	2013	2012
美的				
应付账款	174.49	201.37	175.08	157.74
应付票据	170.79	126.48	63.08	92.43
格力				
应付账款	247.94	267.85	274.4	226.65
应付票据	74.28	68.82	82.30	79.84

资料来源：根据公司年报数据整理。

第二，格力缩短了对下游经销商的收款时间。美的的应收账款要比格力多得多，在2012—2014年，格力的应收票据要比美的多得多，这说明美的相对格力对下游经销商的信用政策要宽松很多，收款时间也自然要长一些。如表4－38所示。

表 4-38　　2012—2015 年美的与格力应收款比较

财务指标/亿元 \ 年份	2015	2014	2013	2012
美的				
应收账款	103.72	93.62	79.28	98.65
应收票据	128.89	170.97	141.51	123.86
格力				
应收账款	28.79	26.61	18.49	14.75
应收票据	148.80	504.81	462.97	342.9

资料来源：根据公司年报数据整理。

通过以上分析，我们发现，格力、美的通过延长付款时间、压缩收款时间，为自己争取了大量的“无息贷款”。当然，这也与格力、美的的业务结构有关，以 2014 年非冷年来看，格力有 1187 亿元的营业额来自空调，美的仅有 727 亿元，这就说明格力的采购量会比美的大得多，能从供应商处争取到的好处自然也会多一些。

综合以上分析，我们可以对两家公司做出如下评价。

（1）从经营管理的角度来看，美的的业务相对格力更多元，在面临行业下行风险时抵御风险的能力更强，导致美的经营性 ROA 高出格力。

（2）从投资管理的角度来看，美的的投资战略更加清晰，我们看好其未来的增长潜力。

（3）从财务管理的角度来看，2015 年格力比美的杠杆运用能力更好，财务管理水平更佳。

（4）格力与美的都是非常优秀的公司，从长远来看，美的抵御市场波动的能力更强，战略布局更加清晰，未来增长更加可期。

六、现金流分析：以华宇软件为例

（一）现金流分析中的常见误区[①]

郑永强在《世界 500 强 CFO 的财务管理笔记》一文中写道：“之前我

① 本部分内容根据 2016 年 6 月 7 日发表于公众号“小舟观察”中的文章修改而成。

们讲过现金流量表有三个组成部分，包括经营活动的现金流量、投资活动的现金流量以及筹资活动的现金流量。第一部分，经营活动的现金流量代表企业的‘造血’功能，衡量一个企业自我造血的机能怎么样。第二部分，投资活动的现金流量代表企业的‘放血’功能，适当放血有利于身体健康，企业也是一样，资金充沛时，可以适当地进行投资，就像‘献血’一样，做好未来的储备。第三部分，筹资活动的现金流量是‘输血’功能，是企业从外部能带来多少的新鲜的血液，好比贷款、发行债券以及 IPO，从企业外部筹集资金。那么‘造血’‘放血’和‘输血’功能之间到底是什么关系？现金流量表这三方面功能又该如何观察分析？”

是否真的是世界 500 强 CFO 的财务管理笔记笔者不能确定，但文中的现金流分析方法及作者的观点值得商榷。

（1）将经营活动、投资活动、筹资活动比作“造血”“放血（献血）”或“输血”既不恰当也无必要。

（2）何谓投资？固定资产、无形资产、在建工程等长期资产是投资，存货、应收账款等也是投资，所以，企业不仅要做好长期资产的投资管理，也需要做好营运资本（working capital）或经营性营运资本（operating working capital）的管理。

（3）何谓资金？何谓资金充沛？何谓适当的投资？企业的投资包括有价证券投资、项目投资以及企业的并购。从这个角度讲，企业只要经营着，就会进行各种各样的投资。

（4）财务报表（包括现金流量表）主要是给外部的报表使用者看的，企业的内部管理者，拥有更充分的信息。试问企业的财会主管、总会计师或 CFO 们，仅仅是通过对“现金流量表”的分析来进行投融资决策的吗？假如企业购买上市公司的股票（现金管理方式之一），按现金流量表准则，是不能算作现金或现金等价物的。所以内部管理者在分析企业的流动性、偿债能力和融资需要时，只用“现金流量表”而不考虑本公司持有的交易性金融资产（包括持有的其他上市公司股票）的价值是不可行的。

文中还提道：“无论你是企业的管理者还是投资者，研究和分析现金流量表，重中之重是掌握企业的经营活动的现金流量。我们前面已经介绍过了，经营活动的现金流量就是从主营业务中所产生的现金流，这是企业的生命线。如果一家公司，长久以来一直拖欠着供应商的钱，同时一直收不到客户的钱，那么经营活动的现金流量，显然就是负数。负数的现金流是很难长久支撑企业生存，更不用说发展了。当然，在中国的上市公司中，也有许多负数的现金流量的公司，利润表却是正数。这是一个非常有意思的现象，比如东方日升，三年平均净利润增长超过100%，但每股现金流量却是一个巨大的负数。作为管理者一定要分析原因，找出问题所在，确保经营性现金流健康稳定。

我们把企业的经营性现金流和净利润做成一张图，x 轴为净利润，y 轴为经营性现金流，如图 4－1 所示。

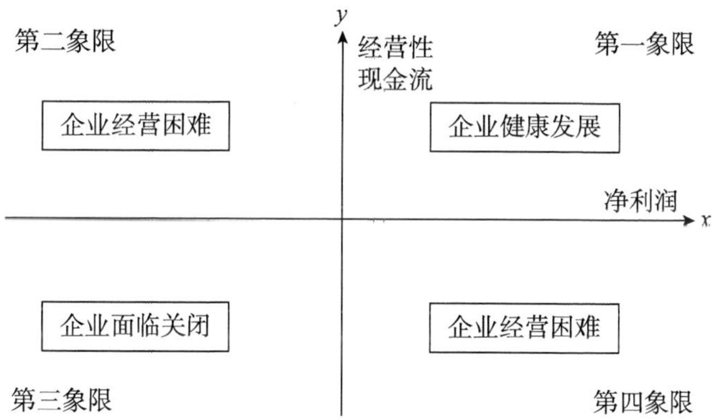

图 4－1　企业分类

通过这张图，我们可以将企业分为四类。

第一象限，净利润和经营性现金流都为正数，企业健康发展。代表企业运营正常，自身能够产生经营现金流入，为企业实现长期发展提供保障。

第二象限，净利润为负数，经营性现金流为正数，企业经营出现困难（产品或市场）。代表企业虽然亏损，但仍有经营现金流入，尚能够确保生产销售的正常进行。但是这类情况发生并不寻常，一般是市场发生突然变化、市场竞争突然加剧、新技术出现或替代产品的出现，导致企业利润骤降，甚至出现亏损。比如移动 4G 的推出，对其他电信营运商的打击。这个时候，企业应重点提高产品的盈利能力，比如产品革新、进一步降低成本、适当调整产品价格以及加大市场投入来提升销量。

第三象限，净利润和经营性现金流都为负数，企业面临倒闭。这样的企业自身已失去造血的机能，持续亏损，经营恶化，又得不到外部资金的补充，将面临破产清算的局面。

第四象限，净利润为正数，经营性现金流为负数，企业经营困难(企业营运)。代表企业有利润，但没有经营现金流入，说明企业营运质量不佳，需要外部融资来补充自身的现金不足。这个时候企业的改进重点不是产品，而应当加强和提升内部管理和效率，特别是对流动资产的管理，如存货管理、应收账款管理，并充分利用商业信用延迟付款期。”

以下是笔者对上述内容的质疑。

（1）负数的现金流是很难长久支撑企业生存的，更不用说发展了，这毋庸置疑，问题是“长久”是多长?

（2）一般的情形是，处于创业阶段的企业，利润为负，经营性现金流也为负；成长阶段的企业，利润可能为正，但经营性现金流量为负；成熟阶段的企业，净利润、经营性现金流量均为正；衰退阶段的企业，净利润为负，经营性现金流量可能为正。

（3）正确理解了第2点，图4－1的错误就显而易见了。

（4）对于投资者来说，如果遇到第二、三、四象限的企业就认为其经营困难或面临关闭，应该敬而远之的话，那么便会错过对苏宁易购、京东、阿里巴巴、机器人、科大讯飞等诸多公司的投资机会，错过那些处于创业阶段或成长阶段而具有巨大发展潜力的优秀企业。

（5）对于企业的财会主管们来说，一定要清楚企业财务会计与管理会计的差异（差异的根本原因是各自服务对象不同或目标不同）。大家想想，企业的管理决策（不管是经营、投资还是融资决策），有多少是建立在财务报表分析基础上的?换句话，财务报表提供的信息对企业管理者的经营、投资、融资决策有多大的支持?

所以，作为企业财务主管，我们不仅要学好财务会计准则，能够编制出高质量的财务报告；还要学好战略管理、财务管理、管理会计、内部控制与风险管理等课程，掌握现代的管理（分析）工具；更重要的是，要“学用结合”，要根据企业的实际情况，正确运用各种管理（分析）工具，为管理的决策提供相关信息，为企业的发展出谋划策、贡献才智。

（二）华宇软件的现金流分析①

我们对上市公司进行分析时所用的框架是：战略分析（包括行业分析和公司治理分析等）、会计分析、财务分析和前景分析四大类分析工具（分析环节）。战略分析是前提，会计分析是基础，财务分析是重点，前景分析（预测和估值）是目标。

在这个分析框架中，财务分析的目的是根据公司目标和战略的实现程度，评估公司的绩效和绩效的可持续性。

财务分析的基本方法有比率分析、趋势分析（或增长率分析）和现金流量分析等。前文中，我们运用比率分析、趋势分析方法对格力电器和美的集团的经营管理、投资管理和财务管理进行了比较和评价。

接下来我们将对上市公司华宇软件（300271）近年来的现金流状况进行初步分析。

笔者持有的股票共有10只，包括中兴通讯、美的股份、复星医药和华宇软件等（其中华宇软件仓位第一，占总资产比约25%）。

2016年12月16日，华宇软件收盘价上涨2.35%，17日因收购联奕科技停牌，直至2017年4月7日才复牌，没想到4月7日当天复牌的收盘价下跌2.52%，后来一直窄幅震荡。

直到2017年6月1日华宇软件大跌8.30%，迫使笔者不得不研究公司财报。

1. 公司概况

华宇软件是一家以软件与信息服务为主营业务的信息技术企业，业务范围涵盖法院、检察院、司法行政、食品安全、各级党委和政府部门以及各行业大型企事业单位，服务内容覆盖信息系统的全生命周期，为客户提供信息化顶层设计与规划咨询、应用软件开发、系统集成、运维服务和运营服务等全方位专业服务。

公司2001年6月成立于北京，注册名称为清华紫光软件股份有限公司

---

① 本部分内容系与冯鹏凯合作完成，根据2017年6月9日发表于公众号“小舟观察”中的文章修改而成。

(2013年变更为北京华宇软件股份有限公司)，注册资本4000万元，由清华紫光股份有限公司联合其他公司及自然人投资设立，清华紫光出资2600万元，持股65%，为主要发起人，公司承继了清华紫光软件中心的全部资产和业务。在2003—2004年紫光股份陆续转让其持有的发行人全部股权，此后与发行人不存在任何关联关系。

公司于2011年10月在创业板首发上市，发行1850万股，募资5.698亿元，在2015年定向增发三次，募资或发股合计2.85亿元，主要用途是股权投资（现金加股权收购）及补充营运资金。间接融资上，公司上市后累计短期借款1062万元，财务负担轻。

公司股权结构分散，截至2017年一季度末的前十大股东中，公司董事长邵学持股20.65%，为控股股东，其余主要由银行基金等的资管资金及公司主要治理层个人持有，占比都低于5%，控股权稳定。

2. 公司业务

行业类型上，按照万德（Wind）分类标准，公司属于“信息技术—软件与服务—信息技术服务—信息科技咨询与其他服务”类，截至2016年年底，营业收入在板块排名17位。公司业务方向明确，主攻政法部门电子政务系统的产品开发与服务，在该细分行业上引领市场，技术、服务等优势明显。

公司主要客户群涵盖法院、检察院、司法行政、食品安全、各级党委和政府部门以及各行业大型企事业单位，业务类型主要为应用软件开发销售、系统建设服务和运行维护服务三类。根据IDC中国电子政务研究报告，公司自2006年起连续多年位列中国电子政务IT解决方案供应商前10强。在政法行业，公司是法院信息化建设领域的领军企业，客户群覆盖全国，同时公司也在食品安全行业有成熟的经营模式，在立足优势行业基础上，通过稳健的并购投资开拓新业务，丰富产业体系，有效强化其市场领先地位及防范经营风险。

业务运转流程上，公司2016年前五大供应商依序分别为深圳捷视飞通科技股份有限公司、吉林国迈网络科技有限责任公司、西宁明慧信息技术有限公司、上海友特电子科技有限公司和北京华路时代信息技术股份有限公司，采购金额合计9980.69万元，占年度采购比例12.16%。当年度前五大客户依序分别为青海省高级人民法院、吉林省高级人民法院、北京市高级人民法院、新疆维吾尔自治区高级人民法院和上海市第三中级人民法院，销售额合计

2.75 亿元，占年度销售额比例为 15.12%。由此可见，公司大型供应商及销售客户的集中度适中，但以政府机构为主的客户类型单一，对国家产业政策（十三五规划“国家信息化”）依赖性较强，有一定的潜在风险。公司主要市场分布在华北、西北及华东区域，在华中、华南、东北等经济基础较好地区的布局还未成型，未来市场扩张与业务增长前景广阔。如表 4－39 所示。

表 4－39　　2015—2016 年华宇软件营业收入构成

	2016		2015		同比/%
	金额/元	占营收比重/%	金额/元	占营收比重/%	
营收合计	1820108218	100	1351669927	100	
分行业					
法院	1181820239	64.93	757473332	56.04	56.02
检察院	169726062	9.33	209351782	15.49	－18.93
政府	269721756	14.82	240548647	17.80	12.13
其他	198840162	10.92	144296167	10.86	37.80
分产品					
应用软件	793085273	43.57	567454641	41.98	39.76
系统建设服务	709845709	39.00	541971531	40.10	30.97
运输服务	371177237	17.43	242243755	17.92	30.93
分地区					
华北	745068541	40.94	696665600	51.54	6.95
西北	250190521	13.75	104620549	7.74	139.14
华东	244277848	13.42	150703171	11.15	62.09
华南	205898178	11.31	119858911	8.87	71.78
东北	194951452	10.71	123335029	9.12	58.07
华中	120322621	6.61	111510383	8.25	7.90
西南	59399032	3.26	44976286	3.33	32.07

3. **公司战略**

2016 年，公司基于“面向泛政府细分行业，做领先、专业的信息服务商”的长期发展战略，完成了“五纵四横”的业务布局。“五纵”指五个泛政府细分行业，包括法院、检察院、司法行政、食品安全、党政办公。“四横”是基于细分行业解决方案衍生出的通用产品业务，包括智能数据软件、法律数据和知识服务、协同办公软件、追溯云服务。公司持续完善战略型总部支撑前端业务单元的集团架构，积极整合“集团综合资源”“解决方案型子公司的行业和服务优势”“产品型子公司的产品和专业优势”，充分发挥协同效应为客户提供专业全面的产品和服务，有效支撑了公司业绩持续稳健的增长。

公司在业务战略上较为稳健，坚持内生发展与外延并购的双轮发展策略，巩固优势行业，布局新兴产业，实现公司业务长远、稳定和持续的发展。

在主营业务上，公司加快大数据、云计算、人工智能、移动互联网技术的研究和落地，提升研发投入占比，同时拓展食品安全、法律服务等新兴市场，大司法市场格局稳步呈现。在资本市场上，公司适时拓展，通过对外投资、并购等方式开拓业务，进行前瞻性布局。2015 年，公司为股权投资及补充流动资金定向募资合计 2. 85 亿元，当年发生购买浦东中软 90. 185% 股权及华宇金信 49% 股权的权益性投资行为，2016 年公司参与投资设立华宇元典、溯源云两家公司，进一步完善了泛电子政务细分行业的业务布局，提升了行业均衡性和延展性。

公司近年来收入、净利润（扣非①）及每股收益如表 4 - 40 所示。

表 4 - 40　2014—2017 年第一季度华宇软件收入、净利润及每股收益

财务指标＼时间	2017 年第一季度	2016 年	2015 年	2014 年
非经常性损益/元	483609. 00	6447230. 00	4926679. 00	2908275. 00
经营活动现金流/元	- 276047979. 00	237220810. 00	349825717. 00	288761055. 00
经营现金流同比/%	- 46. 78	- 32. 19	21. 15	2534. 52
营业收入/元	277615080. 00	1820108220. 00	1351669930. 00	902602840. 00
营收同比/%	36. 67	34. 66	49. 75	34. 75
净利润/元	34863290. 00	274360660. 00	208617970. 00	149610680. 00
净利同比/%	29. 68	31. 51	39. 44	22. 51
扣非后净利润/元	34379681. 00	267913430. 00	203691291. 00	146702405. 00
普通股加权平均数	581054833. 30	638048046. 50	613582264. 70	299221360. 00
基本每股收益/元	0. 06	0. 43	0. 34	0. 50
扣非后基本每股收益/元	0. 06	0. 42	0. 33	0. 48

资料来源：根据华宇软件年报等数据整理。

① 扣非是指扣除非经营性损益。

从上表可以得到，2014 年，公司经营活动现金流入 143540.92 万元，较上年增长 81.72%，经营活动现金流出小计 11466.48 万元，较上年增长 43.01%，经营活动产生的现金流量净额本期为 28876.11 万元，较上年增长了 2534.52%，主要原因是：报告期内，公司业绩稳步提升，订单量大幅增长带来较多的预收账款；同时，公司持续加强对应收款项的管理，报告期内应收账款的回款效果较好。

2015 年，公司经营活动现金净流量增速趋向正常，达到 21.15%。当年新签合同额增长至 19.15 亿元，预收账款同比增加 34.5% 至 6.1 亿元，应付账款微增 8.8% 至 1.29 亿元；应收款项合计增长 12.34% 至 3.75 亿元，公司业务稳定增长下，营运资本管控合理，销售回款较好。同时，2015 年公司三次通过并购扩张业务布局，对外投资额增长 2088.17% 至 6.56 亿元，包括食品安全领域对华宇金信的并购、自主可控领域对万户网络的并购以及对浦东华宇的股权收购。扩大合并范围的同时，新并入子公司带来新的业务类型，其经营活动调整对接产生了必要的现金净流出，当年经营活动现金流出增长 33.72%，略高于流入增速 31.19%，因此 2015 年经营活动现金流增速有所下降，但保持正常水平。

2016 年，公司经营活动现金净流量同比下降 32.19%。从经营活动现金流向角度，当年现金流出增加 22.1%，而流入仅增加 12.01%，主要是因为经营性应收应付项目的变动，当年营收增速稳定，业务实施项目多，采购、销售活动增加导致应收和预付账款都有较高增速（应收预付款项合计增加 1.09 亿元）。虽然新签合同额增加至 21.24 亿元，但预收账款同比下降 11.7%（0.71 亿元）至 5.39 亿元，主要是随着项目开发及验收，预收账款转为收入，却并不产生实际的现金流入。同时，2016 年虽然对外投资额有明显下降，但仍有对华宇元典、华宇科创的新设投资。公司持有华宇元典 37.5% 股权，有实际控制权，当年纳入合并报表的净利润为 -200.93 万元；华宇科创为公司全资子公司，当年亏损 103.33 万元；另有华宇信码（非全资子公司）净利润 -667.5 万元。华宇软件新并入子公司及原子公司较差的经营状况无疑也暗示其不佳的现金流，对公司 2016 年较大幅下降的经营活动现金净流量有明显影响。

那么，公司 2017 年第一季度的净利润现金含量、经营活动现金流量增长率为负数的原因是什么呢？

通过前文分析可知，公司主要客户为法院、检察院、司法行政等政府机关和事业单位，没有营运资金管理的需求，项目付款很大程度视财政拨款报批下发速度而定，当前整体经济形势不佳，政府财政压力加大，相应地，政府部门大额采购项目的付款速度整体减缓；同时公司的经营活动中提供劳务收入要高于销售收入，项目款项视完工进度分次结算，加大了应收账款回款拖延的潜在风险，因此公司销售回款能力不强，2017 年第一季度经营活动现金流的净流出额有所增加。2016 年公司经营活动现金净流量同比下降 32.19% 也是受到该因素影响。如表 4 –41、表 4 –42 所示。

表 4 –41　华宇软件 2016—2017 年第一季度净利润现金含量

财务指标＼时间	2016 年第一季度	2016 年第二季度	2016 年第三季度	2016 年第四季度	2017 年第一季度	2017 年第一季度同比/%
营业收入/万元	20314.00	46246.00	35577.00	79874.00	27762.00	36.67
净利润/万元	2856.00	9641.00	5374.00	9299.00	3486.00	22.08
经营活动现金净流量/万元	–18807.00	–203.00	–5638.00	48369.00	–27605.00	–46.78
净利润现金含量/%	–6.59	–0.02	–1.05	5.20	–7.92	–20.23

资料来源：根据华宇软件年报等数据整理。

表 4 –42　华宇软件 2016 年第一季度和 2017 年第一季度应收应付比较

财务指标/万元＼时间	2017 年第一季度	2016 年第一季度	同比
应收票据	256.19	21.00	11.20
应收账款	46751.84	35082.71	0.33
预付款项	5141.29	3789.79	0.36
应付账款	12959.98	12507.57	0.04
预收款项	46157.45	55830.93	–0.17

资料来源：根据华宇软件年报等数据整理。

从表中可知，2016 年开始各季度的营业收入及经营活动现金流并不匹配，只有第四季度实现了较高的经营性现金净流入，第一季度的经营活动现金净流出最高。公司经营活动收现集中在第四季度，但第一季度采购活动频繁，经营性应付款项集中结算，而项目款收入确认并未带来相应的现金流入，从而虽然 2017 年第一季度营业收入同比增加 36.67%，但经营活动现金净流量却有 46.78% 的减少。观察 2017 年第一季度经营性应收应付项目的同比变动，可以发现，应收项目金额随营收增加有较高的增长，而应付项目如应付账款（材料、设备款）增速 4%，预收账款同比则下降 17.33%，采购、销售活动中现金流入流出不匹配，导致经营活动现金净流量与净利润的反向变动。

按照公式"经营活动现金净流量 = 净利润 + 非付现成本 - 非经营净损益 - 营运资本的增加"，可以发现，2017 年第一季度公司经营性应收应付项目变动明显，但归总可得应收项目增加要高于应付项目增加，因此营运资本有明显提升，这是净利润和经营活动现金净流量产生差距的主要因素。除此之外，公司当期资产减值损失同比增加 240.1% 至 109.01 万元，其余的如折旧摊销、投资损益、存货减少等金额较小，并不对净利润和经营现金流的调整有明显影响。

从市场地位上来说，华宇软件仅在细分的政法领域有较明显的竞争优势，但在电子政务或者信息技术板块经营优势并不突出，这在公司预付和应付款项相反变动中得到佐证。但公司面对产业链上游供应商时地位不强势，不能获得较长的应付款项信用宽限期，从而结算采购货款的周期较短，产生较高的经营活动现金净流出。公司 2017 年第一季度购买商品接受劳务支付的现金同比增长近 50%，但销售商品提供劳务收到的现金仅增加 18.41%，结合当期 36.67% 的营收增速，说明公司至少在第一季度存在采购、销售活动现金流入流出的不匹配，净利润现金含量同比有明显下降。

从发展速度上讲，公司 2013 年以来营收增速不断加快，2013 年营收同比增速 17.39%，2015 年最高为 49.75%，2016 年维持高位增速达 34.66%。公司较快并购式扩张的同时营运资金管理未同步加强，净利润和现金流状况有脱节倾向，自 2016 年其经营活动现金净流量同比开始出现较明显地减少，2017 年第一季度也有所下降。

虽然公司 2017 年第一季度经营活动现金净流出进一步加大，但当期财务费用为 -210.42 万元，同比下降 62.75%，主要是利息收入增加所致。公司融资方式以直接融资为主，上市后累计在资本市场融资 8.62 亿元，直接融资包括 2011 年首发募资 56980 万元及 2015 年三次定向增发 29327.92 万元（两项并购活动发股价值合计 20045.13 万元，同时定向发行募得现金 8782.8 万元）；间接融资主要是短期借款累计现金流入4571万元，占比5.03%。直接融资规模较大，较好满足了公司并购扩张和流动资金的经营需要，同时超量募资或是未使用完的定向募资额作为银行存款（募投专户）留存，产生了较高的利息收入，公司没有应付债券、长期借款，短期借款较少，利息负担小，这样长期能维持负的财务费用，财务负担小。但需要看到，直接融资成本高于间接融资，通过频繁增发满足经营活动和并购扩张的资金需求，也稀释了公司归属于上市公司股东的每股收益，公司2014年及2015年每股收益有明显下降。如表4-43所示。

表4-43　　2014—2016年华宇软件利息收支情况

财务指标＼年份	2016	2015	2014
利息支出/元	78915	324403	143200
利息收入/元	4972281	5390826	4302582
汇兑损益	—	—	—
手续费/元	178393	115716	65188
现金折扣/元	—	—	45932
合计/元	4714973	4950708	4140126

资料来源：根据华宇软件年报数据整理。

综上所述，华宇软件股票大跌也是必然的。

七、盈利质量的分析与评估：以A股机械行业三巨头为例[①]

2017年3月24日，徐工机械（000425）发布了2016年年报。3月27日，公司举行2016年年报解读电话会议。

仅从报表的盈利数据看，徐工机械2016年的业绩很亮眼：2016年合并利润表中的净利润为2.16亿元，同比增长512%。如表4-44所示。

① 本节系与冯鹏凯合作完成，根据2017年5月10日、5月12日、6月2日发表于公众号“小舟观察”中的文章修改而成。

表 4-44　　2012—2016 年徐工机械税后利润

财务指标＼年份	2012	2013	2014	2015	2016
税后利润/万元	243154	164172	40692	5256	21659
同比增长率/%	-28.03	-32.48	-75.21	112.92	512.11

资料来源：根据徐工机械报表整理。

但是，徐工机械的盈利质量却受到市场质疑。有一篇文章在网络上流传很广，标题是《徐工机械去年净利润暴增268%，但却不敢回答记者这四个问题!》。标题中的净利润，指的是合并利润表中归母公司所有者的净利润。国际金融报记者提的四个问题如下。问题一：扣非后净利润为 -620.55 万元如何解释？问题二：巨额汇兑收益是否说明盈利质量不高？问题三：为什么员工人数减少、整体降薪、毛利率下滑而营收却逆势增长？问题四：对赌期内子公司业绩尚且不达标，更何况对赌期外？

这几个问题涉及对上市公司盈利质量的评估、运营绩效、对赌机制以及战略管理等，是很有趣味、很值得讨论的问题。

本节就用我们构建的三维度盈利质量评估框架①对 A 股机械行业三巨头（徐工机械、三一重工和中联重科）的盈利质量进行初步的分析和评估。②

为讨论方便，我们先对三个“净利润”指标进行简要说明。

上市公司的年报中，有合并利润表和母公司利润表。在合并利润表的净利润项下，单列了“归属母公司所有者的净利润”数据，加上母公司利润表中的净利润，共有三个“净利润”指标，一般情况下这三个“净利润”数据是不一样的。

例如，徐工机械 2016 年合并利润表显示，净利润为 2.17 亿元，其中，归母公司所有者的净利润为 2.09 亿元，而母公司报表显示当年的净利润为 2.65 亿元。合并利润表中净利润小于母公司报表中的净利润，说明集团子公司利润拉低了集团合并报表的净利润。

① 杨小舟：《新会计准则下 A 股上市公司盈利质量的分析与评估》，《财务与会计》2008 年第 7 期。

② 以下分析、讨论所用的数据和信息均来自三家公司的“合并报表”及其附注。

（一）盈利的稳健性

1. 稳健性含义及三家公司简介

会计上的稳健原则，指的是企业对交易或者事项进行确认、计量和报告时应保持应有的谨慎，不高估资产或收益，也不低估负债或费用。遵循会计稳健原则计算的各个会计期间的企业盈利，比较真实和可靠。

机械工程行业属于周期性行业，资本、技术与劳动力密集型产业，当前正处于成熟期，增长速度较低，市场相对饱和，企业之间竞争激烈。研发支出的会计处理、固定资产折旧、存货的发出计价与跌价准备计提、应收账款坏账准备计提等体现了行业的主要会计政策或会计估计。

徐工机械

徐工机械主营工程机械设备的研发、制造与销售，作为老牌国企，曾一度占据行业龙头位置，但由于国企改制失败同时错过了行业关键扩张时点，发展落后于三一重工和中联重科，但仍保持行业前列的市场占有率，也是国内最大的工程机械出口商之一。

徐工机械的毛利率水平明显低于其他两家，实行成本领先、销售领先的策略。公司2012—2016年的收入、毛利和净利润情况如表4－45所示。

表4－45　　2012—2016年徐工机械财务数据摘要

财务指标＼年份	2012	2013	2014	2015	2016
营业收入/万元	3218381	2812663	2330628	1669578	1669123
同比增长率/%	－2.39	－12.61	－17.14	－28.36	1.17
毛利润/万元	698559	627038	527280	343389	328406
同比增长率/%	2.44	－10.24	－15.91	－34.88	－4.36
税前利润/万元	277429	187844	54327	5818	23989
同比增长率/%	－29.73	－32.29	－71.08	－89.29	312.33
税后利润/万元	243154	164172	40692	5256	21659
同比增长率/%	－28.03	－32.48	－75.21	－112.92	512.11
综合收益总额/万元	243154	164172	31992	11881	9656
同比增长率/%	－28.03	－32.48	－80.51	－62.86	－18.73

资料来源：根据徐工机械报表整理。

中联重科

中联重科是以研究院为前身的国企，技术优势明显，产品定价高，走优质高价的路线。公司2012—2016年的收入、毛利和净利润情况如表4－46所示。

表4－46 2012—2016年中联重科财务数据摘要

财务指标＼年份	2012	2013	2014	2015	2016
营业收入/万元	4807117	3854178	2585120	2075335	2002252
同比增长率/%	3.77	－19.82	－32.93	－19.72	－3.52
毛利润/万元	1552556	1124169	720960	560739	477783
同比增长率/%	3.46	－27.59	－35.87	－22.22	－1479
税前利润/万元	885814	452191	86314	3329	101523
同比增长率/%	－7.75	－48.95	－80.91	－96.14	－3149.98
税后利润/万元	752896	395188	62787	9116	90481
同比增长率/%	－7.88	－47.51	－84.11	－85.48	－1092.56
综合收益总额/万元	755003	390031	42076	37870	157686
同比增长率/%	－7.59	－48.34	－89.21	－190.00	－316.39

资料来源：根据中联重科报表整理。

三一重工

三一重工是三家中唯一的民营企业，其毛利率介于两者之间，近年来推行“转型升级”的发展战略，通过技术创新支持发展，优化成本费用提高毛利，通过走出去提高产品销量。公司近年来的收入、毛利和净利润情况如表4－47所示。

表4－47 2012—2016年三一重工财务数据摘要

财务指标＼年份	2012	2013	2014	2015	2016
营业收入/万元	4683054	3732789	3036472	2347034	232800
同比增长率/%	－7.77	－20.29	－18.65	－22.71	－0.81
毛利润/万元	1486728	977520	782605	577899	610067
同比增长率/%	－19.74	－34.25	－19.94	－1.63	5.57
税前利润/万元	688066	345041	98513	－2882	6297
同比增长率/%	－36.24	－49.85	－71.45	－102.93	318.50
税后利润/万元	601068	309485	75597	453	16380
同比增长率/%	－35.79	－48.51	－75.57	－99.40	3519.07
综合收益率/万元	595438	274960	29497	－88382	690
同比增长率/%	－0.36	－53.82	－89.27	－399.64	100.78

资料来源：根据三一重工报表整理。

2. **会计政策与会计估计**

在会计政策和会计估计的弹性上，三家公司大体相似。例如，收入确认按新行会计准则规定，提供劳务收入和建造收入在结果能可靠估计的情况下采用完工百分比法。发出存货统一采用加权平均法。存货跌价准备则按单个存货项目成本与可变现净值孰低计提，公司对各类存货可变现净值的确定有详细的划分。

徐工机械 2015 年发生重要会计估计变更。根据公司实际情况，对 1 年以内（含未到合同收款日应收款）的应收账款改按 2%（原 0%）计提坏账准备。该项会计估计变更，对应收账款（坏账准备）、资产减值损失产生相应的影响，以致公司 2015 年度利润总额减少 2.61 亿元。更为谨慎的坏账估计政策增加了盈利的总体稳健性。徐工机械 2016 年无重要会计政策和估计变更。

中联重科 2014 年也有重要会计政策变更。当年年报显示，2014 年出台了长期股权投资及财务报表列报的修订准则，对长期股权投资部分、递延收益、其他综合收益等要素的确认进行了调整，公司因此对 2013 年合并报表的各项要素金额进行了追溯调整。该修订调整的是要素内部分配的问题，不对财务整体的稳健性产生较大影响。

3. **固定资产折旧**

徐工机械固定资产（房屋建筑、机器、运输设备）折旧选择年限平均法，给定折旧年限范围，残值率区间规定 4% ~5%，同时在资产负债表日复核是否需要根据未来情况进行会计估计变更，对折旧方法年限残值率范围的规定使得其会计估计的弹性较小，较高的残值率减少了实际每期计提的折旧。如表 4 -48 所示。

表 4 -48　　徐工机械固定资产折旧情况

固定资产	折旧方法	折旧年限/年	残值率/%	年折旧率/%
房屋及建筑物	年限平均法	20 ~ 44	4 ~ 5	2.16 ~ 4.8
机器设备	年限平均法	5 ~ 20	4 ~ 5	4.75 ~ 19.2
运输设备	年限平均法	4 ~ 8	4 ~ 5	11.875 ~ 24
其他设备	年限平均法	3 ~ 10	4 ~ 5	9.5 ~ 32

资料来源：根据徐工机械报表整理。

三一重工的固定资产折旧采用年限平均法，残值率规定在0%～3%，同时其固定资产主要项目的折旧年限区间低于徐工机械，因此有更快的折旧速度，说明在固定资产折旧估计上，三一重工较徐工机械更为稳健。如表4－49所示。

表4－49　　三一重工固定资产折旧情况

固定资产	折旧方法	折旧年限/年	残值率/%	年折旧率/%
房屋及建筑物	年限平均法	15～40	0～3	2.43～6.67
机器设备	年限平均法	4～15	0～3	6.47～25
运输设备	年限平均法	8～10	0～3	9.7～12.5
经营租赁租出设备	年限平均法	4～6	0～3	16.17～25
办公设备及其他	年限平均法	2～15	0～3	6.47～50

资料来源：根据三一重工报表整理。

中联重科固定资产折旧政策采用年限平均法，残值率为3%，预计使用寿命分类别规定具体年数，但比较而言，几乎都为三一和徐工规定区间的较大值，这有利于减小每期的折旧费用，提升盈利水平。完全统一的使用寿命预计和残值率虽然降低了会计估计弹性，但也降低了盈利的稳健性。如表4－50所示。

表4－50　　中联重科固定资产折旧情况

固定资产	折旧方法	折旧年限/年	残值率/%	年折旧率/%
房屋及建筑物	年限平均法	35	3	2.77
钢结构厂房	年限平均法	25	3	3.88
机器设备	年限平均法	10	3	9.7
电子设备	年限平均法	5	3	19.4
运输设备	年限平均法	10	3	9.7

资料来源：根据中联重科报表整理。

4. 坏账准备计提

表4－51为三家公司坏账准备计提情况，可以看到徐工机械将期末余额在100万元以上的应收账款和单项金额50万元以上的其他应收款确认为单项

金额重大，进而对其单独进行减值测试，根据客观证据决定如何确认减值损失。较低的重大单项确认金额提高了会计政策的谨慎性。

徐工机械2016年应收账款账面余额下降了14.53%，原因在于公司当期部署打响一号工程应收账款清欠攻坚战，应收账款和其他应收款有较大幅度的减少，其坏账准备整体计提比例由8.75%增加至12.30%，在三家公司中最高。较高的坏账准备增强了盈利的稳健性。

表4－51　三家公司坏账准备计提情况

账龄	徐工机械	三一重工	中联重科
1年以内	2	1	1
1～2年	10	6	6
2～3年	50	15	15
3～4年	100	40	40
4～5年	100	70	70
5年以上	100	100	100

资料来源：根据徐工机械、三一重工、中联重科报表整理。

三一重工将金额为占应收账款余额5%以上、其他应收款余额10%以上作为确认应收款项为单项金额重大的判断依据，由2016年应收账款账目金额180.85亿元可知，当年9.04亿元为达到单项金额重大的底线，表明公司该项会计估计较为粗放。同时其坏账计提方法以账龄分析法为主，但也应用余额百分比法及其他方法（如2016年预计某货款未来现值低于账面价值，对4.3亿元货款计提76.43%的坏账准备），多种选择增加了会计估计的弹性。

中联重科将单项金额超过1000万元的应收款项确认为单项金额重大，单独进行减值测试及坏账计提。其坏账计提方法仅包括账龄分析法，各账龄计提比例与三一重工一致。

对应收账款按账龄分析法计提坏账准备，通过三家公司比较可以看出：徐工机械坏账准备计提较为充分。

5. 研发支出的资本化处理

2016年徐工机械技术开发费大幅增加54.93%至8.53亿元。其中，研发投入当期资本化金额暴增1507.08%至1.45亿元，主要因为公司内部开发阶段支出形成符合资本化条件的专有技术，从而一次性将高于20%的“研发支出—开发”计入无形资产成本。

观察三家公司研发投入的资本化金额，徐工机械2016年有专利技术问世，资本化比例增加；三一重工的研发投入资本化率持续超过40%，其2016年报显示，累计专利申请及授权数居国内行业第一；而当年专利发明授权448件，持续保持行业领先的中联科技的研发资本化率仅为22.76%。如表4－52所示。

表4－52　　三家公司研发投入的资本化比例

研发投入的资本化比例/%　＼　年份	2016	2015	2014
徐工机械	20.84	1.59	4.63
三一重工	42.79	52.48	43.43
中联重科	22.76	18.41	0

资料来源：根据徐工机械、三一重工、中联重科报表整理。

三家公司中，徐工机械确认资本化的比率最低；中联重科2015年受企业合并影响，资本化率增长迅速；三一重工最高，这说明三一重工在研发投入资本化上弹性过大，从而在一定程度上降低了盈利的稳健性。

6. 现金流量

徐工机械的经营活动产生的现金流量净额，2014年为7.37亿元，2015年为1.11亿元，2016年为22.45亿元。从合并报表层面来看，2016年合并净利润2.17亿元，同比增512.11%；同时经营性现金净流量22.45亿元，同比增20倍，增速和规模都远远高于净利润。两者差异主要是当期公司加强回款力度，销售商品、提供劳务收到的现金增加，以及购买商品、接受劳务支付的现金有所减少所致，经营性现金流量的快速增长，从某种程度上说明公司盈利的稳健性较高。

三一重工的经营活动产生的现金流量净额，2014年为12.32亿元，2015年为26.97亿元，2016年为32.49亿元，2016年同比增长20.47%。2016年，公司现金流量与净利润在增长方向上保持了一致。

中联重科2014—2016年净利润和经营活动现金净流量走势相反，差异较大。年报显示，2014年差异的主要原因是当年应收项目增加而应付项目减少，资产负债率中应收应付账款和票据等的变化佐证了这个原因。从集团层面看，2015 年，在公司收紧信用和提高盈利质量政策下，经营性收款增加以及经营性付款减少导致经营活动现金流出现明显回升。2016 年，公司集团购买商品和接受劳务支付的现金继续大幅减少，从而经营现金流有明显上扬。公司两者各期较大差异与相反变动方向反映其在资产管理上较为粗放多变，难以从这一角度评估其盈利的稳健性。如表 4 – 53 所示。

表 4 – 53　　中联重科经营活动现金净流量与净利润比较

年份 财务指标/亿元	2016	2015	2014
经营活动现金净流量	21.69	–33.34	–76.9
净利润	–9.05	0.91	6.28

资料来源：根据中联重科报表整理。

7. **初步结论**

在会计政策和会计估计上，三家公司的会计弹性大体相似。

（1）固定资产折旧方面，三一重工最为稳健，徐工机械次之，中联重科最后。

（2）坏账准备计提方面，徐工机械最为稳健，三一重工和中联重科的稳健性差别不大。

（3）研发支出资本化处理方面，徐工机械最为稳健，三一重工相对激进。

（4）从现金流量角度看，三家公司经营活动的现金净流入量都有明显的改善。结合现金流量与净利润的背离程度分析，徐工机械的盈利具有较高的稳健性。

综上分析，三家公司中，徐工机械盈利的稳健性最高，三一重工次之，中联重科最后。

（二）盈利的可持续性

上节我们从稳健性维度对徐工机械、三一重工和中联重科三家公司的盈利质量进行了分析与评估。本节从可持续性维度讨论上述三家公司的盈利质量。

非经常性收益是不可持续、不可重复的。在中国证监会发布的相关公告中，对非经常性损益定义如下：非经常性损益是指与公司正常经营业务无直接关系，以及虽与正常经营业务相关，但由于其性质特殊和偶发性，影响报表使用人对公司经营业绩和盈利能力做出正常判断的各项交易和事项产生的损益。

与非经常性损益相对应的是经常性损益。经常性损益是由公司主营业务驱动的，是公司经营策略成功执行的结果，是可持续、可重复的。

以下我们将从行业发展、主营业务与公司战略、净资产收益率、投资活动支出、非经常性收益和汇兑损益等方面讨论三家公司盈利的可持续性。

1. 行业发展

工程机械行业发展与宏观经济及固定资产投资高度相关，且下游行业多集中在基础建设、采矿业、房地产业等，产品市场需求受国家产业政策调整、固定资产和基础建设投资规模的影响较大，具有明显的周期性特征。

2011 年到 2016 年上半年受经济增速放缓冲击，固定资产投资同比增速不断下滑，工程机械下游板块需求薄弱、行业产能过剩，国内工程机械市场经历了 5 年 4 个月的连续下降。行业竞争日趋激烈，市场出清加快。龙头企业近年来纷纷通过扩大优势产品的产能和产品的多元化增加新的收入增长点，提高抗风险能力，使得行业产业集中度呈现逐步提高态势。

至 2016 年下半年，固定资产投资增速开始回升，政府以 PPP 模式进行的基建投资不断加大，供给侧改革成效显现，带动下游行业需求回升，“一带一路”引导优势工程机械产能走出去，沿线国家出口加速。需求预期企稳向上，行业景气度有所回升，三大公司营收增速都出现明显回升。

展望未来，工程机械行业整体稳中向好。对行业龙头企业而言，强化传统业务优势、开发新型业务，抓住技术创新和开拓国际市场两大主线，才能在激烈竞争中保持不败，更好地引领中国工程机械行业走向。

2. 主营业务与公司战略

徐工机械

2016 年徐工机械营业收入为 168. 91 亿元，同比增速 1. 17%，其中主营业务同比下降 0. 88%，其他业务同比上升 52. 79%。在“国际化、精益化、补短板、可持续”经营理念下，公司强抓细分市场和中高端客户，坚持技术创新，传统的起重机械虽营业收入下降，但仍雄踞行业之首，铲运机械营收大幅上升；新产品上桩工机械实现 9. 1% 的营收增速，后市场业务（二手车处置、备件收入）也为营业收入增长提供较大贡献。公司近五年营收增速首次转正，说明公司经营策略被有效实施。如表 4 - 54 所示。

表 4 - 54　　2016 年徐工机械营业收入、毛利率情况

财务指标 / 业务	营业收入/亿元	营收占比/%	毛利率/%	营收同比/%	毛利率增减
起重机械	54.8	32.44	23.6	-4.81	增加 3.44 个百分点
铲运机械	24.22	14.34	17.10	11.73	减少 1.64 个百分点
桩工机械	19.62	11.62	22.19	9.10	减少 10.9 个百分点
工程机械备件及其他	27.98	16.57	12.98	7.42	增加 4.01 个百分点

资料来源：根据徐工机械报表整理。

从国内外业务来看，境内市场营业收入增长 4.24%，同时受国际经济疲软、机械需求下降的冲击，境外市场营收同比减少 12%。但在行业出口大幅下降的不利当中，徐工机械出口总额继续保持行业绝对领先。

综合来看，在行业艰难的大环境下，徐工机械营业收入增长 1.17%，扣非归母净利润 -621 万元，较 2015 年 -8.51 亿元大幅收窄近 100%，说明其经营状况有明显好转倾向。

三一重工

2016 年三一重工营业收入为 232.8 亿元，同比下降 0.81%，降幅明显收窄。主营业务机械工程毛利率上升 1.12，主要是挖掘机械和起重机械毛利上升导致，如表 4 - 55 所示。

表 4 - 55　　2016 年三一重工营业收入、毛利率情况

财务指标 / 业务	营业收入/亿元	营收占比/%	毛利率/%	营收同比/%	毛利率增减
混凝土机械	95.03	41.73	21.46	-9.27	减少 1.39 个百分点
挖掘机械	74.70	32.80	32.42	22.10	增加 4.89 个百分点
起重机械	27.10	11.90	34.04	-29.71	增加 4.36 个百分点
桩工机械	11.87	5.21	25.24	137.72	减少 14.88 个百分点

资料来源：根据三一重工报表整理。

分地区来看，境内业务毛利上升 2.26 个百分点，营业收入也有 5.58% 增速，但高达 40% 的境外业务占比使得境外业务销售颓势掩盖了境内业务的积极回升。

境外业务除受公司战略外，更多受国际经济局势、各国贸易政策影响，因此境外业务的下滑是行业所共有的状况。我们认为，三一重工2016年经营状况也有明显好转，收入和盈利具有一定的可持续性。

中联重科

中联重科业务模式多元，整体毛利率较高。2016年受成本端压力及减值拨备计提增加，营业收入降幅收窄同时，亏损9.05亿元。公司当年全面开展应收账款和二手设备清理，资产减值损失和营业外收入（盘活资产）有明显上升。公司控制风险的同时放弃了低质订单，对当期销售收入有明显冲击，主要体现在占比52%的工程机械板块营业收入大幅减少14.83%，但在环境产业和农业机械板块都实现了营业收入的显著上升，多元化经营布局优势开始显现，如表4－56所示。

表4－56　　2016年中联重科营业收入、毛利率情况

财务指标 业务	营业收入/亿元	营收占比/%	毛利率/%	营收同比/%	毛利率增减
工程机械	105.58	52.72	21.54	－14.83	减少3.54个百分点
环境产业	56.07	28.00	26.56	23.91	减少4.75个百分点
农业机械	34.52	17.24	17.56	4.75	增加1.77个百分点
金融服务	4.09	2.04	99.93	－28.22	减少0.03个百分点

资料来源：根据中联重科报表整理。

虽然公司强调开发国际市场，但境外收入占比仅10.81%，同比下降15.27%，与另两家公司相比国际化进程仍需加速。

综合来看，中联重科近几年的经营状况不佳，但通过产品结构调整，公司未来发展有一定的潜力。

预收账款是未来会计期间营业收入实现的一个先行指标，一般超过一年的预收款项系客户预付的产品定制款。表4－57是三家公司2012—2016年预收账款情况，对徐工机械而言，一年以内的预收账款在2015年出现明显下降，当年也是行业整体经营最为艰难的时期。2016年，在市场预期回升及宏观经济向好的引导下，徐工机械经营战略成功实施，产品的市场需求预期有所提升，佐证未来营业收入净利增长的可持续性。但由于机械工程行业销售模式除直销外，鼓励融资租赁、按揭等方式的批量购买，预付订单主要针对

定制产品，金额不大，对未来营业收入的指向性不明显。如中联重科有大规模的应收融资租赁款，其预收账款近三年几乎不变，不能反映营业收入和净利的大幅波动。

表 4－57　　2012—2016 年三家公司预收账款情况

预售账款/亿元＼年份	2016	2015	2014	2013	2012
徐工机械（一年以内）	5.62	2.88	7.10	5.65	3.64
三一重工	10.63	9.25	16.44	10.39	18.86
中联重科（一年以内）	5.25	6.49	6.33	6.72	8.89

资料来源：根据徐工机械、三一重工、中联重科报表整理。

3. 净资产收益率

净资产收益率是一个综合性的指标，在一定程度上可以反映出公司的业务发展状况和战略实现程度。

净资产收益率 = 收入净利率 × 总资产周转率 × 财务杠杆

按合并报表中的净利润口径计算，2012—2016 年三家公司的净资产收益率（平均未摊薄）及其结构如表 4－58、表 4－59、表 4－60、表 4－61 所示。

表 4－58　　2012—2016 年三家公司的净资产收益率

净资产收益率/%＼年份	2016	2015	2014	2013	2012
徐工机械	1.06	－0.26	2.02	8.77	14.87
三一重工	0.69	0.02	3.04	12.47	26.50
中联重科	－2.31	0.22	1.51	9.50	17.96

资料来源：根据徐工机械、三一重工、中联重科报表整理。

表 4－59　　2012—2016 年三家公司的销售净利率

销售净利率/%＼年份	2016	2015	2014	2013	2012
徐工机械	1.28	－0.32	1.75	5.84	7.56
三一重工	0.70	0.02	2.49	8.29	12.84
中联重科	－4.52	0.44	2.43	10.25	15.66

资料来源：根据徐工机械、三一重工、中联重科报表整理。

表 4－60　　2012—2016 年三家公司的总资产周转率

年份 总资产周转率/%	2016	2015	2014	2013	2012
徐工机械	38.95	36.44	46.46	57.99	80.19
三一重工	37.50	37.37	47.87	58.18	80.90
中联重科	21.90	22.14	28.21	43.19	59.88

资料来源：根据徐工机械、三一重工、中联重科报表整理。

表 4－61　　2012—2016 年三家公司的权益乘数

年份 权益乘数	2016	2015	2014	2013	2012
徐工机械	2.11	2.23	2.49	2.59	2.45
三一重工	2.59	2.56	2.55	2.59	2.55
中联重科	2.33	2.29	2.20	2.13	2.16

资料来源：根据徐工机械、三一重工、中联重科报表整理。

徐工机械

从 2012—2016 年的情况来看，徐工机械销售净利率水平低于其他两家公司，但徐工机械维持较高的总资产周转率，因此在三家公司中有中等的净资产收益率。

徐工机械坚持“国际化、技术创新”两大战略重点，走“薄利多销”的模式，一方面着力优化经营降成本，压降应收账款规模，增加经营净现金流入；另一方面强抓海外和新产业发力，品牌的海外出口总额保持行业第一，在 2016 年行业回暖的大背景下，取得了较好的业绩。

三一重工

三一重工毛利率水平和销售净利率水平处于中等，2016 年其毛利率在行业整体毛利率颓势中逆势增加 1.12%，显示出其在销售增长和成本控制上有所成效。三一重工在保持较好盈利能力的同时，得益于“一带一路”的广阔市场，总资产的周转速度快，营运效率也较高。

公司贯彻“转型、升级”的发展战略，业务多元化布局，推进军工、消防车等新产业的快速提升，进行主机、服务、配件、租赁维修等全价值链经营的转型，本期工程机械产品销售量同比上升 39.24%；聚焦国际市场，深耕“一带一路”，总体产业布局和其区域吻合度较高，海外业务占比提升至 40%

以上；创新盈利模式，通过研发创新降成本费用，本期研发投入占营收比重达4.83%，同时毛利率上升，应收账款同比下降近14%，经营活动现金流同比增加20.5%。

中联重科

中联重科前身为建设部长沙建设机械研究院，2008年并购意大利CIFA，引入全球最高水准的行业技术。2016年公司研发投入占营收比例4.49%，实现发明专利授权448件，持续保持行业第一。公司以“做强做精”为原则，目标由生产制造型向制造服务型企业转变，实际上体现其典型的“优质高价”策略，其产品毛利2016年之前长期排在三家之首。

中联重科主营业务除传统机械工程外，还包括环境产业、农业机械、金融服务三大板块，其中金融服务业营收规模仅4亿元，但毛利率达99%，持续为公司创造超过10%的营业利润。

多元化的经营模式推动公司净利率提升，但2014年之后盈利下降迅速，2016年亏损9.05亿元，主要是受妥善化解（机械工程）存量业务风险、员工离职补偿增加、转型升级战略投入等因素影响。

公司整体资产规模大，周转速度较慢，资产的利用效率低，加上杠杆率持续低于另两家公司，因此销售净利率在2014年以前较高，但自2014年以来的净资产收益率却低于三一重工和徐工机械。

4. **投资活动现金流出**

企业的投资活动是发展战略的具体体现，也是盈利可持续性的基础。三家公司2014—2016年的投资活动流出的现金流量如表4-62所示。

表4-62　　2014—2016年三家公司投资活动流出的现金流量

年份 投资活动流出的现金流量/亿元	2016	2015	2014
中联重科	19.57	16.82	36.94
三一重工	12.97	16.78	34.42
徐工机械	26.02	25.39	13.88

资料来源：根据徐工机械、三一重工、中联重科报表整理。

徐工机械

徐工机械2014—2016年投资活动流出的现金流量按年有所上升，主要是可供出售金融资产的投资支付增加迅速，用于构建固定资产等支付的现金呈下降趋势。2015 年，公司购买了徐州罗特艾德回转支承有限公司 40% 股权、力士（徐州）回转支承有限公司 40% 股权，同时新设徐州徐工环境技术有限公司，在相关市场和环境产业上加大布局力度，缓解大型机械产品的经营困境。2016 年，徐工机械以新设方式取得徐工消防安全装备有限公司 100% 股权、广东徐工鲲鹏工程机械有限公司 90% 股权、徐工北美有限公司 100% 股权、宁夏徐工鲲鹏工程机械有限公司 90% 股权。公司以当期经营活动现金净流入大幅增长为基础，保持中等规模股权投资，有利于拉升业绩和提高未来营收潜力。

三一重工

三一重工 2014—2016 年投资活动现金流出下降明显，2014 年，公司基于长沙 18 号厂房和“国家两化融合智能制造专项”科技项目，建设和实施了智能加工中心与生产线、智能化仓储与运输配送、计划与执行管控等 6 个子系统，项目指标当期达成，并通过了国家有关机构的验收。2015 年销售状况进一步恶化，公司投资活动现金流出相应大幅减少。2016 年，公司用于构建长期资产支付的现金减半，但同时联合保利科技防务投资有限公司、中天引控科技股份有限公司签订《投资合作协议》并根据协议成立合资公司，从事许可范围内武器装备科研生产活动，营业范围进一步扩大。

中联重科

中联重科 2014 年投资活动现金流出较高，达 36. 94 亿元，包括完成对全球干混砂浆设备第一品牌德国 M－TEC 公司股权并购；全新 25T、55T 汽车起重机连续下线，标志着全球工程机械行业内第一条连续装配自动化流水线进入正式生产阶段；并购全球著名升降机企业——荷兰 Raxtar 公司；以 20. 88 亿元收购奇瑞重工 60% 的股份，公司农机战略落地。明确的收购行为为公司成功实现转型升级提供了保证。2015 年，生产性投资规模按年持续下降，投资活动现金流出减少。

综合三家公司来看，在行业销售不振的大背景下，三家公司普遍摒弃资金消耗的外延式扩张，更多通过技术创新和成本费用优化的内涵式增长来实现超车。

5. 非经常性损益

徐工机械 2016 年合并报表中归母净利润 2. 09 亿元，同比增长 268. 1%，但扣非后的归母净利润仅－621万元。高达2.15亿元的非经常性损益中，政府补助1.1亿元，委托他人投资或管理资产的损益为1.46亿元。政府补助项目都是与收益相关的，但各期水平变动较大，不具有持续性。而委托投资的损益主要是当期对上海经石投资管理中心在原2亿元基础上追加16.5亿元投资，该年度对其投资产生了1.459亿元的现金红利收益，同样并非可持续收入。

回顾非经常性损益历史变动，在经营亏损或盈利不佳的年份，公司常常通过非流动资产处置收益（2015年徐工机械7.52亿元，2016年三一重工19.72亿元，2016年中联重科6.11亿元）、政府补助、委托投资收益等弥补亏损或增加盈利，对利润表起到较好的“修饰”作用，但无疑降低了当期盈利的可持续性。三家公司合并利润表数据如表4－63所示。

表4－63　　2012—2016年三家公司的非经常性收益与净利润

		2016	2015	2014	2013	2012
徐工机械	非经常性损益/亿元	2.15	9.08	2.15	1.95	2.77
	净利润/亿元	2.17	－0.53	4.07	16.42	24.32
三一重工	非经常性损益/亿元	5.17	0.83	4.55	4.92	6.55
	净利润/亿元	1.64	0.05	7.56	30.95	60.11
中联重科	非经常性损益/亿元	7.44	5.32	2.76	1.23	1.9
	净利润/亿元	－9.05	0.91	6.28	39.52	75.29

资料来源：根据徐工机械、三一重工、中联重科报表整理。

值得一提的是政府补助。三一重工的政府补助金额长期最高，徐工机械最低，2013—2016年每年不到2亿元。如表4－64所示。

表4－64　　2012—2016年三家公司的政府补助

年份 / 政府补助/亿元	2016	2015	2014	2013	2012
徐工机械	1.1	1.71	0.93	1.61	3.31
三一重工	2.27	2.85	3.8	6.94	5.77
中联重科	2.06	5.25	3.07	1.11	2.12

资料来源：根据徐工机械、三一重工、中联重科报表整理。

中联重科主要是补偿企业科研项目存续期间的经费支出（与资产相关），三一重工主要为新产品研发补贴等收益相关的财政补贴，而徐工机械主要投向是产业园建设、技术改造及购置研发设备补贴等特定产业扶持项目（与收益相关），三者的政府补助金额都具有较大的不确定性，影响盈利的可持续性评估。

6. **汇兑损益**

三家集团公司国际业务营收占比排序由高至低为三一重工、徐工机械、中联重科，各自汇兑损益变动较大，主要是外币货币性项目（应收账款、货币资金、应付账款等）按期末即期汇率折算为人民币后产生的汇兑差额，受到各国汇率水平直接影响。

我们在评估公司盈利质量时，应考虑汇兑损益影响，绝对值越大，则净利润的稳健性越低。就 2016 年而言，三一重工的净利润稳健性最高，徐工机械的稳健性最低。如表 4 – 65 所示。

表 4 – 65　　　　2012—2016 年三家公司的汇兑损益

年份 汇兑损益/亿元	2016	2015	2014	2013	2012
徐工机械	3.83	–4.66	0.36	–1.41	0.22
三一重工	0.87	–4.34	–1.9	6.47	1.44
中联重科	2.08	–4.46	–1.4	4.68	1.51

资料来源：根据徐工机械、三一重工、中联重科报表整理。

7. **初步结论**

三一重工经营战略的实施最为成功，在国际业务上紧抓“一带一路”建设机遇，国内业务上保持传统机械优势的同时，大力开发新兴产业，加大研发投入的同时有效管控成本费用，提升毛利率，控制现金流。但其国际业务风险敞口较大，稳定性不佳。

徐工机械的“薄利多销”战略的实施较为成功，公司着力内部经营优化，资产管理高效，经营活动现金流充沛，相对大规模的股权投资活动使公司的业务版图不断扩大，当期业绩相对亮眼。但公司非经损益按年波动较大，对评估其实际盈利水平有所影响，同时毛利率持续下滑等对公司未来盈利能力也是一个考验。

中联重科2016年亏损9.05亿元，成本大幅上升导致毛利率上优势不再，加上其资产管理效率较为粗放，净资产收益率下降明显。公司占比过半的机械工程板块营收严重滑落，但新型的农业、环境板块营收无法有效支撑销售增长，产品结构过渡导致经营风险提升。同时公司进行的“智能化、物联、互联”产业升级的成效尚待市场检验。

从净资产收益率上看，三一重工长期而言最高，徐工机械当期最高，中联重科下降明显。从非经常性损益看，三一重工稳定性最强，徐工机械次之，中联重科最后。从投资活动现金流出看，徐工机械股权投资频繁，三一重工和中联重科减少明显。当期汇兑损益上，三一重工稳健性最高，中联重科次之，徐工机械最后。

综上所述，我们的初步结论是：从主营业务和公司战略看，徐工机械盈利的可持续性最强，三一重工次之，中联重科最后。

（三）盈利的可预测性

在前两节中，我们分别从稳健性维度和可持续性维度对徐工机械、三一重工和中联重科三家公司的盈利质量进行了分析与评估。

本节将从可预测性维度讨论上述三家公司的盈利质量。

盈利的可预测性，指投资者或分析师利用财务报告和其他信息，结合外部环境和公司内部因素的变化，对公司未来盈利能力或水平进行正确预测的可能性。

如果公司整体的发展战略明确，战略的执行力强，则公司盈利的可预测性就强；反之，如果公司的战略总是变来变去，或者战略执行力不够，则公司盈利的可预测性就差。

如果企业在总体市场需求疲软的时候，能够很好地控制存货、控制费用，取得相对好的盈利或相对低的亏损，则说明企业的战略执行力、管理水平较强，盈利的可持续性、可预测性也较高；反之，盈利的可预测性就差。

如果企业在国内市场需求下降的时候，能够努力开拓国外市场，并能够取得一定的成效，也在某种程度上说明企业的战略执行力强，盈利的可预测性高。

如果在市场转好的前期，企业能够及时地扩展产能、增加存货，在取得销售收入增长的同时，盈利也有相应的增长，则在一定程度上提升了公司盈利的可预测性。

如果公司的会计政策和会计估计相对稳定，或者会计政策与估计的变更，只是为了更好地反映企业经营的实质，并在附注中做出了充分的披露和说明，则也提升了公司盈利的可预测性。

……

评估企业盈利的可预测性非常困难，但极其重要。因为企业的价值取决于未来盈利（自由现金流量）的规模、时间和风险。如果我们不能正确地预测企业未来的盈利，我们就不能对企业正确地估值，也不能对企业的绩效进行正确的评价（企业的主要目标是价值最大化，而绩效就是目标或战略的实现程度）。

所以，尽管评估企业盈利的可预测性极其困难，但我们必须去做。

下面我们从收入和盈利的匹配度、公司战略和主营业务、会计政策和估计的稳定性、会计信息披露质量等几方面来初步评估徐工机械、三一重工、中联重科三家上市公司盈利的可预测性。

1. 收入和盈利的匹配度

徐工机械

徐工机械营收净利同比降幅在2012年后不断扩大，2015年营收同比下降28%，同时资产负债表中存货项目减少25.5%，固定资产减少26.4%，应付账款减少32.0%，预收账款更是减少49.9%，各项经营性资产负债项目的减少反映公司经营萎靡及盈利恶化的实际状况。2016年营收净利同比增速转正，并且，2016年公司存货同比增加15.5%，固定资产、预收账款都出现明显回升，应付职工薪酬降幅明显收窄，反映公司经营状况的较大好转。如表4－66所示。

表4－66　　2012—2016年徐工机械财务数据摘要

年份 财务指标	2012	2013	2014	2015	2016
营业收入/万元	3218581	2812663	2330628	1669578	1689123
同比增长率/%	－2.39	－12.61	－17.14	－28.36	1.17
毛利润/万元	698559	627038	527290	343389	328406

续 表

财务指标 \ 年份	2012	2013	2014	2015	2016
同比增长率/%	2.44	-10.24	-15.91	-34.88	-4.36
税前利润/万元	277429	187844	54327	5818	23989
同比增长率/%	-29.73	-32.29	-71.08	-89.29	312.33
税后利润/万元	243154	164172	40692	5256	21659
同比增长率/%	-28.03	-32.48	-75.21	-112.92	512.11
综合收益总额/万元	243154	164172	31992	11881	9656
同比增长率/%	-28.03	-32.48	-80.51	-62.86	-18.73

资料来源：根据徐工机械报表整理。

三一重工

三一重工销售状况与徐工机械较为类似，即在2015年营收净利同比降幅触底，之后有明显改观，公司资产负债表中的经营性项目增减变动与该走势一致。其中固定资产2015年同比减少5.33%，减值损失由2.7万元增加到2599万元，反映经营持续恶化下，公司固定资产预期经济利益流入减少，可收回金额低于账面成本而计提了大额减值准备，收入盈利的匹配度较高。如表4-67所示。

表4-67　　　　2012—2016年三一重工财务数据摘要

财务指标 \ 年份	2012	2013	2014	2015	2016
营业收入/万元	4683054	3732789	3036472	2347034	2328007
同比增长率/%	-7.77	-20.29	-18.65	-22.71	-0.81
毛利润/万元	1486728	977520	782605	577899	610067
同比增长率/%	19.74	-34.25	-19.94	-26.16	5.57
税前利润/万元	688066	345041	98513	2882	6297
同比增长率/%	-36.24	-49.85	-71.45	-102.93	318.50
税后利润/万元	601068	309485	75597	453	16380
同比增长率/%	-35.79	-48.518	-75.57	-99.40	3519.07
综合收益总额/万元	595438	274960	29497	88382	690
同比增长率/%	-36.17	-53.82	-89.27	-399.646	100.78

资料来源：根据三一重工报表整理。

中联重科

中联重科资产的周转效率较低，在2015年营收同比减少19.72%的时候，预收账款、应付职工薪酬同比也有所减少，但固定资产和无形资产大幅增加，这反映了公司坚持在并购扩张和技术创新上的布局投入。同时，存货同比增速提升一倍至35.72%，反映当年公司优化存货管控，降本增效的举措效果不尽如人意，公司战略执行上存在漏洞，经营状况不佳。如表4－68所示。

表4－68　　2012—2016年中联重科财务数据摘要

财务指标＼年份	2012	2013	2014	2015	2016
营业收入/万元	4807117	3854178	2585120	2075335	2002252
同比增长率/%	3.77	－19.82	－32.93	－19.72	－3.52
毛利润/万元	1552556	1124169	720960	560739	477783
同比增长率/%	3.46	－27.59	－35.87	－22.22	－14.79
税前利润/万元	885814	452191	86314	3329	101523
同比增长率/%	－7.75	－48.95	－80.91	－96.14	－3149.98
税后利润/万元	752896	395188	62787	9116	90481
同比增长率/%	－7.88	－47.51	－84.11	－85.48	－1092.58
综合收益总额/万元	755003	390031	42067	37870	157686
同比增长率/%	－7.59	－4834	－89.21	－190.00	－316.39

资料来源：根据中联重科报表整理。

2. **公司战略和主营业务**

徐工机械

徐工机械是首家开拓国际市场的中国工程机械企业，有较广泛的品牌认可度，其自营品牌通过海外经销商及其经营的经销店销往超过170个国家和地区。2016年公司在新产品上持续发力，带动全线业绩回升，境内业务营收增速为4.24%。但全球行业景气持续下行导致境外业务同比减少12%，营收占比降至16.43%，与其制定的50%占比的国际战略目标差距较大。如表4－69所示。

表4－69　　徐工机械境内境外营收结构

徐工机械	2016年		2015年		同比增幅/%	毛利率比上年增减
	金额/千元	占营收比重/%	金额/千元	占营收比重/%		
境内	14116546	83.57	13542884	81.12	4.24	减少1.04个百分点
境外	2774684	16.43	3152897	18.88	－12.00	减少1.20个百分点
合计	16891230	100.00	16695782	100.00	1.17	减少1.06个百分点

资料来源：根据徐工机械报表整理。

公司当年关键零部件国际化进程加快，矿用挖掘机油缸开发成功，受澳洲矿山用户青睐；液压件、传动装置取得外部市场突破，积极筹建合资企业；主攻的海外后市场备件出口首次破亿元并增长1.4倍、跨境电商与海外二手车销售均破5000万元，主攻的新产品大项目旋挖钻机出口同比增长1.75倍、援外项目收入近亿元并增长3.5倍，母公司拿下的大型成套矿山机械大单提升了公司的增长潜力。整体而言，在行业不振的大背景下，徐工机械在产品线调整和国际业务布局上的战略执行有力。

徐工机械2016年对外投资达到25.19亿元，同比增长48.2%，主要是大型桩工机械产业化升级技改工程项目、印度工程机械生产制造基地投资项目、徐工机械工业互联网化提升项目和增资徐工集团财务有限公司等资本投入。同时，当期公司启动非公开发行16.47亿股、引入4家战略投资者、募资约51.56亿元的重大战略行动，完成30亿元公司债发行，启动70亿元可续期公司债发行。频繁的权益性投资活动和并购式扩张使公司收入有较大增长弹性，降低了预期盈利可预测性。

三一重工

2016年三一重工紧抓“转型、升级”战略，国内业务复苏显著，不仅营收增速三家最高，全面数字化管理也带动毛利率有2.26%的提升。公司追随国家“一带一路”政策，深入推进市场向国际化转型，海外收入降幅三家最小，且营收占比维持在44%以上，当期实现境外销售收入92.86亿元，领跑行业。公司海外各大区域经营质量持续提升，印度、欧洲、南非、中东等区域实现快速增长。三一重工经营战略实施卓有成效，引领行业复苏，但大额计提资产减值损失和当期汇兑收益相对较低，使得其净利水平不及徐工机械。如表4－70所示。

表 4－70　　三一重工境内境外营收结构

三一重工	2016 年		2015 年		同比增幅/%	毛利率比上年增减
	金额/千元	占营收比重/%	金额/千元	占营收比重/%		
境内	13487355	55.76	12646640	55.76	5.58	增加 2.26 个百分点
境外	9286096	44.24	10032090	44.24	－7.44	减少 0.86 个百分点
合计	22773451	100.00	22678730	100.00	0.42	增加 1.43 个百分点

资料来源：根据三一重工报表整理。

2016 年，三一重工对外股权投资额 4.55 亿元，同比增加 2471.7%，主要是对湖南三湘银行的 3.6 亿元投资，占比 12%，对青岛三一机械和中一联合装备 3 千万元和 4.4 千万元的权益投资，反映公司在经营状况好转下加大了产业布局的投入。但大额的非主营业务的股权投资（三湘银行，3.6 亿元）可能增加预期盈利的波动性。

中联重科

中联重科深化产业转型和多元化战略，智能化概念在各类产品线应用，除机械工程（占比 52%）营收下滑 14.6% 外，其余业务板块都实现较好的收入增长。公司深耕国内市场，但转型升级的变革并不顺畅，特别是成本控制不佳导致毛利率较大减少，经营优势有所弱化；同时公司虽在北美引入首款高端塔机，在缅甸、印度尼西亚、印度、俄罗斯等地建立中心库，加速走出去的国际化进程，但面对国际风险抵抗力不足，境外收入波动中下滑严重。公司未来经营盈利的可预期性较低。如表 4－71 所示。

表 4－71　　中联重科境内境外营收结构

中联重科	2016 年		2015 年		同比增幅/%	毛利率比上年增减
	金额/千元	占营收比重/%	金额/千元	占营收比重/%		
境内	17858096	89.19	18198801	87.69	－1.78	增加 3.29 个百分点
境外	2164420	10.81	2554546	12.31	－15.27	减少 0.86 个百分点
合计	20022517	100.00	20753347	100.00	－3.52	减少 3.16 个百分点

资料来源：根据中联重科报表整理。

2016 年，中联重科对外投资增加 27.72% 至 4.55 亿元，主要是对湖南宁乡仁和垃圾综合处理公司和意大利纳都勒（Ladumer）两项一般性投资，公司产能及规划没有重大变化。在行业不景气和自身转型困境中，走渐进式的内延增长道路，着力优化内部管控和加速产业升级，有利于减少经营风险，保持营收盈利的稳定好转。

3. **会计政策与估计的稳定性**

徐工机械

2015 年，根据公司实际情况，对 1 年以内（含未到合同收款日应收款）的应收账款改按 2%（原 0%）计提坏账准备。该项会计估计变更，对应收账款（坏账准备）、资产减值损失产生相应的影响，导致公司 2015 年度利润总额减少 2.61 亿元。就可预测性而已，该项估计变更使未来预期利润降低。

三一重工

2014 年三一重工发生重要会计政策变更，主要是执行新企业会计准则导致。截至当年年末，公司对长期股权投资、可供出售金融资产、应付职工薪酬、预计负债、递延收益和其他非流动负债项目进行了追溯调整，主要属于会计要素内部科目调整，不对公司盈利的可预期性造成影响。2016 年初有两笔同一控制下的企业合并行为，因合并当期期初至合并日不足 1 月，因此按照合并当期期初数据进行合并，追溯调整上期末的营收及各项报表数据，不影响公司营收营利的可预期性。

中联重科

2014 年公司重大会计政策变更，对 2013 年期初期末报表进行了调整，主要是因为 2014 年出台的长期股权投资及财务报表列报的修订准则。长期股权投资部分转入可供出售金融资产，其他非流动负债部分转入递延收益等，属于要素内部调整，不对报表整体产生明显影响。

4. **会计信息披露质量**

徐工机械

徐工机械对经营分部的确认依据、会计政策及业绩并无披露说明，对其会计信息披露的质量有所损害。

三一重工

三一重工在其年报中除会计政策和估计外，对重大会计判断和估计的依据和程序进行了说明，相比而言有较高的会计信息披露质量。

中联重科

2016 年中联重科亏损严重，报表体现在营业成本的上扬，年报解释为

“由于工程机械板块积极稳妥化解存量风险、严控新增风险、员工离职补偿增加、转型升级的战略投入等因素影响”，但并未对工程机械板块成本上扬、营收大幅下降进行详细的说明，无法较好地反映公司当前的风险状况。

5. 初步结论

从收入和盈利的匹配度看，三一重工和徐工机械较为一致，中联重科存货堆积反映其经营状况的恶化。

从公司战略和主营业务看，三一重工的可预测性最强，徐工机械次之，中联重科较低。

从会计政策和估计的稳定性看，三一重工和中联重科由于会计准则修订有会计政策变更，但不影响二者盈利的预测，而徐工机械会计估计的变更降低其稳定性。

从会计信息披露质量看，三一重工质量较其他两家高，增强了其盈利的可预测性。

综上所述，我们认为三一重工盈利的可预测性最强，徐工机械盈利的可预测性次于三一重工。中联重科经营战略执行的效果不尽如人意，整体战略布局效果还待检验，其盈利的可预测性较低。

综合前面关于盈利的稳健性、可持续性，以及本文关于盈利的可预测性的讨论，我们认为：三一重工有较高的盈利质量，徐工机械次之，中联重科相对差一些。

我们的分析是初步的，错误、疏漏、武断推测肯定不少。希望更多的人参与讨论，共同构建出 A 股上市公司盈利质量的分析和评估框架。毕竟我们在对上市公司进行绩效评价、股权激励效应分析、前景预测以及公司估值时，盈利质量的分析和评估这一关，无论如何是绕不开的。

第五章
前景分析

分析是为了做决策，决策是“向前看”而不是“向后看”的。

所以，前景分析是企业财务报告分析的最终目的。

一、前景分析的含义

前景分析（Prospective Analysis）包括两部分的内容：预测（forecasting）与估值（valuation）。

预测是指在掌握现有信息的基础上，按照一定的框架、技术和方法，对企业未来各期的收入、费用、利润、资产、负债、权益以及现金流量等进行分析、判断和估计的过程。

估值是指通过选择合适的估值模型，将预测的数据转换成企业资产价值、权益价值或整体价值的过程。本书中的“估值”，主要指企业普通股内在价值的估计。

如果，在前景分析中只讨论“预测”，不讨论估值——毕竟，估值只是该分析框架的一个应用（application）——没有估值，预测就不够明确。我们要预测公司短期、长期的偿债能力，预测公司的资产负债率以及公司的资产运营效率和获利能力。

而且，企业经营的主要目标是实现内在价值（基础价值、真实价值）的最大化，如果不能对企业进行正确的估值，我们又如何正确评估企业过去和现在的绩效呢？例如，企业运营了一年或若干年度，实现它的目标和战略了吗？企业管理者（如研发、并购重组等）是否按照“企业价值最大化”这个标准来进行重大的决策呢？

（一）前景分析与其他分析的关系

在第一章我们讨论过财务报表分析的框架，包括战略分析、会计分析、财务分析和前景分析。如图 5 –1 所示。

上述各部分（环节）之间的关系如下。

（1）战略分析（包括行业分析、商业模式分析、公司治理分析等）是前提。战略分析做不好，后续分析也做不好。

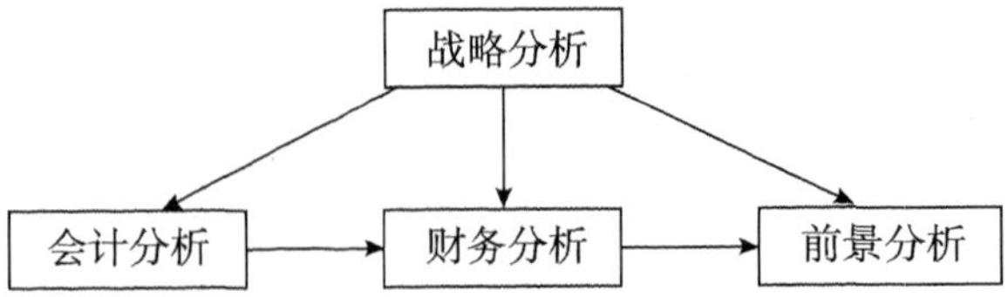

图 5 –1　财务报表分析框架

（2）会计分析是基础。作为企业的外部人（财务报表的主要使用者），主要依据企业定期或不定期发布的财务报告或其他相关信息来分析公司。如果企业提供的财务报表噪音或水分太多，扭曲太大，甚至是虚假的财务报表，则后续财务分析就没有意义。只有通过会计分析纠正这种扭曲，才能使财务报告的质量达到一定的水平，才能做好前景分析（预测和估值）。

（3）财务分析是重点。这里将财务分析的目的界定为评估企业过去和现在的绩效（performance）以及这种绩效的可持续性。

（4）前景分析是目标。我们所有的分析都是为了做出更加正确的决策。而决策都是面向未来的（forward looking），没有好的预测和分析，就不能正确地决策。

从上述框架中可以看出，没有好的战略分析、会计分析和财务分析，也就无法进行前景分析，即无法预测和估值。预测与估值也可以说是前面三个环节的总结或自然的延伸。

从战略分析角度，美的集团（000333）近年来进行了一系列的并购活动。并购何时结束？所占股份多少？被收购公司近几年的业务如何？美的与被并购公司的协同效应是什么？……如果不对公司的并购活动以及其他资本性支出（如研发、渠道拓展、股权激励或人力资本支出等）做出分析和评估，我们也就无法预测企业未来的收益、利润和现金流量。

如果我们要对贵州茅台（600519）未来的盈利做出预测，就不能不关注闹得沸沸扬扬的“贵州茅台隐藏利润”事件。我们需要通过会计分析，对该企业的盈利质量（包括稳健性、可持续性和可预测性）等进行一个正确的评估。公司的收入、资产是否低估？公司的费用、负债是否高估？其对未来财务报告的影响是什么？

通过财务分析，我们可以评估公司既定的战略和目标是否实现，实现程度如何。例如，不少上市公司都声称要提高 ROE，实际上并没有做到。有些公司很好地实现了它的既定目标，不少公司的年收入、利润同比增长100%或更多，但这种绩效可持续吗？为什么？

因此，没有好的战略分析、会计分析和财务分析，就没有好的前景分析（预测和估值）。

（二）前景分析的重要性

财务报表的主要使用者是信用提供者、贷款者或债权人、股东以及企业的管理者。

对于供应商来说，如果不对客户的前景做出正确的分析和评估，就不能做出正确的信用风险管理决策。例如，要不要给客户提供信用？提供多长期限、多大金额的信用？收账政策如何定？这些都需要对客户的前景进行分析。例如，乐视网的资金链出问题，不少供应商就声称，乐视欠公司的款项不能收回，要与乐视网打官司等。这就是供应商没有对客户的前景做出正确的分析的典型案例之一。

对于银行或其他债权人来说，对客户的前景分析也特别重要。例如，银行在决定是否对一家企业进行长期贷款时，不仅需要分析、评估企业目前的绩效、目前的流动性状况和偿债能力，还需要对企业的未来盈利能力、财务状况和现金流量进行预测。否则，十年以后的本金是否收得回来都不好说。

对现在或潜在的股东来说，是否买入、继续持有还是卖出某公司的股票，决策的主要基础就是对该企业的未来进行预测，对企业的内在价值进行估计，分析市场是否高估或低估公司价值。

对于企业的管理者来说，如果不对企业的前景进行分析，我们就无法评估企业目前的绩效。例如，京东自2004年进军电子商务以来，虽然每年的销售收入在快速增长，但企业的亏损却越来越大，我们如何评估京东亏损年度的绩效？这就需要我们通过对公司未来盈利或自由现金流量的预测进行估值，如果企业的价值得到快速增长，则企业的绩效就是好的。评估企业绩效的最终标准就是看企业的价值增长是否达到预期。

前景分析中的预测也是预算管理的基础。好的预测有利于企业正确确定预算目标，提高预算管理水平，促进企业战略实现和价值增长。

综上所述，我们可以做出如下小结。

（1）前景分析包括预测和估值。

（2）正确估值除了需要高质量的预测外，还需要正确选择和运用估值模型。

（3）前景分析是战略分析、会计分析、财务分析的总结或自然的延伸，它是企业分析或财务报表分析的目的。

（4）对企业进行准确的预测和估值是不可能的，我们只能努力提高预测和估值的正确性（approximately right）。

（5）好的前景分析是投资者、管理者正确决策的基础。

二、前景分析的五步骤①

在上一节，我们讨论了前景分析的内容（包括预测与估值），前景分析的重要性，以及前景分析与战略分析、会计分析、财务分析之间的关系等。

本节将主要讨论前景分析中预测的步骤。

需要说明的是，我们这里所说的预测的具体步骤是从外部分析者角度来说的，而企业的内部管理者对本（集团）公司（包括总部与分部）未来的预测，是包含在中长期规划和预算管理流程之中的。

外部分析师所能取得的资料或信息有限，主要关注和预测企业未来几年利润表中相关项目的数据，如收入、毛利、营业利润、净利润等，以便于对公司进行估值。例如，安信证券在2017年发布的关于美的的一份研报中，就有以下的财务数据与估值。如表5-1所示。

表5-1　　　　美的财务数据摘要

财务指标/百万元　年份	2015	2016	2017E	2018E	2019E
营业收入	139347.1	159841.7	198491.4	221774.5	253177.7
减：营业成本	102662.8	115615.4	141048.0	157792.5	179806.8
营业税费	911.3	1077.1	1190.9	1330.6	1519.1

① 本节系与周智慧合作完成，根据2017年8月16日、8月25日、9月1日、10月20日发表于公众号“小舟观察”中的文章修改而成。

续　表

财务指标/百万元 \ 年份	2015	2016	2017E	2018E	2019E
销售费用	14779.8	17678.5	22727.3	25060.5	27849.6
管理费用	7441.8	9620.8	13497.4	15080.7	17216.1
财务费用	138.9	-1006.0	-1414.8	-2042.6	-2740.1
资产减值损失	4.8	380.8	800.0	800.0	800.0
加：公允价值变动收益	81.6	117.4	—	—	—
投资和汇总收益	2011.3	1286.0	2000.0	2000.0	2000.0
营业利润	14916.9	17436.0	22642.6	25752.7	30726.3
加：营业外净收支	1134.5	1478.6	1460.0	1460.0	1460.0
利润总额	16051.4	18914.6	24102.6	27212.7	32186.3
减：所得税	2426.7	3052.7	4097.4	4354.0	5294.7
净利润	12706.7	14684.4	17174.4	19530.5	22976.3

资料来源：安信证券。

如果分析师对 2017 年、2018 年、2019 年利润表的项目数据估计错误，则以下的分析结论和投资建议也就不正确。

我们预计公司 2017—2019 年的收入增速分别为 24.18%、11.73%、14.16%。同时，公司作为全球家电业龙头，正向全球领先的消费电器、暖通空调、机器人和工业自动化科技集团转型。因此，给予此公司买入-A 的投资评级，6 个月的目标价为 45.60 元。

作为外部分析师，需要通过以下几个步骤来对目标公司的前景进行预测，并编制出预测的财务报表。

（1）分析历史比率。

（2）预测计划期的销售收入。

（3）预测利润表各项目并编制初步的预测利润表。

（4）预测资产负债表各项目并编制初步的预测资产负债表。

（5）对预测结果进行分析和评估，确定最终的预测报表。

(一) 分析历史比率

第一个步骤是分析历史比率。

分析历史比率主要包括两方面的内容：一是编制以前年度的比例报表(common size statements)，二是分析各报表项目与销售收入的比例关系。

1. 编制以前年度的同比报表

如前文所述，外部分析师对目标企业未来若干年报表项目的预测，一般采用销售收入比例法，即根据财务报表各项目与销售收入项目之间的比例关系来进行预测。因此，我们第一步就应编制并排列以前年度各项财务报表的比例报表。

我们以美的的比例报表为例加以说明。如表 5－2、表 5－3、表5－4所示。

表 5－2　　2012—2016 年美的同比利润表

财务指标/% ＼ 年份	2016	2015	2014	2013	2012
一、营业总收入	100	100	100	100	100
其中：营业收入	99.50	99.35	99.55	99.76	99.89
利息收入	0.49	0.65	0.44	0.24	0.11
手续费及佣金收入	0.01	0.00	0.01	0.00	0.00
减：营业成本	－72.33	－73.67	－74.25	－76.54	－77.35
利息支出	－0.28	－0.40	－0.28	－0.17	－0.06
手续费及佣金支出	0.00	0.00	0.00	0.00	0.00
税金及附加	－0.67	－0.65	－0.57	－0.50	－0.56
销售费用	－11.06	－10.62	－10.35	－10.25	－9.14
管理费用	－6.02	－5.34	－5.27	－5.55	－5.77
财务收入（费用）	0.63	－0.10	－0.18	－0.47	－0.79
资产减值（损失）转	－0.24	0.00	－0.25	－0.10	－0.05
加：公允价值变动收益（损失）	0.07	0.06	－0.46	0.45	0.02
投资收益	0.80	1.44	1.06	0.82	0.52

续　表

财务指标/% \ 年份	2016	2015	2014	2013	2012
其中：对联营企业和合的投资收益	0.10	0.30	0.07	0.03	0.04
二、营业利润	10.91	10.70	9.45	7.69	6.82
加：营业外收入	1.14	1.23	0.74	0.83	0.90
其中：非流动资产处置利得	0.04	0.04	0.04	0.03	0.00
减：营业外支出	-0.21	-0.41	-0.36	-0.26	0.22
其中：非流动资产处置损失	-0.11	-0.21	0.19	0.16	0.13
三、利润总额	11.83	11.52	9.83	8.26	7.51
减：所得税费用	-1.91	-1.74	1.65	1.41	1.53
四、净利润	9.92	9.78	8.18	6.84	5.98
归属于母公司股东的净利润	9.19	9.12	7.38	4.38	3.17
少数股东损益	0.74	0.66	0.80	2.46	2.81

资粮来源：根据美的年报数据整理。

表5-3　　2012—2016年美的同比资产负债表

财务指标/% \ 年份	2016	2015	2014	2013	2012
货币资金	10.08	9.21	5.16	16.06	15.31
存放中央银行款项	0.43	0.81	1.06	0.95	0.59
存放同业款项	5.41	3.15	1.77	1.80	0.36
衍生金融资产	0.24	0.12	0.14	0.78	0.26
应收票据	4.35	10.00	14.21	14.60	14.12
应收账款	7.89	8.05	7.78	8.18	11.24
预付款项	0.93	0.77	1.18	2.51	2.05
发放贷款和垫款	6.02	5.13	4.94	5.26	0.47
应收股利	—	—	0.04	0.03	—
其他应收款	0.67	0.85	0.98	1.06	1.28
存货	9.16	8.11	12.49	15.68	15.22
其他流动资产	25.52	26.26	22.11	0.48	2.43

续 表

财务指标/% \ 年份	2016	2015	2014	2013	2012
流动资产合计	70.70	72.47	71.85	67.38	63.33
可供出售金融资产	3.04	2.55	1.38	0.00	0.00
长期应收款	0.02	—	—	—	—
长期股权投资	1.30	2.24	0.79	1.81	1.95
投资性房地产	0.29	0.12	0.14	0.21	0.10
固定资产	12.34	14.54	16.23	20.19	23.08
在建工程	0.34	0.74	0.55	0.63	1.82
无形资产	4.03	2.63	2.85	3.43	4.19
商誉	3.36	1.86	2.44	3.02	3.96
长期待摊费用	0.37	0.61	0.63	0.67	0.67
递延所得税资产	1.78	1.73	3.14	2.65	0.90
其他非流动资产	2.44	0.52	—	—	—
非流动资产合计	29.30	27.53	28.15	32.62	36.67
资产总计	100.00	100.00	100.00	100.00	100.00

表 5－4　2012—2016 年美的同比资产负债表（负债及所有者权益）

财务指标/% \ 年份	2016	2015	2014	2013	2012
短期借款	1.77	3.04	5.05	9.15	5.79
向中央银行借款	—	—	—	0.09	—
吸收存款及同业放	0.02	0.04	0.01	0.00	0.00
衍生金融负债	0.05	0.03	0.06	0.01	0.03
卖出回购金融资产	—	0.51	—	—	—
应付票据	10.84	13.26	10.51	6.51	10.54
应付账款	14.86	13.54	16.74	18.06	17.98
预收款项	6.01	4.36	3.32	5.14	4.07
应付职工薪酬	1.85	1.73	1.83	2.03	1.52
应交税费	1.39	1.25	2.73	1.06	1.05

续 表

财务指标/% \ 年份	2016	2015	2014	2013	2012
应付利息	0.01	0.01	0.02	0.07	0.22
应付股利	0.06	0.09	0.08	0.10	0.08
其他应付款	0.92	0.88	1.02	1.53	2.81
一年内到期的非流动负债	0.09	—	0.51	1.67	4.50
其他流动负债	14.40	17.15	18.94	13.01	9.34
流动负债合计	52.28	55.89	60.80	58.43	57.91
长期借款	1.32	0.07	0.02	0.73	2.72
应付借券	2.82	—	0.13	0.16	1.31
长期应付款	0.22	—	—	—	—
专项应付款	0.001	0.0004	0.71	0.05	0.01
预计负债	0.19	0.03	0.02	0.03	0.03
递延收益	0.29	0.37	0.28	0.15	0.11
长期应付职工薪酬	0.85	—	—	—	—
递延所得税负债	1.07	0.03	0.02	0.13	0.10
其他非流动负债	0.52	0.12	—	—	—
非流动负债合计	7.29	0.63	1.18	1.26	4.29
负债合计	59.57	56.51	61.98	59.69	62.20
股本	3.79	3.31	3.50	1.74	1.14
资本公积	7.97	11.26	10.83	16.11	3.46
其他综合收益	0.01	-0.83	-0.64	—	—
外币报表折算差额	—	—	—	-0.34	-0.32
一般风险准备	0.09	0.09	—	—	—
盈余公积	1.64	1.43	0.99	0.59	0.08
未分配利润	22.34	22.92	18.13	15.79	11.96
归属于母公司股东权益合计	35.83	38.19	32.81	33.88	16.31
少数股东权益	4.60	5.30	5.20	6.43	21.49
股东权益合计	40.43	43.49	38.02	40.31	37.80
负债及股东权益总计	100.00	100.00	100.00	100.00	100.00

资料来源：根据美的年报数据整理。

2. 分析报表各项目与销售收入的比率关系

无论是企业的利润表项目，还是资产负债表项目，都在一定程度上与销售收入相关。例如，销售收入的增长会引起存货、应收账款的增长；也有可能要求企业增加员工，引起应付员工薪酬的增长；或者要求企业添置新的机器设备等。

但具体到某一时段，某一项目的变动有可能与销售收入并不呈现直接的相关性。例如，利润表中的研究与开发项目费用支出，从长期看与销售收入有一定的相关性，但短期看相关性不大。再如，利息费用与负债水平、利率高低直接相关，折旧费用取决于固定资产的规模和折旧政策等。

所以，对于财务报表各项目与销售收入之间的比例关系，要根据具体的情况进行分析后才能确定。

如果企业的经营范围或经营性质未发生大的变化，企业的历史数据也管理得比较好，我们就可以用线性回归的方法来初步测定财务报表各项目金额与销售收入之间的比例关系。基本模型如下。

$$y = a + b \times x$$

其中，y 为报表各项目金额，a 为报表各项目金额中固定部分，b 为报表各项目与主营业务收入的比例，x 为主营业务收入。

我们以美的的销售费用和主营业务收入为例来进行讲解。如表 5－5 所示。

表 5－5　　2012—2016 年美的主营收入与销售费用

财务指标/亿元 \ 年份	2012	2013	2014	2015	2016
主营业务收入	1025.98	1209.75	1416.68	1384	1590
销售费用	93.89	124.32	147.34	147.99	176.78

资料来源：根据美的年报数据整理。

根据最小二乘法，线性拟合结果为 $y = 0.1432x - 51.778$，即美的集团的年销售费用与主营业务收入的比例约为 0.1432，销售费用中固定部分为 －51.763亿元，相关系数为0.993，接近于1，说明销售费用和主营业务收入的相关程度非常高（一般认为，$R^2 \geq 0.8$ 为高度相关，R^2 在 0.5～0.8 之间为中度相关，R^2 在0.3～0.5之间为低度相关，$R^2<0.3$ 为相关关系极弱可视为不相关）。如图5－2所示。

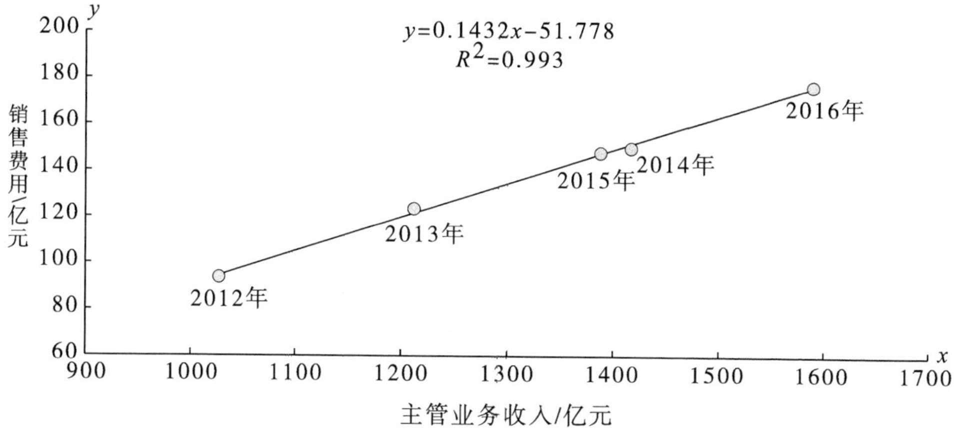

图5－2　美的主营收入与销售费用的相关性

同理，我们可以得出美的利润表的其他项目与收入的关系，并以此推测这些项目在未来期间的发生额。如表5－6所示。

表5－6　美的财务数据的相关性

财务数据	与主营业务收入的关系	相关系数
营业成本	$y=0.6374x+147.61$	$R^2=0.99714$
税金及附加	$y=0.0091x-4.1537$	$R^2=0.88773$
管理费用	$y=0.0604x-5.6537$	$R^2=0.89511$

编制预测的财务报表，不仅需要分析历史比率，还需要预测公司未来各期的销售收入，我们将在下面进行讨论。

（二）预测计划期的销售收入①

在企业的整个财务计划中，最为关键的就是销售收入的预测。对于没有历史数据（如新设立的企业），或者历史数据不准确、无太大参考价值的企业，可以通过目标市场容量的估计，行业（产业）的变化，竞争对手的情况，

① 本部分主要讨论历史数据可参考情况下的企业销售收入的预测。

企业的市场渗透能力、渗透程度以及所需要的渗透时间等几个方面进行预测。

1. **收入增长预测方法**

企业首先要分析近几年来企业销售收入的增长情况，并据此预测企业未来的收入增长率。通常采用以下两种方法来预测：算术平均法和几何平均法。

（1）算术平均法就是各个年份的增长率的算术平均数。

仍以美的为例，公司2014—2016年的销售收入增量及增长率如表5－7所示。

表5－7　　2014—2016年美的销售收入增长情况

财务指标＼年份	2014	2015	2016
销售收入/亿元	1416.68	1384.41	1590.00
增量/亿元	206.93	－32.27	206.03
增长率/%	17.11	－2.28	14.85

资料来源：根据美的年报数据整理。

通过上表可以得知，美的的平均增长率为：（17.11%－2.28%＋14.85%）/3＝9.89%。

（2）几何平均法就是以某年份数额为基数 x，n 年后数据终值 y，增长率为 g。计算公式如下。

$$y = x\ (1+g)^n$$

从表5－7中可以看到，美的2014年主营业务收入为1416.68亿元，2016年主营业务收入为1590亿元，可以得到 $1416.68\times(1+g)^n=1590$。

其中2014年到2016年为2年，所以 $n=2$，可以推导出：$g=10.6$，因此，销售增长率为10.6%。按此增长率计算，我们可以估计出2017年美的集团的销售收入约为1759.03亿元。

现实情况中，企业管理层要以上述计算结果作为预测基础，同时再根据预期的外部环境变化和内部实际情况加以调整。

算术平均法与几何平均法虽然比较简单，但可能反映不出一个企业销售收入的变动趋势。举个简单的例子，某企业的销售收入第一年增长率为100%，第二年增长率为75%，第三年增长率为50%，第四年增长率为25%，第五年增长率为 0%，停止增长。如果按算术平均法来计算，第六年仍有 25% 的增长，但这个结果明显是错误的。

企业销售收入预测失误，不仅影响到财务报表预测的准确性，也会给企业的经营与发展带来严重的经济后果。若预测的未来年度销售收入的增长率低于实际增长率，则企业的生产与销售不能满足市场需求，消费者就会转向其他产品与服务，最终该企业会失去市场。

反之，若企业的管理者过于乐观，预测增长率高于实际增长率，企业购买设备或投资建新厂，招兵买马，增加存货，其结果只能是产品积压或削价销售、费用剧增（折旧、存货减值与人工费用），影响了企业的净资产收益率，处理不当甚至会由于资金周转缓慢而难以继续经营。所以，企业在进行销售收入的预测时必须慎之又慎。

（3）线性回归法是一种修正的方法，即根据历史的销售收入数据进行回归分析，得到的回归线的斜率就表明企业以前年度的增长率及以后年度的增长趋势。

以美的为例，2012—2016 年的主营业务收入如表 5 - 8 所示。

表 5 - 8　　2012—2016 年美的的销售收入

财务指标＼年份	2012	2013	2014	2015	2016
销售收入/亿元	1025.98	1209.75	1416.68	1384.00	1590.00

资料来源：根据美的年报数据整理。

以 2012 年为基年第一年，通过散点图趋势，我们可以大致判断美的集团的销售收入和年份之间呈线性关系，假设销售额为 y，年份序号为 x，则：通过最小二乘法线性回归，我们可以得到线性回归方程如下。

$$y = 130.36x + 934.38$$

相关系数 R^2 为 0.92，可以看出相关性良好，由此可以预计 2017 年增长率为：130.36/1590 = 8.2%。如图 5 - 3 所示。

将算术平均法、几何平均法、线性回归法三者综合考虑，我们把美的的预计增长率修正为 9.56%。

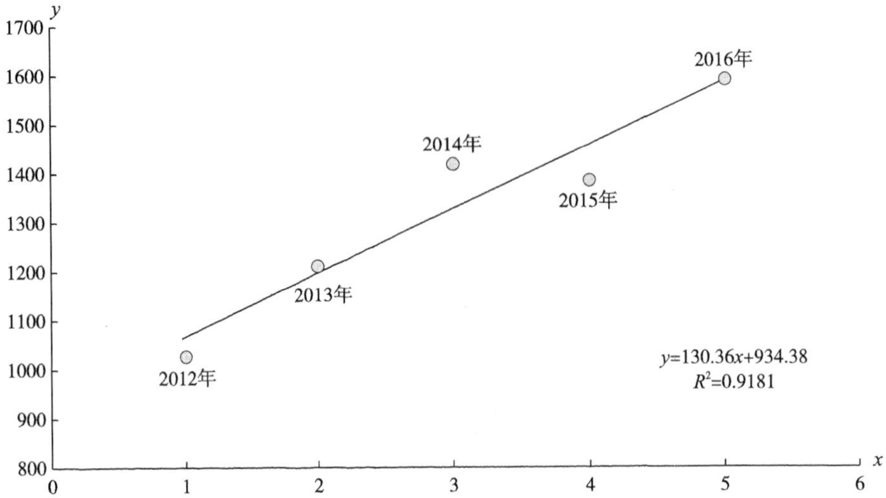

图 5－3　2012—2016 年美的收入散点

2. 收入预测中要考虑的主要因素

在企业的各种预测中，销售收入的预测最为关键。可以说是"一着不慎，全盘皆输"。

（1）销售价格。企业的销售收入取决于单位产品价格和销售数量。

一般情况下，由于竞争的加剧与新技术的发展，企业单位产品的销售价格是下降的。国内不少个人电脑（PC）、手机、财务管理软件的生产商和供应商，常常会出现销售数量与销售收入"非同步"增长的现象，俗语为"增产不增收"。比如，香港创业板上市公司速达软件，其 ERP 套装软件由几万元一套，下降到几千元、一万元左右一套。

（2）营业范围。企业在预测销售收入时，还需要考虑其营业范围（包括主营业务和地域）是否改变。不论是国内上市公司还是非上市公司，由于收购重组或新领域的开发与成熟，使得公司经营范围特别是主营业务往往会发生很大的变化。

有些公司原先是加工企业，后来由于收购重组而变为房地产公司。例如，雅戈尔（600177）原本的主要业务是服装，后来房地产开发收入占主营业务收入的 66% 以上，如表 5－9 所示。

表 5－9　　雅戈尔主营业务构成

业务＼财务指标	营业收入/万元	营业利润/万元	毛利率/%	占主营业务收入比例/%
品牌服装/（行业）	427436.62	273284.61	63.94	28.70
地产开发/（行业）	988196.19	329978.71	33.39	66.34
其他业务（补充）（行业）	73867.13	18285.90	24.76	4.96
合计（行业）	1489499.94	621549.22	41.73	100.00

资料来源：根据雅戈尔年报、中期报告数据整理。

再如，国内上市公司如海尔、中兴通讯等，也开始在国外建厂或将产品与服务销往世界市场。

因此，在进行公司销售收入的预测时，必须考虑到其经营范围是否有重大变化。

美的 2016 年收购库卡之前，主要业务分为大家电业务和小家电业务。2017 年与库卡机器人业务合并之后，我们在销售收入预测时，就需要将机器人业务纳入美的集团的业务范围之内。

库卡 2013 年收入约为 162 亿元，2014 年收入约为 155 亿元，2015 年收入约为 217 亿元，2016 年收入约为 230 亿元，合并后，2017 年第一季度销售收入增长超过 20%。同时，美的还为库卡的发展提供了如下机会：①在中国市场大力扩展市场地位，响应当地客户需求，增加在一般工业企业合作的机会；②走出汽车单一贡献的现状，依靠美的广泛的业务和网络，拓展新的下游应用。

事实上，我们也能看到库卡在成为美的系企业后的改变。

2017 年 6 月，库卡与华为签署了在全球范围内扩大合作的谅解备忘录，将把各自的领先技术和行业优势组合起来，共同面向市场，提供高效、创新的智能制造联合解决方案。2017 年 7 月，库卡和大众宣布将扩大合作，生产能帮助电动汽车和自动驾驶汽车用户的机器人。

库卡迈出的新步伐无疑将对美的未来的营业收入产生积极的影响，在进行销售收入预测时，这些都是我们不能忽略的。

（3）发展阶段。有些企业处于创业期，基数小，公司成立头几年的收入增长速度较快，增长率能达到 50%、100% 甚至更高。

例如联想集团（Lenovo），1994 年在香港上市，上市前与上市后的头几年，销售收入增长很快，当时的总裁杨元庆先生就认为，即使卖电脑也能冲进世界500强。但随后几年，由于国内市场的日益饱和，竞争加剧，联想销售收入增速骤降，有些年度甚至出现负增长。

当然，每个企业收入增长率趋于平均线的速度取决于行业的特点，以及公司本身的竞争地位和竞争能力。有些杰出的公司，就能够较长时间地保持高速增长。了解收入增长的习性，有利于我们分析企业所属的行业和企业所处的不同阶段的特点，避免不合理的假设，提高企业收入预测的准确性。

（4）季节性与周期性特点。有一些企业的经营具有周期性或季节性的特点。研究表明，不管从事何种行业的企业，其经营与销售都在一定程度上反映出季节性。

零售企业在节假日期间的销售额会剧增，如春节、五一长假等；个人电脑也会因为暑期促销，而使得销售收入大量增加；对于建筑行业来说，南方的梅雨季节与北方的冬季，都会延缓工程建筑进度，甚至停止。经营具有周期性的行业则有房地产业、钢铁业等。

FOSTER 预测模型在一定程度上可以反映出企业经营上的季节性，模型如下。

$$E(Q_t) = Q_{t-4} + \delta + \phi(Q_{t-1} - Q_{t-5})$$

用 Q_t来定义第 t 期的收入或每股收益，$E(Q_t)$ 表示 Q_t期望值。

FOSTER 模型表明，当我们利用历史数据来预测季度报表的损益或每股收益时，预测时的损益或每股收益取决于以下因素：①先前可比期间 Q_{t-4} 收入金额或每股收益；②在一年中季节间长期的收入增长趋势为 δ；③最近期间收入增长系数为 ϕ。

对于既定企业的报表预测，公式中的两个参数 δ 和 ϕ 可以通过回归方式取得；但对于大多数企业来说，参数 ϕ 间于 25%~50%，表明企业下一季度比上一季度收益增加的可能性；而参数 δ，表明企业不同年度的同季度数据的变化，不同企业之间的差别很大。

尽管 FOSTER 模型不能代替前述报表预测各项艰巨工作，但确实给我们一些启示：预测季节报表时，起点应是上一年度同期的数据，而不应该是最近季度的数据；某一季度收入或利润的增加一般，并不表明下一季度销售收入或利润不会增长。

（5）其他重要因素。企业在确定销售收入增长率时，一般还需要考虑以下因素：①客户对新产品的接受程度；②公司的市场计划与价格策略；③竞争者的策略与行动；④整个行业的变化以及国民经济的发展状况等。

（三）编制预测的利润表

1. 销售成本的预测

企业的产品成本，因行业特点不同而有大的差异。有的企业直接材料的成本占到70%~80%，而有些企业的产品成本主要由加工成本构成。

企业原材料、半成品的采购，因采购方式、采购数量的不同而有明显差别。比如整体采购，相对采购成本会略高一些，而生产成本则低一些；而零部件采购，回企业再加工、组装，虽然采购价格较低，但生产成本会高一些。企业需要在两者之间进行权衡。

所以，企业在对销售成本进行预测时，要分析所处行业的情况、分析企业与供应商的谈判能力、采购方式和采购数量的变化等因素来综合判断。

企业在预测存货成本时，还应该考虑到规模经济①的问题。例如，作为个零售企业，即使目前的销售收入不高，也需要储备一定数量的不同货品，以备客户采购之需。

存货与销售收入的比率关系可以是线性的，也可以是非线性的，例如，不少企业在使用存货的最佳订购批量（EOQ）法确定存货数量时，存货数量就是销售收入的平方根。在这种情况下，销售收入的大量增长只会引起存货的小规模增长。

以美的为例，2011 年初就提出了“成本效率管控”“效率驱动”等方案，利用规模经济的优势，建立起全员、全方位、全过程的责任成本管理体系，目前更是拥有中国最完整的空调产业链、微波炉产业链、小家电产品群和厨房家电产品群。

通过表 5－10 我们可以看到，2012—2016 年，美的的毛利率水平一直处于稳步提升的态势。

---

① 规模经济指在给定技术的条件下，对于某一产品（无论是单一产品还是复合产品），如果在某些产量范围内平均成本下降或上升，则存在着规模经济（或不经济）。

表 5-10　　2012—2016 年美的的毛利率

年份 财务指标	2012	2013	2014	2015	2016
毛利率/%	22.56	23.28	25.41	25.84	27.31

资料来源：根据美的年报数据整理。

在前文中，我们用线性回归的方法计算得到美的营业收入和营业成本的关系为：$y=0.6374x+147.61$，其相关系数为 0.99714。如此高的相关性，是与美的集团稳定的经营状态以及较早就注重成本管理的意识分不开的。

2. **期间费用的预测**

企业的期间费用包括：销售费用、管理费用与财务费用。①

预测企业的销售费用时，应充分考虑到企业本年度及今后的营销策略的改变。比如说，某一企业以往的营销策略主要是靠薄利多销，广告和促销投入较少。为了扩大品牌的影响，公司决定改变营销战略，加大市场渠道的开拓和广告宣传的投入。在这种情况下，势必会增加企业的销售费用。

以国内的 PC 企业为例，其销售策略也是各不相同的。联想在全国各地直接投资建立“联想 1+1”店铺，部分产品也通过分销商与代理商销售。美的集团、清华同方等国内其他 PC 厂商则主要通过分销商与代理商销售产品。DELL 则采取直销方式，按订单进行生产，并通过第三方物流的方式将 PC 送到客户手中。不同的销售策略，势必产生不同的销售费用。

国内管理费用报表项目包括的内容很多，且波动较大，资产减值费用是主因。

不少 IT 公司上市后不久即“变脸”，发生巨额亏损，大都缘于资产减值费用的剧增，特别是存货跌价准备和应收款坏账准备的计提。企业在进行预测时应充分关注到这一问题：公司的资产实不实？来年是否存在计提巨额准备的可能？

在预测管理费用项目时，还应该注意企业的非生产性的固定资产是否有较大幅度的增加，如新建的办公用房是否由在建工程转作固定资产，是否开

① 在一些英文教材或著作的财务报表中，期间费用也称作期间成本（period cost）；还有，IAS23 - borrowing cost 译作“借款费用”，亦似不妥。关于成本和费用概念的定义、两者之间的关系，参见杨小舟、黄燕飞的《企业财务会计：理论、准则与实务》一书中的相关讨论，此处不再赘述。

始计提折旧等。

研究与开发费用，国外的财务报表一般是在经营费用项下单列，并在会计附注中有专门说明，而我们目前则混在管理费用项下①。

不同的企业有不同的研发侧重，比如英特尔（Intel）公司，研究与开发主要投在技术创新上；而戴尔（DELL）公司的研究与开发则主要投在管理流程的创新上。国外先进的IT企业的研究与开发费用占销售收入的比例都比较高，目前，国内的企业也开始注重技术与管理流程改造方面的研发投入，如华为。在预测公司的管理费用时，也应该考虑到这一点。

财务费用的预测相对容易一些。除上市公司有较多的直接融资手段（IPO、增发、配股等）外，国内非上市企业的融资手段就比较单一了，主要是从银行获取。

随着国内金融市场和资本市场的发展，企业的融资渠道逐渐拓宽，融资方式也多种多样，企业利息费用的变化对企业损益表中的税后净利润的影响也随之增大。比如，企业将闲置资金买入银行理财产品会使企业获得财务收入，这种方式对于拥有大量闲置资金的美的、格力而言，将会获得一大笔收入。

例如，美的2012—2016年的财务费用、长短期借款、理财投入和理财收益如表5－11所示。

表5－11　　　　2012－2016年美的相关财务数据

财务指标/万元 \ 年份	2016	2015	2014	2013	2012
财务收入（费用）	100597.90	13893.20	25132.69	56422.05	80704.78
短期借款	302442.60	392093.30	607087.90	887217.30	508208.71
长期借款	225434.80	9006.10	1920.50	71146.46	238847.30
理财	3635890.00	2404136.00	11661606.00	5216666.00	2651892.00
理财收益	127094.10	130963.00	95366.21	25037.18	7189.00

资料来源：根据美的报表整理。

可以看出，美的的收入大部分都被用来购买理财产品，美的的理财收益

① 在2018年6月财政部发布的《关于修订印发2018年度一般企业财务报表格式》的通知中，利润表新增了“研发费用”项目，与销售费用、管理费用等并列。

一直在增加，到2016年财务收入已经大于财务费用。

由此，我们在预测某家公司的财务费用时，不仅需要考虑这家公司的筹资决策，也需要考虑这家公司闲置资金的投资决策。

3. **初步形成预测的利润表**

根据预测的销售收入以及利润表中其他项目的预测，我们可以初步形成预测的利润表。表5－12为美的预测利润表。

表5－12 美的预测利润表

财务指标/亿元 \ 年份	2013	2014	2015	2016	2017E	2018E	2019E
一、营业总收入	1212.65	1423.11	1393.47	1598.42	2023.76	2226.13	2448.74
减：营业成本	−928.18	−1056.70	−1026.63	−1156.15	−1437.55	−1566.55	−1708.44
税金及附加	−6.10	−8.10	−9.11	−10.77	−14.26	−16.10	−18.13
销售费用	−124.32	−147.34	−148.00	−176.78	−238.02	−267.00	−298.88
管理费用	−67.33	−74.98	−74.42	−96.21	−116.58	−128.80	−142.25
财务费用	−5.64	−2.51	−1.39	10.06	14.12	20.42	27.40
资产减值损失	−1.23	−3.50	−0.05	−3.81	−3.81	−3.81	−3.81
加：公允价值变动损益	5.46	−6.53	0.82	117	—	—	—
投资收益	9.98	15.11	20.11	12.86	15.00	15.00	15.00
二、营业利润	93.24	134.51	149.17	174.36	242.65	279.28	319.63
加：营业外收支净值	6.88	5.40	11.34	14.79	14.79	14.79	14.79
三、利润总额	100.12	139.91	160.51	189.15	257.44	294.07	334.42
减：所得税费用	−17.14	−23.44	−24.27	−30.53	−41.55	−47.46	−53.97
四、净利润	82.97	116.46	136.25	158.62	215.89	246.61	280.45

（四）编制预测的资产负债表

许多企业在做预测或做预算时，都不预测资产负债表项目，也不编制预测的资产负债表，这样做是有风险的。

比如说，企业预测下年的销售收入增长20%，那么现有的生产能力够不够？需不需要购置固定资产（如厂房、设备等）？如果需要，钱从哪里来？自有资金、向银行融资，还是发行债券、以股权方式融资？

以上这些问题不解决，收入增长20%就没有保证。所以，前景分析的第4步骤也很重要。

下面主要以美的为例，介绍资产负债表的预测步骤和预测方法。其中，文中的预测方法参考了由T. Copeland、T. Koller、J. Murrin合著的《估值：计量与管理公司价值》（*Valuation：Measuring and Managing the Value of Companies*）一书和实用投融资分析师认证考试的《估值建模》教材。

资产负债表预测的主要步骤如下：①对资产负债表的重构；②确定资产负债表分项的预测驱动因素和预测比率；③固定资产和无形资产及相关科目预测；④经营营运资本和长期经营性负债的预测；⑤非核心资产的预测；⑥付息债务的预测；⑦股东权益的预测；⑧资产负债表的初步完成。

1. 对资产负债表的重构

首先，我们要区分核心资产与非核心资产项目。

所谓非核心资产，就是与企业核心业务无关的资产和负债，这些项目有：衍生金融资产、发放贷款和垫款、可供出售金融资产、持有至到期投资、投资性房地产以及长期股权投资等。

其次，我们要对资产负债表的科目进行简化处理。

（1）省略商誉、递延所得税资产以及递延所得税负债等科目。

（2）合并性质相近科目。如应收账款和应收票据合并为应收账款，股本和资本公积合并为股本及资本公积，盈余公积和未分配利润合并为留存收益等。

最后，为了更好地体现企业的经营活动、投资活动和融资活动，我们将资产负债表项目进行如下分类。

资产=非核心资产+经营性流动资产+固定资产+无形资产

负债和所有者权益=经营性流动负债+长期经营性负债+付息债务+股东权益

2. 确定资产负债表分项的预测驱动因素和预测比率

对资产负债表项目的预测通常存在存量预测法和流量预测法的分歧。

在销售百分比预测中，存量预测法倾向于将报表项目直接作为销售收入的函数预测，而流量预测法则倾向于将报表项目作为收入增长量的函数。

本书将采用存量预测的方式。

销售百分比预测法将资产负债表项目的预测驱动因素，统一确定为销售收入，将预测比率统一确认为“资产负债表项目/销售收入”。我们认为，这样处理是不准确的。

以美的为例，我们取2012—2016年的数据，以上述经营性项目与美的销售收入进行相关性分析（剔除波动性大的极端值），可以发现，R^2 在60%以上（即相关性程度勉强说得过去）的项目非常少。如表5-13所示。

表5-13　　美的资产负债表相关项目与收入的相关性

项目	R^2检验值	项目	R^2检验值
应收票据	0.1228	长期待摊费用	0.16784
应收账款	0.43759	递延所得税资产	0.60967
预付款项	0.25348	应付票据	0.64989
其他应收款	0.19182	应付账款	0.76964
存货	0.72752	预收款项	0.58746
其他流动资产	0.88564	应付职工薪酬	0.92279
长期股权投资	0.02081	应缴税费	0.92845
投资性房地产	0.72815	应付股利	0.84679
固定资产	0.16672	其他应付款	0.48271
在建工程	0.57609	其他流动负债	0.92835
无形资产	0.41454	专项应付款	0.04542
商誉	0.23687	预计负债	0.49167
长期待摊费用	0.16784	递延收益	0.83314
递延所得税资产	0.60967	递延所得税负债	0.43915

由此可以看出，我们必须放弃这种一刀切的思路，找到资产负债表各个项目典型的驱动因素和预测比率。

在《估值：计量与管理公司价值》一书中总结了资产负债表项目的驱动因素和预测比率，如表5－14所示。

表5－14　　　资产负债表项目的驱动因素和预测比率

分项		典型预测驱动因素	典型预测比率
经营性分项	应收账款	收入	应收账款/收入
	存货	COGS	存货/销货成本
	应付账款	COGS	应付账款/COGS
	应计费用	收入	应计费用/收入
	PP&E 净值	收入	PP&E 净值/收入
	商誉	确认的收入	商誉确认的收入
非经营性分项	非经营资产	没有	非经营资产增长率
	养老金资产或负债	没有	趋向于零
	递延税项	调整税项	递延税项变化/调整后税项

资料来源：T. Copeland，T. Koller and J. Murrin，*Valuation：Measuring and Managing the Value of Companies*，3rd Edition.

3. **固定资产和无形资产及相关科目预测**

在预测固定资产和无形资产之前，我们要了解一种预测存量信息的方法，即BASE法则，其原理如下。

存量的期初值（beginning）＋增加项（addition）－减少项（subtraction）＝存量的期末值（ending）

在很多项目的预测中，我们都能用到这一法则。

首先，我们来预测固定资产。

（1）增加项（addition）的预测。我们在这里假定固定资产的构建与营业收入呈一定比例，由于在前景分析前，我们已就营业收入做出预测，再利用财务报表披露的以前年度信息即可得出。

（2）预测减少项（subtraction）。固定资产的减少项即为折旧与减值，由于减值无法预估，我们以折旧作为减少项，将其视为固定资产期初值的一个固定比例即可得出。

（3）然后我们就可以根据期初值、增加项和减少项的信息，大致计算出期末值（ending）。

表5－15为美的固定资产项目预测，就是利用这一方法得到的。

表5－15　　美的固定资产项目预测

项目＼年份	2016	2017	2018	2019
预测假设				
固定资产构建/营业收入/%	3.72	4.00	2	2
折旧/固定资产期初额/%	15.47	15.00	15.00	15.00
营业收入/亿元	1598.42	2023.76	2226.13	2448.74
固定资产				
期初额/亿元		210.57	259.93	265.47
固定资产构建/亿元		80.95	44.52	48.97
折旧/亿元		3.59	38.99	39.82
期末额/亿元		259.93	265.47	274.62

同时，我们可以根据同样的方法来预测美的的无形资产项目，如表5－16所示。

表5－16　　美的无形资产项目预测

项目＼年份	2016	2017	2018	2019
预测假设				
无形资产构建/固定资产构建/%	48.15	40.00	10	10
摊销/无形资产期初额/%	6.12	6.00	3.00	3.00
固定资产构建/亿元	59.22	80.95	44.52	48.97

续　表

年份 项目	2016	2017	2018	2019
无形资产				
期初额/亿元		68.69	99.12	100.60
无形资产构建/亿元		32.38	4.45	4.90
折旧/亿元		1.94	2.97	3.02
期末额/亿元	68.69	99.13	100.60	102.48

4. 经营营运资本和长期经营性负债的预测

经营营运资本是经营性流动资产减去经营性流动负债的金额。在这里，我们剔除货币资金，而将存货、应收账款、预付账款、应付款项和预收款项等项目包括进来。

在前面，我们大致确定了美的的这些项目的预测驱动因素和预测比率，便可以做出美的相关财务报表项目的预测，如表5－17所示。

表5－17　　美的相关财务报表项目预测

年份 项目	2016	2017	2018	2019
预测假设				
营业收入/亿元	1598.42	2023.76	2226.13	2448.74
营业成本/亿元	1156.15	1437.55	1566.55	1708.44
应收账款/营业收入/%	13.13	13.13	13.13	13.13
存货/营业收入/%	13.52	13.52	13.52	13.52
其他应收款/%	0.72	0.72	0.72	0.72
预付账款/营业收入/%	1.37	1.37	1.37	1.37
其他流动资产/营业收入/%	27.37	27.37	27.37	27.37
应付款项/营业成本/%	37.92	37.92	37.92	37.92

续 表

项目 \ 年份	2016	2017	2018	2019
预收款项/营业收入/%	6.45	6.45	6.45	6.45
其他应付款/营业成本/%	1.36	1.36	1.36	1.36
经营流动资产				
应收账款/亿元		265.71	292.28	321.51
存货/亿元		194.30	211.74	230.92
其他应收款/亿元		14.51	15.96	17.55
预付账款/亿元		19.74	21.51	23.46
其他流动资产/亿元		553.89	609.28	670.21
经营流动资产合计/亿元		1048.15	1150.77	1263.65
经营流动负债				
应付款项/亿元		545.13	594.04	647.85
预收款项/亿元		130.46	143.50	157.85
其他应付款/亿元		19.54	21.29	23.22
经营流动负债合计/亿元		695.12	758.84	828.92
经营营运资本/亿元		353.03	391.94	434.73

当然，上述项目的预测仅仅是简单预测。在实际操作中，如果有详细预测的需要，还需找到这些科目的具体驱动因素所对应的收入和成本细项，需要对企业的收入和成本进行进一步拆分。

长期经营性负债包括：长期应付款、专项应付款、预计负债、递延收益、长期应付职工薪酬、递延所得税负债和其他非流动负债。

对于长期经营负债而言，因为长期经营性负债代表着企业占用其他企业资金进行自身发展的情况，需要更多的信息，预测工作也更加困难。

对于外部人员来说，很多信息并不明朗，我们在此采用简化的方法。假设长期经营性负债占营业成本的一定比例进行预测，如表 5 - 18 所示，美的使用的比例为 4. 64%：

表 5－18　　美的长期经营性负债预测

项目＼年份	2016	2017	2018	2019
预测假设				
营业成本/亿元	1156. 15	1437. 55	1566. 55	1708. 44
长期经营性负债/营业成本/%	4. 64	4. 64	4. 64	4. 64
长期经营性负债				
长期经营性负债/亿元		66. 73	72. 72	79. 31

5. 非核心资产的预测

在前文中，我们设置了非核心资产项目，将存放中央银行款项交易性金融资产、可供出售金融资产、持有至到期投资、投资性房地产、长期股权投资、交易性金融负债等与企业核心业务无关的资产和负债归为一类。

对于这部分，我们需要根据企业所披露的信息进行估计。信息无法获得的，采取简化方式，假设非核心资产的规模保持以前的水平，如表 5－19 所示，美的 2016—2019 年非核心项目都为 285. 53 亿元。

表 5－19　　美的非核心资产预测

项目/亿元＼年份	2016	2017	2018	2019
存放中央银行款项	7. 35	7. 35	7. 35	7. 35
存放同业款项	92. 38	92. 38	92. 38	92. 38
衍生金融资产	4. 13	4. 13	4. 13	4. 13
发放贷款和垫款	102. 73	102. 73	102. 73	102. 73
可供出售金融资产	51. 88	51. 88	51. 88	51. 88
长期股权投资	22. 12	22. 12	22. 12	22. 12
投资性房地产	4. 94	4. 94	4. 94	4. 94
非核心项目	285. 53	285. 53	285. 53	285. 53

6. 付息债务的预测

付息债务（亦称有息负债），主要指的是短期借款、一年内到期的非流动负债、长期借款和应付债券等项目。

对于债务的预测，我们同样可以采取 BASE 法则的方法，即：借款期末数 = 借款期初数 + 借款发行数 - 借款偿还数。

在企业的生产经营过程中，对于债务融资需求的预测，应当综合考虑企业实际经营状况和债务期限特征。稳定性流动资产根据长期资金支持，波动性流动资产则通过短期借款支持。我们可以根据预测的未来经营营运资本的情况，了解企业未来的资金需求，从而估计出企业的资金缺口，则短期借款就可以用资金缺口减去内部融资金额获得。长期借款则与企业未来的投资计划和固定资产构建计划相关，还应当考虑企业未来的还款计划。

我们在对美的的付息债务进行预测时无法获取企业的内部信息，在这里就采用简略的方式，假设美的的企业借款数和偿还数相互抵消，如表 5 - 20 所示。

表 5 - 20　　美的付息债务预测

项目＼年份	2016	2017	2018	2019
预测假设				
短期借款发行（偿还）/亿元		0.00	0.00	0.00
长期借款发行（偿还）/亿元		0.00	0.00	0.00
短期借款、长期借款预测				
短期借款期初余额/亿元		30.24	30.24	30.24
短期借款发行（偿还）/亿元		0.00	0.00	0.00
短期借款期末余额/亿元		30.24	30.24	30.24
长期借款期初余额/亿元		70.73	70.73	70.73
长期借款发行（偿还）/亿元		0.00	0.00	0.00
长期借款期末余额/亿元		70.73	70.73	70.73

7. 股东权益的预测

股本的预测主要受到股权融资的影响，资本公积的预测不仅受到股权融资的影响，还会受到其他资本公积调整项目的影响。

在美的的例子中，我们不考虑这一因素，直接采用上一年度的期末值。

留存收益包括盈余公积和未分配利润，根据 BASE 法则，企业留存收益期末额 = 留存收益期初额 + 归属于母公司股东的净利润 - 归属于母公司股东的红利。

我们可以得到美的留存收益的预测，如表 5 - 21 所示。

表 5 - 21　　美的留存收益预测

项目＼年份	2016	2017	2018	2019
预测假设				
归属于母公司股东的红利/归属于母公司股东的净利润/%	44.03	44.00	40.00	40.00
留存收益				
期初额/亿元		409.10	529.02	666.00
归属于母公司股东的净利润/亿元		199.86	228.30	259.63
归属于母公司股东的红利/亿元		79.94	91.32	103.85
期末额/亿元	409	529.02	666.00	821.78

少数股东权益的预测也采用简单的 BASE 法则，即：少数股东权益期初额 + 少数股东损益 = 少数股东权益期末额。

我们可以得到美的集团少数股东权益预测，如表 5 - 22 所示。

表 5 - 22　　美的少数股东权益预测

项目＼年份	2016	2017	2018	2019
少数股东权益				
期初额/亿元		78.50	94.52	112.83
少数股东损益/亿元		16.03	18.31	20.82
期末额/亿元	78	94.52	112.83	133.65

8. 资产负债表的初步完成

通过以上分析，我们就可以初步得出美的的预测资产负债表。

其中，将货币资金项作为配平项，如表 5－23 所示。

表 5－23　美的预测的资产负债表

项目/亿元　　年份	2016	2017	2018	2019
货币资金	171.96	82.89	181.16	288.89
存放中央银行款项	7.35	7.35	7.35	7.35
存放同业款项	92.38	92.38	92.38	92.38
衍生金融资产	4.13	4.13	4.13	4.13
应收账款	208.82	265.71	292.28	321.51
预付款项	15.87	19.74	21.51	23.46
发放贷款和垫款	102.73	102.73	102.73	102.73
其他应收款	11.40	14.51	15.96	17.55
存货	156.27	194.30	211.74	230.92
其他流动资产	435.30	553.89	609.28	670.21
流动资产合计	1206.21	1337.64	1538.52	1759.13
可供出售金融资产	51.88	51.88	51.88	51.88
长期股权投资	22.12	22.12	22.12	22.12
投资性房地产	4.94	4.94	4.94	4.94
固定资产	210.57	259.93	265.47	274.62
在建工程	5.81	5.81	5.81	5.81
无形资产	68.69	259.07	264.60	273.75
其他非流动资产	135.80	135.80	135.80	135.80
非流动资产合计	499.79	739.54	750.61	768.92
资产总计	1706.01	2077.18	2289.13	2528.05
短期借款	30.24	30.24	30.24	30.24
应付账款	438.42	545.13	594.04	647.85
预收款项	102.52	214.16	214.16	214.16

续　表

项目/亿元 \ 年份	2016	2017	2018	2019
其他应付款	15.71	19.54	21.29	23.22
其他流动负债	303.35	303.35	303.35	303.35
一年内到期的非流动负债	1.59	1.59	1.59	1.59
长期借款	70.73	70.73	70.73	70.73
长期经营性负债	53.67	66.73	72.72	79.31
负债合计	1016.24	1251.47	1308.12	1370.45
股本	64.59	64.59	64.59	64.59
资本公积	135.97	135.97	135.97	135.97
留存收益	409.10	529.02	666.00	821.78
其他权益项目	1.62	1.62	1.62	1.62
少数股东权益	78.50	94.52	112.83	133.65
股东权益合计	689.77	825.71	981.00	1157.60

（五）对预测结果进行分析、评估和确认

综上，我们已经讨论了如何通过分析历史比率、预测销售收入、利润表项目和资产负债表项目，初步编制出预测的收益表和预测的资产负债表。

预测中第 5 个（最后一个）步骤的要点是，对预测结果进行分析和评估，确定最终的预测报表。

我们可以通过以下几个方面的审核，来看看我们的预测过程是否存在疏漏和错误之处。

1. 预测起点是否合理

我们在预测企业下一年或未来几年的收入或利润时，用什么样的收入或利润数据做基础？一般有以下几种做法。

（1）以上年的收入或利润数为基础。例如，某企业上年收入 100 亿元，利润 10 亿元，企业管理层在此基础上考虑预算期影响收入、利润的有利因素或不利因素，并通过对有利因素和不利因素的分析进行调整。

（2）以前几年的平均增长率为基础。这种方法看起来合理，实际上不可取。例如，某企业的收入第一年增长率为100%，第二年增长率为75%，第三年增长率为50%，第四年增长率为25%，第五年增长率为0，停止增长。但按算术平均法，第六年增长率应为25%。如果我们以这样一个增长率为起点来考虑下年的收入和利润，显然不当。

（3）以上年的收入和利润数为基础。充分考虑近期的收入和利润的变动情况，并结合企业经营战略的修正等，来确定计划期的收入和利润。显然，这种方法更加切合实际，有利于提高预测的正确性。

我们在综合考虑了算术平均法、几何平均法、线性回归法等方法后，按上面的第三种做法，将美的集团的未来几年的收入增长率修正为9.56%。①

2. 经营范围、会计政策和会计估计是否变更

企业的经营范围可定义为一个企业经营的产业及地理范围。不论是国内上市公司还是非上市公司，由于收购重组、新领域的开发与成熟以及公司经营范围管理的放松等，企业的经营范围特别是主营业务往往会发生很大的变化。例如，为了加速推进“智慧家居＋智能制造”的战略举措，美的全面收购了全球领先的机器人及自动化生产设备的供应商德国库卡集团，并于2017年1月完成交割，美的共计持有库卡集团94.55%的股本比例。同时，美的又完成了对以色列高创公司（Servotronix）的收购，继续充实美的在运动控制和自动化解决方案领域的技术与产品储备，完善机器人产业平台布局。

另外，我们在对企业进行收入和利润等预测时，还需要考虑上期会计政策和会计估计变更对收入和利润的影响。例如，资产计量模式或方法、固定资产折旧方法等的变更，固定资产折旧年限、残值率的估计的变更，应收账款坏账准备率的估计的变更等。例如2017年7月，财政部发布修订后的收入准则，“2018年开始在境内外同时上市的企业以及在境外上市并采用国际财务报告准则或企业会计准则编制财务报告的企业中施行，并允许主体提前采用”。新的收入准则对不同行业的企业年度间收入确认的影响是不同的。我们在对美的集团的收入预测时也要考虑这一点。

① 具体请参考公众号“小舟观察”中文章《读懂上市公司：前景分析（3）》。

3. 是否与宏观经济、行业分析一致，并考虑了预测期内可能发生的重大事件

我们在预测企业下一年或近几年的销售收入或利润额时，还需要分析和判断未来的经济状况。如果经济处于繁荣期，公司的销售收入会高；反之，如果经济处于衰退期，就需要下调公司的预计销售额。

除经济周期外，产业周期、消费周期和利率周期也是在预测企业未来年度收入和利润时需要考虑的重要因素。

产业（行业）是指从事国民经济中同性质的生产或其他经济社会活动的经营单位和个体等构成的组织结构体系。行业分析是指对特定行业的市场结构和市场行为进行的分析，是介于宏观经济分析与企业微观分析的中观分析。行业分析的内容主要包括市场结构分析、行业性质分析、行业周期分析、行业稳定性分析、行业竞争状况分析以及行业政策变动情况分析等。

例如，美的集团在其 2016 年的年报中，就对行业的未来做了以下的分析。

（1）在人均收入持续增长与新型城镇化加速推动的背景之下，新增家电需求量不断提升。国家统计局数据显示，2016 年，全国居民人均可支配收入 23821 元，同比增长 8.4%，沪京浙深等省市的城镇居民人均年收入已达到 7000 美元。收入提升及年轻消费群体的崛起，推动了网络化、个性化、多元化消费时代的到来，使家电消费越来越具有日用消费品的特征。而中国城镇化率目前约为 56%，城镇化无论在数量上还是质量上都有较大的提升空间，中国城镇化率若达到 2020 年 60% 的目标，预计将有接近 1 亿农村人口转为城镇人口，新型城镇化建设不断深入，一些关键性政策进入实质性落地阶段，新的增长领域和空间正在形成，对有效消费的拉动及内需潜力的释放有积极作用。

（2）消费升级正成为未来推动中国家电及暖通空调行业持续增长的主要红利，超过 16 亿台的家电存量规模，使持续稳定的更新需求成为提升家电行业销量的重要驱动力量。新消费群体的崛起，家电产品在节能、环保、智能、互联与工业设计等多方面的性能与品质提升，将进一步加快家电产品的消费升级，并持续带动企业的产品结构优化与盈利能力提升。据中怡康预测，2020年智能家电产品的渗透率将进一步提升，白电、厨电、生活电器等智能家电的占比将分别达到45%、25%和28%，未来五年市场需求额将达到1.5万亿元。市场需求是存在的，关键看企业能拿到多少份额。这就涉及到对企业战略管理、竞争能力的分析了。目前各大家电巨头，如海尔、格力等，都在寻找突破口，不仅自身进行变革（如海尔的“小微组织”和“人单合一”），还积极对外投资或谋求战略合作（如格力投资新能源汽车）等。

4. **是否考虑了企业所处发展阶段的特点**

企业的发展需要经过不同阶段。企业在不同的发展阶段，具体的经营目标和对资源的需求是有差异的。对企业来说，必须准确把握不同发展阶段的特点，根据战略要求，确定相应的年度经营目标。

例如，高科技企业在初创阶段，年度经营目标可能侧重于研发项目的进度和研发成果的实现。当企业处于快速成长阶段时，收入和利润就会成为企业主要的年度经营目标。在确定收入和利润的目标时，必须考虑资本预算以及资本预算目标实现的可能性。

对外部的分析师来说，我们需要考虑企业不同业务在不同阶段的收入、利润和现金流特点。

例如，美的2016年年报数据显赫，空调及其零部件的销售占公司全部销售收入的46.58%，但增长率仅为3.55%。如表5－24所示。

表5－24　　2015—2016年美的收入构成

项目 \ 年份 / 财务指标	2016 金额/元	2016 占营业收入比重/%	2015 金额/元	2015 占营业收入比重/%	同比增幅/%
营业收入合计	159044041	100	138441226	100	14.88
分行业					
制造业	145266238	91.34	126911843	91.57	14.45
物流运输	1907746	1.20	1652757	1.19	15.43
分产品					

续　表

项目 \ 财务指标 \ 年份	2016		2015		同比增幅/%
	金额/元	占营业收入比重/%	金额/元	占营业收入比重/%	
大家电	97855794	61.53	87932142	63.52	11.29
空调及零部件	55780877	41.99	64491950	46.58	3.55
冰箱及零部件	14955684	9.40	11422676	8.25	30.93
洗衣机及零部件	16119233	10.14	12017516	8.68	34.13
小家电	43282927	27.21	35445859	25.60	22.11
电机	722463	4.54	6471372	4.67	11.58
物流	5018196	3.16	4008479	2.90	25.19

资料来源：摘自美的 2016 年年报。

根据国家统计局的数据，2016 年 1—12 月房间空气调节器累计生产 16049 万台，同比增长 4.5%。

所以，无论是从行业角度，还是企业角度看，空调均已进入产品生命周期中的成熟期。我们不能轻率地假设美的集团未来各年空调的销售收入还有 10%左右的增长。至于美的的空调销售为什么跑输了行业的增长率（4.5%），需要我们结合公司的战略和竞争状况进行更加深入的分析。

5. 预测结果是否偏离常态，增长率是否合理

根据经济学原理，从整体上看，企业的收入增长、净资产收益率的增长具有“回归中位数”的特征。即一个企业在经过若干年收入的高增长或高的净资产收益率后，其收入增长率必定下降，净资产收益率也会回归。我们在对未来各期的收入和利润等项目进行预测时，也要充分考虑到这一点。

三、估　值

估值就是将预测值转换成企业资产、权益或总体价值的过程。

关于估值方法的分类、估值模型的选择，以及模型中参数的估计等内容，本书不进行深入探讨，仅以市盈率法（PE）做出初步估计。

根据前述分析，我们可以得到以下项目的预测，如表 5－25 所示。

表 5－25　　美的收入、净利润、每股收益预测

财务指标＼年份	2013	2014	2015	2016	2017	2018	2019
营业总收入/亿元	1212.65	1423.11	1393.47	1598.42	2023.76	2226.13	2448.74
增长率/%	18.06	17.35	－2.08	14.71	26.61	10.0	10.0
净利润/亿元	82.97	116.46	136.25	158.62	215.89	246.61	280.45
增长率/%	35.12	40.35	16.99	16.42	36.11	14.23	13.72
EPS（摊薄）	1.73	2.49	2.99	2.28	3.09	3.53	4.02

根据 2017 年第一季度报表数据，美的集团的 PE 为 15.72，以此为基础计算的 2017 年目标股价约为 48 元①。

对公司进行正确估值是极其困难的事情，几乎不可能做到。但即使这样，我们也必须对公司进行估值，否则就无法做出一些重要的决策，如股票投资中的买入、持有或卖出决策，企业并购中的支付对价决策等。

我们在对目标企业进行估值时，还需要考虑企业所处行业的特点、企业的发展阶段以及企业的经营策略。

例如，美国独立分析机构 ABR Investment Strategy（以下简称 ABR）2014 年 2 月 4 日发布报告称，京东商城的估值在 310 亿～440 亿美元。京东商城向美国证券交易委员会（SEC）提交了招股说明书，计划通过首次公开招股（IPO）在美国证券市场募集最多 15 亿美元资金。

ABR 在报告中指出，京东商城的招股说明书中有五个要点。第一，这家公司的营收增幅正在下滑，但市场份额却在持续增长。第二，配送能力领先同行。第三，2014 年资本支出将会飙升。第四，盈利能力得到改善。第五，移动业务的发展鼓舞人心，但竞争同样也在加剧。

ABR 认为，就核心电子商务业务而言，京东商城就是中国的亚马逊；而雅虎持股 24% 的阿里巴巴则是中国的 eBay。与亚马逊类似，京东商城保留库存销售商品；而阿里巴巴主要是提供了一个在线市场，供第三方商人向终端消费者进行直销。

① 2017 年 8 月 18 日本书初稿完成时，美的收盘价为 39.13 元。

正因为如此，ABR 使用了亚马逊的估值倍数对京东商城进行了估价。ABR 认为，京东商城的估值为亚马逊 2015 年营收 1.4 倍的 5 ~7 折，相当于这家公司 2017 年营收估值的 0.7 ~1 倍。按照这一估值水平计算，京东商城的估值在 410 亿~600 亿美元。

若使用自由现金流，京东商城的估值会低出许多。亚马逊的估值为其 2015 年预期自由现金流的 25 倍；按照亚马逊估值的 50%~70% 计算，京东商城的估值应为该公司 2015 年预期自由现金流的 13 ~18 倍。按照此数据计算，京东商城的估值在 210 亿美元至 290 亿美元。

ABR 取上述两个数据的平均值，得出京东商城的估值在 310 亿~440 亿美元的评论。按照 ABR 的预计，此估值大约为京东商城 2015 年营收的 1.5 ~2.1 倍。

四、案例分析：科大讯飞，风险巨大①

分析框架（战略分析、会计分析、财务分析和前景分析）的内容已经全部讨论完毕。

最后，我用科大讯飞的案例来结束讨论。

为什么选择科大讯飞？

首先，案例企业具有代表性。2017 年 11 月，科技部宣布首批四家国家级新一代人工智能开放创新平台名单，科大讯飞即是其中之一，即“依托科大讯飞公司建设智能语言国家人工智能开放创新平台”。

其次，案例企业具有争议性。对科大讯飞绩效的评价，无论是投资者、商界还是会计界，都存在不同的看法，甚至是截然相反的观点。有人认为，科大讯飞具有光明灿烂的前景，市场低估公司价值；有人则认为股价已经透支未来业绩，风险巨大。

最后，笔者对案例企业相对熟悉。2017 年，笔者在股市的总体投资收益率为 48% +，其中科大讯飞的绝对收益最高。

长江商学院某会计学教授的《科大讯飞：风险巨大》一文刷屏朋友圈，科大讯飞公司也迅速做出回应。作为股民，笔者一直关注科大讯飞的股价走

① 本节根据 2017 年 9 月 4 日发表在公众号“小舟观察”中的文章修改而成。

势，也认真阅读了这篇分析长文。

> 文章认为，科大讯飞在经营层面是一家快速增长但含金量不高的公司，在管理层面是一家扩张很快但效率低下的公司，在财务层面是一家擅长募资但却不擅赚钱的公司，在业绩层面是一家大手笔花钱但股东回报率低下的公司。在其光鲜的增长背后，其实隐含了巨大的风险。
>
> 科大讯飞回应说，按照作者的观点和逻辑，就不会有像亚马逊、特斯拉、京东这样的企业了，同时指出公司2015年起便不把税后利润增长作为第一目标了。

（一）简要分析

1. 战略与运营层面

公司作为语音交互行业的龙头，当前战略主要围绕技术开发与产业建设进行。

2015年3月，公司在董事会上制定了用人工智能核心技术抢占国际领先制高点、同时保持活跃用户数快速增长、销售收入和毛利快速增长三大重点任务，明确了在加大研发和市场投入的同时，不以当前税后利润增长为第一目标。事实表明公司战略执行明确有力。

渠道建设上，公司不断加大产业扩张的步伐，致力于以科大讯飞为中心的人工智能产业生态的持续构建，形成从源头技术创新到产业技术创新的全生态创新格局。公司较大额的募资及频繁并购扩张，增加了公司的经营风险和财务风险。

技术水准上，科大讯飞虽然立足于感知领域的语音识别，但其在认知领域也独树一帜，以“从能听会说到能理解会思考”为目标的“讯飞超脑”项目成果在当前具有较大的技术垄断，源头技术的拥有提升了公司未来业绩爆发的可能性。

2. 财务层面

科大讯飞连续5年营业收入平均年增长率超过40%，但其净利润和现金流状况不够亮丽。

现金流不佳主要是因为应收账款增长过快，早期公司主要针对toB业务，产业链靠上，加上处于新兴市场推广期，应收款较多，后随公司市场份额稳固，应收账款增速维持在20%的相对低位。

净利率低的原因在于公司在新技术推广以及研发上投入较大。公司研发投入长期维持在营业收入的20%，加上资本化研发支出的摊销，以及市场推广和渠道建设投入，这种开荒播种式的投入反映公司目前的战略定位：忽略利润而着重行业卡位。

3. 2017 **年半年报分析**

分析科大讯飞2017年半年报，可以得出如下结论。

（1）公司营业收入、毛利同比均有大幅增长，归母净利润较上年同期减少1.49亿元，下降58.11%。主要的两个原因：①公司在人工智能重点应用领域持续加大核心技术研发、渠道建设和产业布局，费用增幅较大。②公司2016年收购参股公司安徽讯飞皆成信息科技有限公司部分股权，讯飞皆成由参股成为控股子公司，在合并报表中按财务准则实现投资收益（非经常性损益）1.17亿元，该部分收益导致2017年科大讯飞非经常性收益比2016年同期大幅减少。

（2）截至2017年第二季度末，公司应收账款余额26.8亿元，其中政府部门、金融机构和运营商、大型企业应收账款占比86.8%。公司的应收账款所涉及客户整体支付能力强，且建立了长期、稳定的业务关系，虽有一定账期，但坏账率很低（过去3年平均坏账率不到0.1%），坏账风险完全可控。

（二）初步结论

综合以上分析，可以得出如下结论。

（1）公司战略执行到位，盈利能力良好，技术优势明显，现金流风险并不大。

（2）销售增长过快带来资产管理效率降低、扩张迅速导致商誉和无形资产占比过高、经营理念相对激进、收入结构和销售增长的质量不高，这对处于初创期的高科技企业而言具有一定共性。

（3）就资本市场而言，当前人工智能概念受到追捧，科大讯飞作为该板块标杆企业，拥有多项源头性技术，股价自然上涨较快。

（4）股票的安全边际立足于当前的价值，但追求盈利更需要以发展的眼光看问题，基于科大讯飞未来业绩的增长潜力，运用贴现现金流量法进行评估，那么其“虚高”的市值也许只是投资者对未来前景的一次带有博弈性质的判断。

（三）关于风险的随想

（1）何谓风险？主要有三种观点：①风险就是不确定性，既可能增加价值，也可能减损价值；②风险指概率可以估计的不确定性中的不利的一面，有利的一面是机会，而不是风险；③风险是概率可以估计的不确定性，风险既有不利的一面，也有有利的一面。

（2）不论风险如何定义，经济学或金融学的基本原理是：风险越低，收益越低（例如，一般情况下，资产的安全性、流动性与收益率呈反比关系）。要想取得更高的收益，就必须冒更大的风险（无风险套利的机会转瞬即逝）。

（3）风险管理的主要目的是：确定主体的风险容量或风险承受度；在风险与收益之间取得最佳的平衡，并管理好风险，使得主体的价值最大化。

（4）对科大讯飞来说，公司发展到今天这个地步，算是比较成功了。要想取得更大的成功，就必定要冒更大的风险，微软这样，苹果这样，京东、百度、腾讯、阿里巴巴也是这样。

（5）对股民来说，科大讯飞的股价涨到这个位置，安全边际小了，风险（不利的一面）自然就大了。但10年后回过头来看，也许现在的股价是在山脚下呢！

（6）对个人和企业来说，惧怕不确定性，不敢冒风险已经是一种失败；拥抱不确定性，发现不确定性中的机会并管理好风险，才有成功的希望。

五、结语

分析需要有高质量的数据。如果数据质量太低，甚至是虚假的，则分析过程就是“垃圾进、垃圾出”，分析报告也必定是低质量的，不仅对正确决策无益，反而会误导决策。

分析需要选择并运用好分析工具，如 EVA 分析、ROE 分析、各种预测方法和估值模型等。作为一名高水平的分析师，必须熟悉各种分析工具的特点和适用条件，如果选择不好、运用不好相应的分析工具，分析工作就会事倍功半，甚至得出错误的结论。

分析需要有框架，否则就可能只看到局部，而看不到全局。例如，从财务角度看，资产负债率越高，企业的财务风险就越大，债务违约的概率也会增加。但是，从业务角度看，当企业进入成长期，需要迅速占领市场、扩大市场份额时，保守的信用政策、债务政策就不利于业务的发展。如何权衡利弊，需要有分析框架。

要真正掌握分析工具和分析框架，就不能只是“纸上谈兵”，必须在实务中反复应用，并不断地总结和反思。正如王阳明所说：“未有知而不行者，知而不行，只是未知”。

让我们行动起来！

致谢

“学然后知不足，教然后知困”。我首先要感谢听课的学员，无论是本院在职或全日制会计专硕（MPAcc）、审计专硕（MAud），还是公开课或企业内训的学员，课堂上的互动讨论，给了我不少的启发，真正是“教学相长”。

我还要感谢我指导的硕士生和博士生们，本书的有些章节或案例分析是与他们合写的。我先提出分析大纲和分析思路，他们查找资料、形成初稿，我再进行修改。没有他们的大力支持，我是不可能完成本书写作的。

同时，我也要感谢中国财政科学研究院的领导和同事，他们对本书的修改、完善提供了有益的建议。

我还要感谢中国财富出版社的郭堂女士，没有她的尽心尽职和辛苦付出，本书的出版可能还会旷日持久。

最后，我要感谢我的妻子和孩子。妻子操持着整个家，使孩子健康、快乐地成长，使我无后顾之忧，能够安心、开心、专心地学习和工作。